DELIUS KLASING

W0060063

Henri Lesewitz

# Held am Sonntag

*MOUNTAINBIKE-ROMAN*

*Delius Klasing Verlag*

# Für Yvonne und Leticia

Fotos: Oliver Soulas (Kapitel 1, 2, 4, 5, 6, 8, 10, 12),
Urban Zintel (Kapitel 3), Henri Lesewitz (Kapitel 7),
Michael Müller (Kapitel 9), Veranstalter Cristalp (Kapitel 11),
Georg Grieshaber (Kapitel 12), Petko Beier / tri-ranch.eu (Titel)

Fahrtest in Kapitel 8 mit freundlicher Unterstützung der Firma Gruber Assist.
Inzwischen ist das Produkt offiziell erhältlich.

Bibliografische Information der Deutschen Nationalbibliothek
Die Deutsche Nationalbibliothek verzeichnet diese Publikation
in der Deutschen Nationalbibliografie; detaillierte bibliografische
Daten sind im Internet über http://dnb.d-nb.de abrufbar.

5. Auflage
ISBN 978-3-7688-5264-7
© Moby Dick Verlag, Postfach 3369, D-24032 Kiel

Umschlaggestaltung: Buchholz / Hinsch / Hensinger, Hamburg
Gesetzt aus der Dolly & Auto
Satz: Jörg Lesewitz / lesewitz.de
Druck: GGP Media GmbH, Pößneck
Printed in Germany 2012

Delius Klasing Verlag, Siekerwall 21, D–33602 Bielefeld
Tel.: 0521/559-0, Fax: 0521/559-115
E-Mail: info@delius-klasing.de · www.delius-klasing.de

# Inhalt

# 1.

# Lycrahosen lügen nicht

Bier macht einen breiten Po und Mundgeruch, das ist eine altbekannte Misere. Nun fanden italienische Wissenschaftler auch noch heraus: Den wildesten Sex haben Rohkostesser. Wenn man die Wohnung trotz dieser eindeutigen Faktenlage zur eigenen Stammkneipe umfunktioniert, muss man sich das drohende Desaster natürlich schönreden. Zum Glück handelt es sich nicht um meine Wohnung, sondern um die von Andi. Ein andächtiger Ton mischt sich in seine Stimme.

»Da schießen die Penner noch vor dem ersten Stones-Album einen Menschen ins All und auf so etwas Großartiges hier muss man länger warten als auf die Erfindung des Satisfaction-Klingeltons«, eröffnet Andi die Zusammenkunft und legt den schwarzen Hebel um, wie das Bürgermeister übersichtlich besiedelter Ortschaften tun, wenn eine neue Trafostation lokalzeitungsgerecht in Betrieb genommen wird: »20 Jahre früher und ich wäre jetzt Millionär. Musst nur mal die Fahrtkosten rechnen.« Der Hebel gehört zu keiner Trafostation. Er aktiviert die neueste Kreation aus der Riege des schwachsinnigen Haushaltszubehörs – eine Zapfanlage für den gestiegenen Heimbedarf.

Vom Brummen des Kühlaggregats vertont, quillt weißer Schaum aus der Chromdüse ins Glas, wo er sich schließlich zu einer wulstigen Glocke auftürmt. Ein frisch gezapftes Bier nennt das der Beipackzettel. Feierlich reicht mir Andi den Schankunfall:

»Schau, schon hast du den Zehner fürs Taxi gespart, musst ja nicht durch die Gegend fahren. Und Kneipensteuer oder Trinkgeld für die Bedienungstussi brauchst du auch nicht zu zahlen. Super, oder?«

»Eher *oder*«, denke ich und schlürfe die Glocke ab, um auf dem Weg zurück zum Sofa nicht die senffarbene Auslegeware vollzukleckern. Andis Freundin Corinna soll in solchen Fällen ziemlich unentspannt reagieren. Vor mir tut sie zwar immer verkrampft unverkrampft, aber ich habe schon einige Schreckensgeschichten über ihren Ordnungsfimmel gehört. Einmal soll sie völlig die Fassung verloren haben, weil Andi sein Glas ohne Untersetzer auf die hochglanzpolierte Beistelltischplatte gestellt hat. Was auch der Hauptgrund dafür ist, dass Kumpelabende im heimischen Umfeld von Andi nur noch äußerst selten stattfinden. Denn darum geht es ja bei dieser Art von Abenden: Man sitzt da und stellt Gläser auf Tischplatten, um die Hände zwischen den Trinkvorgängen frei zu haben für CD-Booklets oder versorgende Griffe in Salzgebäcktüten. Und je länger der Abend dauert, umso wahrscheinlicher, nötiger, unabwendbarer wird nun mal eine anschließende Grundreinigung des Aktionsbereichs. Immer schwappt ein Glas im stetig steigenden Übermut über oder rieseln Salzgebäckreste in Sofaritzen. Spätestens dann, wenn man zu vorgerückter Stunde *einen* sitzen hat und gleichzeitig versucht *im* Sitzen die Bühnenshow von zum Beispiel Iron Maiden nachzuahmen. Ging nie gut, wird nie gut gehen, war nie ein Problem, dann ist ja gut. So war das früher. Irgendwann ließ sich Andi von Corinna zur gemeinsamen Wohnung überreden, wo sie fortan das Regiment über das 80 Quadratmeter große Steril übernahm. Himbeerchen ist da erfreulich unfixierter auf streifenfreien Glanz. Zwar wienert sie auch immer gerne in Bereichen unserer Wohnung herum, die in meinen Augen klinisch rein scheinen, doch würde sie Stühle, Tische und ähnliche Gebrauchsgegenstände niemals zu Ausstellungsstücken erklären.

Ich balanciere mein Glas mit steifen Trippelschritten ins Wohnzimmer und versinke neben Himbeerchen in einem L-förmigen Mikrofasersofa, dessen Musterung nur Knäckebrot als Vorlage haben kann. Wir schauen in den stumm geschalteten Fernseher. Tonlos dudelt die Eurovisionshymne. Neben der Schwäbisch-Hall-Melodie die einzige Hymne, die man mit den Augen erkennt.

Wenn die mit dem Sternewappen unterlegte Fanfare erklang, hieß das für mich in frühen Jahren, in den folgenden Stunden mehr zu dürfen, als ich eigentlich durfte: länger aufbleiben, zahnunfreundliche Zwischenmahlzeiten in mich stopfen und Cola nach 20 Uhr trinken. Schließlich war dann Samstag und der nächste Tag schulfrei, was meine Eltern ein kleines bisschen inkonsequent bei der Erziehung werden ließ. Und so durfte ich mit frisch geföhnten Haaren und von mit Wattestäbchen ausgeriebenen Ohren im Schlafanzug bis spät in die Nacht mit ihnen auf dem Sofa hocken und – natürlich nur gaaanz ausnahmsweise!!! – über die von Karten abgespickten Witze von Frank Elstner feixen und über die Wettkandidaten, die einen Sechzehntonner auf vier Biergläsern parken wollten oder 20 Wassereimer in eine Badekappe kippen – Wetten, dass ...?

Es ist die gefühlte tausendste »Wetten, dass ...?«-Sendung mit Thomas Gottschalk, aber die erste im neuen Jahr. Die erste ist seit jeher die beste, denn sie besiegelt das offizielle Ende der sogenannten besinnlichen Zeit, die im Spätsommer mit dem Einzug der Schokoladenweihnachtsmänner in die Supermärkte begann und sich von dort aus in jeder Ritze des Alltags breitmachte. Nun pustet die Eurovisionsfanfare die letzten abgestandenen Reste Räucherkerzen-Sentimentalität aus den Wohnzimmern, auch wenn in den Fenstern ringsum noch immer ein paar Schwippbögen gegen die Rückkehr der Normalität ankämpfen. Ab jetzt wird das richtige Leben wieder beginnen, der Job, der Kampf, der Alltag, die Angst vor der Nebenkostenabrechnung. Dafür ohne Besuchslisten und Schlemmerterror.

Das ist auch der Grund, warum uns Andi heute zu sich nach Hause geladen hat. Immerhin ist die diesjährige Rendite nach Auswertung des Gabentisches im Optimalverhältnis aus eingesetzter und eingestrichener Ware ausgefallen. Wenn man eine DVD-Box »Dallas – die komplette vierte Staffel« für 39,90 Euro investiert und dafür von Mama tatsächlich die gewünschte »Zapfanlage – der Partyspaß für zu Hause« für 199,90 Euro unter den Christbaum gestellt bekommen hat, ist es allerhöchste Zeit, darauf anzustoßen.

»Na dann!«, ruft Andi, als schließlich auch er mit einem vollgeschäumten Glas aus der Küche ins Wohnzimmer kommt. Mehr ist im Moment nicht zu sagen. Auf dem Plattenteller rotiert die »Orgasmatron«-LP von Motörhead. Im Fernsehen wird per Klatschbarometer über die Saalwette abgestimmt. Und weil Corinna das Wochenende bei ihren Eltern verbringt, können wir sogar die Füße auf ihren Beistelltisch legen. Ein seltener, großartiger Moment ist das. Viel zu schade, um ihn mit Worten zu vergiften.

Na dann, prost! Der Schaum will nicht, klebt im Glas, verweigert sich der Schwerkraft. Man kann ihn nur mit der Zunge in den Mund schaufeln. Bitter schmeckt er, kalt, wie Luft aus einem Kühlschrank, in dem Bier ausgelaufen ist, was selten vorkommt, ganz sicher aber ungefähr so schmecken würde. Ich starre auf den weißen Schaum, der sich vom Glasboden aus langsam in gelbe Flüssigkeit verwandelt. Wenn man den Kopf mit dem Glas an den Lippen ganz nach hinten auf die Sofakante legt, rinnen immerhin schon mal ein paar Tropfen auf die Zunge. Himbeerchen löffelt durstig mit dem Finger im Glas.

»Und?«, fragt Andi erwartungsvoll.

»Gefährlich«, antworte ich. Was soll man auch sonst zu einem Gerät sagen, das die Wahrscheinlichkeit von Alkoholabhängigkeit bei gleichzeitiger sozialer Verarmung Richtung 100 Prozent tendieren lässt? Das ist ja gerade das Schöne am Gastronomiekonzept: Man ist unter Leuten, muss die Gläser nicht abspülen, und die im Verhältnis hohen Schankpreise kanalisieren den Genussmittelkonsum auf ein wenigstens halbwegs vernünftiges Maß. Ich lehne mich zurück. Die Rückenlehne drückt unangenehm im Rücken. Irgendein sadistischer Designer hat sie auf Höhe der Brustwirbel angelegt und mit einer rechtwinkligen Kante versehen. Mit dem Armlehnenkissen unterm Kopf geht es.

Laut ist die Musik, viel lauter als sonst, wenn Corinna da ist. Herrlich absurd, Gottschalk beim Moderieren zuzusehen, nichts zu hören von seinen Beamtengags und sich stattdessen vorzustellen, er wäre der Sänger in einem Motörhead-Video. Eigentlich stehe ich ja nicht wirklich auf Motörhead. Diese Rock-'n'-Roll-Opas mit ihrem über 60 Jahre alten Sänger Lemmy, der mit einer Zombiestimme unverständliche Dinge ins Mikrofon grunzt und in Reporterdiktafone unkonventionelle Ansichten über das Leben. Für mich sind Motörhead mehr Accessoire als Hörgenuss. Wie eine Abendserienmelodie liegt das Geschrammel unter allen Zusammenkünften, die ich mit Andi hin und wieder organisiert bekomme. Wir hören immer von Platte, obwohl Andi auch sämtliche CDs und einige frühe Raubkopien auf Chromdioxid-Kassetten besitzt.

Motörhead ist der Soundteppich unserer Jugend. Bei Motörhead haben wir nach den Hausaufgaben auf Federballschlägern Gitarre gespielt und uns dabei wie Männer gefühlt. Bei Motörhead träumten wir im Kinderzimmer vom ersten Zungenkuss, bei der Schuldisco von Petting und als Petting nur noch Vorspiel hieß davon, nie so glitschig zu werden, wie all die Typen um uns herum, die mit jedem Jahr mehr Angst vor dem Leben zu haben schienen und sich infolgedessen einen immer dickeren Panzer aus Fonds, Versicherungen, Eigentum und Altersrücklagen zulegten.

Ein Kumpel wie Andi ist wichtig, wenn das Umfeld anfängt zu vergreisen. Wenn man seine Tattoos unter langen Hemdärmeln versteckt, weil man sich komisch vorkommt neben der sogenannten breiten Masse, die Doppelhaushälften abbezahlt, aber von doppelten Haushälften träumt. Die sich in steif gebügelten Hemden in Bürokarrieren verbeißt, DIN-genormt dabei das Denken und die Nase beim Küssen ständig nur nach rechts gedreht, so wie sie ja immer alles gleich machen, was sich in ihren Augen irgendwann einmal *bewährt* hat. Fühlen sich schon richtig männlich, wenn sie auf der Kirmes eine Rose geschossen haben.

Dieses ganze Sorgen und Vorsorgen macht einen ganz krank. Irgendwann fängt man selber an, den ganzen Dreck mitzumachen, alles abzuheften, abzuzahlen, einzurichten, diesen ganzen Irrsinn, der nichts anderes ist als der strunzdämliche Versuch, die Kulissen des Werbefernsehens zu klonen. Ihre ganzen Äußerungen sind Ketten von Absichtserklärungen: Ständig wollen sie noch irgendwo hin, noch irgendwas erreichen, noch irgendwen übertrumpfen. Über die Gegenwart reden sie nie. Warum auch? Da ist ja nichts, worüber es sich zu reden lohnen könnte. Die Zahl der Auspuffrohre zeigt den Grad ihrer Verzweiflung. Vier müssen es schon sein auf der Zielgeraden zum finalen Hirnschwund. Die zahlenmäßige Überlegenheit der Spießer lässt spätestens beim 30. Geburtstag das Ego schlingern. Ist man selbst bescheuert oder sind sie es, die anderen? Die Grenzdebilen, die mit ihrem präsenilen Getue den Nährboden bereiten für Treueherzen, Premiere-Abo, Cockpitspray, Squash, Jeanette Biedermann, Zahlungsziele,

Faltgaragen, Chill-out-Sampler, Zimmerlautstärke, El Arenal, Trinkobst und all den ganzen Murks.

Da bin ich wirklich froh über meinen Allzweckkumpel Andi. Mit ihm kann ich noch über die wirklich wichtigen Dinge reden: elektrisch verzerrte Gitarrenmusik zum Beispiel, Filme ohne Jugendfreigabe oder Fahrräder. Auch mal über Frauen, klar. Aber wenn, dann nur über deren anatomische Besonderheiten. Andi heißt eigentlich Andreas Klarini. Weil das klingt wie »Klarer mit Zucchini« und man den Nachnamen nicht auf eine erwachsenenkompatible Kurzform mit »i« am Ende abkürzen kann, wer will schon gerne der *Klari* sein, sagen alle nur Andi. Oder Ändi, mit einer ganz lang gezogenen Betonung auf dem »Ä«, was große weite Welt impliziert oder zumindest Stadtgebiete, in denen es mehrere Chinesen, Inder und Italiener gibt, also Restaurants.

Nur seine Kollegen bei der S-Bahn nennen ihn »Armstrong«, da Andi in den Wochen der Tour de France freiwillig die Nachtschichten fährt, um die Tagesübertragungen bei schönstem Badewetter live im Fernsehen anzuschauen. Dass er mit einer Frau zusammen ist, die ihre Einrichtungsideen aus den Möbelseiten von Versandhauskatalogen klaut, passt eigentlich gar nicht zu ihm. Fenster-Deko, Tisch-Deko, Schrankwandfach-Deko, Wand-Deko, alles hängt und steht mit Kitschkram voll, sogar das Obst in der Deko-Schale ist nur Deko-Schund aus dem Deko-Laden. Die Hälfte des Krempels hat Andi selbst zu verantworten. Sorgt seine anhaltende Ideenlosigkeit bei der Auswahl von Geburtstagsgeschenken doch für eine ständig wachsende Verkitschung des gemeinsamen Wohnbereichs. Selbst an spontanes Öffnen der Fenster ist nicht zu denken. Bizarre Gebilde aus Holz, Metall und Grünzeug versperren den Schwenkbereich und sollen wahrscheinlich Recycling-Kunst oder irgendwas in der Richtung darstellen. Ein gelötetes Ding sieht aus wie die Kreuzung aus einer Giraffe und einem Gartenzaun, und man will lieber nicht wissen, welche verschreibungspflichtige Substanz der Herstellung zugrunde liegt. Gruselig auch die bunten Glaskiesel, die wie zufällig hingeregnet, in Wirklichkeit aber in pingelig ausgetüftelten Formationen auf Fensterbrettern und Regalebenen vor sich hinstauben.

»Schöne Wohnung, richtig gemütlich. Was zahlt ihr denn, warm?«, bricht Himbeerchen das herrliche Schweigen und dimmt mit der Fernbedienung die Lautstärke runter.

»800, inklu«, sagt Andi und dreht die Anlage wieder lauter. Offenbar hat er wenig Lust, den Mietwucher des hiesigen Wohnungsmarktes zu diskutieren. Außerdem sind die Gläser leer. Also zurück zum Zapfkasten und das ganze Brimborium noch mal von vorne. Das Fass sei wahrscheinlich noch zu warm, vermutet Andi nach erneutem Studium der Gebrauchsanleitung als Ursache für die ungünstige Bierkonsistenz. Himbeerchen empfiehlt, das Glas mit kaltem Wasser nass zu machen und während des Zapfens ganz schräg zu halten, wie die Thekenfrau im »Andergraund«.

Es klingelt, ich öffne. Im Treppenhaus steht Roland.

»What's up Freaks?«, ruft er, tritt in den Flur und sich anschließend links und rechts selbst in die Hacken, um die Schuhe freihändig von den Füßen zu streifen. »Und, gibt's noch was zu kübeln?« Es gibt.

Ich bin mir grad nicht mehr sicher, ob das wirklich eine gute Idee war, Himbeerchen ausgerechnet zu diesem Abend bei Andi zu überreden. Ich hatte gedacht, Corinna sei da. Dann hätten sich die beiden über Haartrends und Promischeidungen austauschen können. Was ganz praktisch gewesen wäre. Denn mit hoher Wahrscheinlichkeit wird Andi gleich wieder mit Fahrrädern anfangen, unserem Lieblingsthema. Leider ein mit reichlich kleinstgliedrigen Teilbereichen durchzogenes Sachgebiet, das sich dem Verständnis von Außenstehenden komplett entzieht. Oft schon habe ich mich als Dolmetscher versucht, damit sich Himbeerchen nicht ausgegrenzt vorkommt. Habe erklärt und Fachchinesisch übersetzt. Ohne Erfolg.

Spätestens beim hitzigen Abwägen der verschiedenen Dichtungstechniken für schrägkugelgelagerte Steuersätze fischt sie sich jedes Mal das erste erreichbare Druckerzeugnis vom Tisch. Selbst die Fernsehzeitung der vergangenen Woche ist ihr lieber als derartiges Gesülze. Beschwert hat sie sich noch nie. Sie weiß ja, wie viel Spaß mir das macht, und fordert als Gegenleistung lieber hin und wieder meinen fachmännischen Rat beim Schuhe-Shopping ein. Das dafür stundenlang. Manchmal kommt es mir vor, als quäle sie mich absichtlich damit. Als ob es einen Unterschied macht, ob Ballerinaschuhe nun einen zwei Zentimeter hohen Absatz in Bambusfarben haben oder einen nur halb so hohen in Mahagonibraun. Auch ist mir der ästhetische Unterschied zwischen einer Verschlusslasche mit Druckknopf und einer klassischen, wie man sie von Gürteln her kennt, nicht bewusst. Das in dieser schonungslosen Offenheit zu sagen, wäre jedoch undenkbar. »*Ich bin dir wohl egal*«, würde Himbeerchens trotzig vorgebrachter Vorwurf lauten. Dazu würde sie schmollend zur Seite schauen und mich die nächsten Minuten ignorieren, bis ich geradezu um einen Versöhnungskuss bettele. Also lobt man die Form, wiegt in Anbetracht der Sohle nachdenklich den Kopf, kommentiert das Verhältnis von Preis und Leistung sowie die mögliche Kompatibilität mit dem schönen blauen Kleid und schlägt noch eine weitere Anprobe zum Vergleich vor. Wie oft habe ich mir, in einem Schuhladen garend, schon geschworen, Himbeerchen nie mehr mit Fahrradkonversation zu belästigen. Dann würde sie künftig Gnade walten lassen und mir den Horror ersparen. Und nun schon wieder. Egal. War ja klar. Wusste ich ja vorher. Andi ist mein Radfahrkumpel, so ist das nun mal, weiß ja auch Himbeerchen.

Früher war das Mountainbike für uns eine Art Körperteil. Eine Verlängerung der Wirbelsäule. Etwas, was untrennbar zu uns gehörte. Wir liebten es, stundenlang durch den Schlamm zu moddern, Unsummen Geld in bunte Teile zu stecken und endlose VHS-Videos mit aufgezeichneten Worldcup-Übertragungen zu gucken. Zweimal pro Woche trafen wir uns zur gemeinsamen Körperertüchtigung. Mittwoch nach der Arbeit, Samstag nach dem Rausch. Andi fuhr immer die teuersten Mountainbikes, was ihm beim Kampf um die Bergwertung aber auch nicht viel half. Jede Tour war ein Rennen.

Irgendwann wurden die Ausfahrten kürzer und die Zeitspannen dazwischen immer länger. Der Alltag ließ nicht mehr viel von unserer Kraft für den Feierabend übrig. Andi begann mit dem Schichtdienst und zog mit Corinna zusammen, was gleich zwei Gründe gegen regelmäßige Körperertüchtigung waren. Der eine machte sie zeitlich kaum noch möglich, der andere gleichzeitig nicht mehr nötig. Schließlich ließen wir das Fahren ganz weg und widmeten uns bei Kaltgetränken nur noch dem theoretischen Teil unseres Sports. Im Aufzählen von Gewichtsangaben, Rohrdurchmessern, Materialkürzeln und als cool geltenden Firmennamen macht uns jedenfalls keiner etwas vor. Verbaler Spieltrieb bei weitgehender Verhaltensstarre.

»Sagt mal«, kommt Andi auch gleich zum Thema: »Wie lange könnte man wohl als normaler Mensch bei einer Bergetappe der Tour de France mithalten, wenn man ganz frisch und ausgeruht wäre und dann auch nur eine Etappe mitfahren würde?«

Roland, der bei den Treffen nur gelegentlich vorbeischaut und derart absurde Fragen nicht gewohnt ist, schaut abwartend zu mir rüber:

»Ist das ne Fangfrage?«

»Nee, im Ernst. Mein Kollege Wolfi hat mich das letztens gefragt«, hakt Andi nach.

»Soviel wie ich weiß, kacheln die da mit einem 40er-Schnitt über die Pässe. Das packst du nicht mal bis zum Bäcker«, analysiert Roland und widmet sich seinem Schaum. Im Fernsehen knufft Gottschalk gerade kumpelhaft einem Mann in die Seite, dessen Gesicht in Zusammenhang mit außerehelichem Geschlechtsverkehr regelmäßig auf der Titelseite der »Bild« zu sehen ist. Zu sehen sein wird, so scheint es. Denn gerade schreitet er mit aufgesetztem Heiratsschwindlerlächeln zur Wettkandidatin und umgrapscht als Begrüßung getarnt deren Hüftpartie.

»Ich glaube schon, dass man da zwei, drei Berge dranbleiben kann. Müsste man halt vorher mal ein paar Kilometer trainieren. Ich meine, im Fernsehen sieht man doch, dass da sogar die Fans in Badelatschen nebenherrennen können. Also bitte!«, sage ich, lehne mich entspannt nach hinten und mustere Andi von oben bis unten. Würde ihm generell mal guttun, wieder ein paar Einheiten zu fahren. Er sieht schon aus wie eine Sumo-Version von sich selbst. Auf den ersten Blick hat er sich in den Jahren kaum verändert. Die Haare stehen immer noch gelgestützt in alle Richtungen, die Elvis-Koteletten wuchern bis zum Unterkiefer. Frisch pubertierte Sänger von MTV-Bands sehen so aus. Oder Elvis-Imitatoren, wenn sie früh aufstehen. Der körperliche Unterbau würde einen Nebenjob in diese Richtung sogar langsam möglich machen. Eine ziemliche Bauchmurmel beult sein Größe-L-Shirt nach außen, das er ganz sicher nicht so eng gekauft hat. Die Brut der Bewegungsfaulheit kuschelt sich deutlich sichtbar an seine Hüften. Fettzellen! Kiloweise! Schwimmring, sagt der Volksmund.

Unauffällig lasse ich die Hand auf *meinen* Bauch gleiten und drücke prüfend Daumen und Zeigefinger zusammen. Ich erschrecke, obwohl ich nichts anderes vermutet habe. Ganz schön viel knetbares Volumen, was ich da zu greifen bekomme. Heimlich spanne ich die Bauchmuskeln an. Irgendwo tief in mir spüre ich ein leichtes Zucken. Die Masse in meinem Zangengriff zuckt nicht. Frustriert greife ich in die Bleikristallschale auf dem Tisch, die garantiert nicht mehr lange mit niedlich portionierten Schokohohlkörpern gefüllt ist. Schlimmer kann es ja eh nicht mehr werden.

»Hey, wir müssten mal wieder ordentlich Zug auf die Kette bringen. Ich glaube, ich bin letztes Jahr genau zweimal auf dem Rad gesessen. Einmal zum Biergarten und einmal mit Corinna zum See. Mann, Mann, Mann, so geht das nicht weiter«, findet Andi. Ich finde, wir sollten mal schleunigst frischen Schaum holen. Himbeerchen hat sich bereits aus dem aktiven Gespräch verabschiedet und blättert abwesend in einer von Corinnas Zeitschriften. Es geht um Beziehung, Brad Pitt und die Frage, ob es tatsächlich darum geht. Ein Fragezeichen hinter der Titelzeile verrät Recherchelücken.

»Prösterchen«, rufen wir, drehen die Musik noch ein bisschen lauter, damit wir in der Küche auch was hören, denn das Pendeln zwischen dieser und dem Wohnzimmer lohnt gar nicht bei *den* kleinen Gläsern, wir müssen ja *schon wieder* nachfüllen. Schluckdiwupp! Doch das geht nicht. Das Fass ist alle, verabschiedet sich zischend in den Feierabend. Nur sechs Liter Füllmenge, und so etwas nennen sie Partyspaß. Das ist das Fatale an Bier, wenn es in Geselligkeit eingenommen wird: Jedes ist die Mutter des nächsten. Doch die nächste Entbindung lässt auf sich warten. Also zum Kühlschrank, wo es endlich *richtiges* Bier aus Flaschen gibt. Dann doch wieder ins Wohnzimmer und weiter durch die Preislisten, Farbspektren und Firmennamen unserer späten Jugend, die wir schon hundertmal durchdiskutiert haben, obwohl sie den technischen Stand einer Zeit darstellen, in der Autotelefone noch die Ausmaße von Reisekoffern hatten. Als wir aufhörten mit dem aktiven Radfahren, waren gefederte Gabeln gerade *die* Weltneuheit.

Genau an diesem Punkt endete auch unser Interesse an derartigen technischen Innovationen. Es war mit uns zusammen stehen geblieben, weil uns der neumodische Schnickschnack in unseren Fernsehsofas ja egal sein konnte. Alles dreht sich ja immerzu weiter, noch viel schneller, wenn man sich selbst nicht mitdreht und durch die eigene Rückschrittlichkeit zum Gradmesser des Fortschritts wird. Inzwischen haben Mountainbikes überall Hydraulikschläuche, komplizierte Dämpfer vorne und hinten und Rahmen aus Weltraummaterial. Wir haben versucht, diese Aspekte in unsere

Gespräche einzuflechten. Es hat uns gelangweilt. Es gab nichts zu sagen dazu, weil es einfach nicht zu unserem Leben gehörte. Nostalgie, darum geht es. Um das Aufwärmen von Erinnerungen, die anders als Kochgerichte seltsamerweise immer besser werden, je abgestandener sie sind. Weil Peinlichkeiten wie Akne, Limahl-Starschnitt und das verstümperte erste Mal mit der Zeit im Gedächtnis verblassen, während die Schlüsselerlebnisse auf dem Weg zum Erwachsenwerden durch Abstand zunehmend glanzvoller erscheinen. Selbst wenn man besoffen mit einer fremden, Leggins tragenden Frau Eins-zwei-Tipp zu einem Wolfgang-Petry-Medley getanzt und dazu »Hölle, Hölle« skandiert hat. Ein innerer Schutzmechanismus färbt Entgleisungen positiv und löscht die dunklen Seiten aus, weil man es sonst nur unter einer Decke versteckt aushalten würde. Ein Phänomen, auf dem der Begriff »Retro« und sogar wirtschaftliche Erfolge basieren: Turnschuhe mit Seitenstreifen, 8oer-Shows, der Heiratsschwindler auf Gottschalks »Wetten, dass ...?«-Couch, Gottschalk selbst.

»Türkis mit Weiß«, ruft Andi nun. Es geht um die beste Farbe für einen 94er-Rahmen der zu *unserer Zeit* populären Marke Yeti. Roland kontert mit »Grau komplett«, ich mit »Weiß-Orange«. Das kann sich hinziehen.

»Du, Schatzi, ich würde so gerne im Sommer mit dir zwei Wochen in die Toskana fahren. Kannst du im August Urlaub nehmen?«, funkt Himbeerchen ins Fachgespräch. Toskana? Wie kommt sie jetzt da drauf? »Klar«, hauche ich ihr zärtlich ins Ohr, drücke ihr einen Kuss auf den Mund und will auf Grau-Türkis korrigieren. Doch dazu komme ich nicht mehr. Wie ein Hammerschlag treffen Andis Worte meine Ohren:

»Übrigens, ich gebe mir dieses Jahr wahrscheinlich mal den Grand Raid Cristalp.«

Stille. Roland setzt das Bier in Zeitlupe von den Lippen ab und starrt Andi mit halboffenem Mund an. Die Motörhead-Platte hat fertig gespielt und rotiert leise im Leerlauf. Brutal laut ist die Stille. Nicht auszuhalten. Ich stehe auf und setze die Plattenspielernadel zurück in die Rille.

»Wir können uns ja ein süßes Haus mieten und dann abends schön kochen«, höre ich Himbeerchen.

Grand Raid Cristalp! Dieser Irrsinns-Marathon in der Schweiz, vor dem wir uns schon zu unseren besten Zeiten in die Hosen gemacht haben, nachdem ein Fachmagazin Fotos mit halbtoten Menschen davon veröffentlicht hatte. Von Männern, die im Ziel heulten. Von Typen, die sogar dazu zu geschwächt waren. Von einem Gipfel, auf den die Fahrer auf allen Vieren krabbelten. Von Leuten, die sich in Sanitätszelten die Krämpfe aus den Beinen massieren lassen mussten, um überhaupt noch krabbeln zu können.

Die Überschrift erschien glaubhaft: »Blut, Schweiß, Tränen«.

»Ich wollte immer schon so einen geilen Cristalp-Aufkleber auf dem Mountainbike haben, den man im Ziel bekommt. Das Ding ist so eine Art Orden, damit ist man der absolute King, für immer unsterblich. Stellt euch mal vor: Ihr kommt mit dem Rad irgendwohin und ihr habt den Aufkleber drauf. Pingo-pongo! Da ist mal völlig klar, wer der Boss ist. Ich glaube, der Cristalp ist sogar der älteste Marathon überhaupt, also Kult, Jungs!«, untermauert Andi seine Absicht.

Der Schaum muss schlecht gewesen sein. Wie kommt dieser übergewichtige, T-Shirt ausbeulende, angetrunkene Typ auf die Idee, einen Marathon fahren zu wollen? Den Grand Raid Cristalp! Ein Silvesterlauf wäre schon mutig. Mein letzter Marathon ist über zehn Jahre her und mir bis heute als Horrortrip in Erinnerung geblieben. Dabei war es nicht mal einer von denen, die in Szenekreisen gefürchtet sind. Ich war viel zu schnell losgefahren und hatte bereits nach einem Drittel der Strecke mit stark nachlassender Körperspannung zu kämpfen. Schwindlig war mir, kotzübel. Beim Boxen hätten sie den Kampf abgebrochen. Der Untergrund war vom Regen aufgeweicht, jeder Tritt eine Qual. Von hinten schrien mich die Schnelleren an, weil ich im Weg war. Vor lauter Stress vergaß ich zu trinken, eierte völlig erledigt durch den Wald, befürchtete zeitweise das Komplettversagen des Muskelapparats, Schließmuskeln inklusive, und musste die Nacht auf einem Raststättenparkplatz im Auto schlafen, weil ich vor lauter Schwäche fahruntüchtig war. Und dafür hatte ich 80 Mark Startgebühr bezahlt!

»Ich bin dabei«, sagt mein ausgeschäumtes Gehirn, worüber ich mich selbst erschrecke. Mein neurologisches Netzwerk scheint gerade nicht optimal zu funktionieren.

»All right«, klatscht Andi in die Hände und schaut erwartungsvoll zu Roland rüber. Der murmelt »hm«, nimmt einen Schluck, um Zeit zu schinden. »Ach Mist, nächsten Sommer wollte ich ja nach Tunesien. Ist schon ewig geplant. Schade. Bock hätte ich auf jeden Fall.« Durch meine schnelle Antwort hatte er ein paar Sekunden länger Zeit, sich eine Ausrede zu überlegen. Ich hätte erst mal abwarten sollen. Jetzt habe ich den Salat. Egal, morgen ist der Quatsch eh wieder vergessen. Genauso wie die Kajaktour durch den Amazonas oder die Himalaja-Durchquerung zu Fuß, die wir unter dem Einfluss von Braugetränken haarklein geplant hatten und die sich anschließend zusammen mit dem Rausch im absoluten Nichts auflösten.

»Und, was hältst du davon?«, bleibt Himbeerchen hartnäckig.

»Die paar Kilometer … pah, kein Problem«, winke ich ab.

»Ich meine nicht euren Fahrradausflug, sondern das süße Häuschen in der Toskana«, rollt sie die Augen leicht genervt Richtung Zimmerdecke.

Logisch, ein süßes Haus in der Toskana, machen wir, aber *jetzt*, auf den Schreck, erst mal noch ein Bierchen. Im Kühlschrank sei noch eine angefangene Flasche Küstennebel, die noch von Weihnachten übrig sei, leitet Andi mit inzwischen ungenauer Aussprache das Finale des Abends ein.

Am nächsten Tag.

Die ersten Minuten sind die schlimmsten. Der Moment, in dem die Nacht an die Nachwehen abgibt. Mit langsamen, schweren Bewegungen rolle ich aus der Schlafposition leidvoll stöhnend zur Seite, um einen Blick auf den Wecker zu erhaschen. Viertel nach neun erst. Am rechten Fuß steckt noch die Socke, die andere liegt auf halbem Weg zur Tür, und das bedeutet erfahrungsgemäß nichts Gutes. Ich kann mich kaum rühren. Eine ekelhafte Schwäche lähmt meinen gesamten Körper. In meinem Mund schmeckt es filzig nach abgelaufenem Haltbarkeitsdatum. Der Kopf ist aufs Doppelte angeschwollen, der Kreislauf im Havariemodus – schneller Puls, schwacher Blutdruck. Zu alledem will der Mageninhalt nach draußen und scheint nicht sonderlich wählerisch zu sein, was die Richtung anbelangt. Ein erbärmliches, fieses, unschönes Gefühl, das mit dem Wort Kater viel zu niedlich betitelt ist. Ich fühle mich vom Vorabend benutzt und ausgespuckt. Dieser dämliche Küstennebel. So viel habe ich doch gar nicht getrunken. Fünf oder sechs. Sieben höchstens. Und das auch nur, weil Andi ständig nachgegossen hat. Schwer atmend massiere ich die Schläfen, um wenigstens den Brummschädel zu beruhigen.

»Na, Schatzi, geht es dir gut?«, fragt Himbeerchen, schleckt mir verliebt übers Gesicht und sagt, dass wir in einer Viertelstunde losmüssen, *allerspätestens*, jetzt also mal zacki-zacki, ab ins Bad. Ach du liebe Güte, stimmt, heute war ja dieser Brunch mit ihrer Freundin Marion. Auch das noch. Mühsam strample ich die Bettdecke weg, warte kurz, um zu sehen, wie der Kreislauf reagiert, wanke ins Badezimmer, stütze mich am Handtuchregal ab, löse eine Schmerztablette im Zahnputzglas auf und schaue müde in den Spiegel. Was ich dort sehe, ist wenig erfreulich. Das also bin ich beziehungsweise das, was aus mir geworden ist! Weder ansprechend noch ansprechbar. Ein Jammer und in dieser neonbeleuchteten Grellheit nur schwer zu ertragen. Ich kann meine Midlife-Crisis noch nicht fühlen, aber leider schon deutlich sehen. Diesen Bauch, der sich als strukturlose blasse Masse breitgemacht hat. Wie eine unaufgebackene Aufbacksemmel sieht er aus und versperrt mir von oben betrachtet teilweise die Sicht auf die Zehen. Diese konturlosen Arme, auf denen sich keine Adern mehr abzeichnen. Und dann dieses aufgedunsene, rundlich gewordene Gesicht, das sich dem eines Mainzelmännchens anzunähern scheint. Alles ich. Zu viel ich. Irgendwo unter dieser ganzen weichen Masse ist mein Körper eingekerkert. Mein Waschbrettbauch, meine Bizeps, die fingerdicken Venen, mein Knackarsch. Ich muss unbedingt wieder was machen. Fitness-Studio oder so. Unbedingt. Deprimiert schlucke ich die aufgelöste Schmerztablette.

Himbeerchen muss fahren. Schweigend sitzen wir im Auto. Das Radio ist aus. Ich brauche Ruhe, um meinen Allgemeinzustand zu stabilisieren. Schon das Blinkergeräusch ist zu viel für meinen überreizten Kopf. Aus dem Seitenfenster schaue ich mit leerem Blick dem halbwachen Sonntag zu, der vom Fitnesstreiben bestimmt wird. Beneidenswert, wie sie da in ihren Multifunktionsanzügen joggen, an der roten Ampel auf der Stelle tippelnd, um jede Zehntelsekunde der aufgewendeten Freizeit in Leistung umzuwandeln, pulsgenau in der Fettverbrennung. Wie sie ihre ausgeatmeten Kondenswölkchen überholen, die Gesichter dabei gut durchblutet und die offenbar nicht schockresistenten Disc Player wackelsicher auf den Handflächen balancierend. Wie lebenshungrig, diszipliniert und energiegeladen sie wirken!

Im Gegensatz zu mir. Wie einen Vanillepudding habe ich das Leben jahrelang in mich hineingeschlungen, nichts ausgelassen, alles mitgenommen. Wirklichen Hunger verspüre ich schon lange nicht mehr. Ich bin satt, zufriedengestellt, ohne Wünsche, ohne Ziele. Und damit ohne Antrieb. Bisher ist es mir nie in den Sinn gekommen, irgendwas daran zu ändern. Was auch? Ich habe eine gesunde sechsjährige Tochter, mit deren Mutter es zwar auseinander ging, mit der ich aber dennoch regelmäßig erfüllende Papa-Wochenenden verbringe. Meine Beziehung zu Himbeerchen würde ich als glücklich bezeichnen. Ich bin Nichtraucher, habe einen Job mit Einzelbüro, eine Wohnung ohne bunte Glaskiesel, eine Zahnersatzzusatzversicherung und ein indirekt beleuchtetes CD-Regal mit allen je veröffentlichten Morrissey-Tonträgern. Eben alles, was ich für einen ausgeglichenen seelischen Zustand zu brauchen glaube. Doch etwas ist in Schieflage geraten, das spüre ich tief in mir gerade überdeutlich. Mein Leben ist derart überzuckert, das es mir zum Hals raushängt. Wenn man den Geschmack von Salz nicht mehr kennt, ist selbst Honig nur noch fade, lasch, halb so süß. Da muss man erst fett werden und Migräne bekommen, um das zu erkennen.

»Übrigens, ich habe mal im Kalender nachgeschaut. Wenn du dieses Rennen mit Andi fahren willst, müssen wir uns überlegen, ob wir vorher oder hinterher in die Toskana fahren«, sagt Himbeerchen.

»Abwarten. Das macht der doch nie. Wenn der aus dem Koma erwacht, weiß er davon gar nichts mehr. Der war doch hackedicht, sonst hätte er doch am Schluss nicht noch Corinnas Bravo-Hits-CD eingelegt und zu ›Cotton Eye Joe‹ Luftgitarre gespielt. Auf dem Sofa hüpfend, Wahnsinn! Die wird einen Anfall bekommen, wenn sie heute zurückkommt«, versuche ich das Thema auf die lange Bank zu schieben.

Brunch. Eine in Amerika erfundene Zeitvernichtungsmethode mit Zuckerlöffel und Brötchenmesser. Nicht zufällig mitten in den Tag platziert und aus den Worten Breakfast und Lunch zusammengestöpselt. Damit der Sonntag ja nicht zu lang wird – die Geschäfte haben schließlich zu –, trifft man sich zur schönsten Tageszeit in verqualmten Innenstadtlokalen, um die Stunden bis zum Dunkelwerden mit dem Vertilgen von Backwaren niederzuringen. Meist sind es Pärchen, die sich an den seit Tagen reservierten Tischen gruppieren. Zum einen, weil eine größere Personenzahl die Chance auf eine Reservierung steigert. Zum anderen, weil natürlich möglichst viel Zeit vollgeredet werden muss und zwei Leute damit schlichtweg überfordert wären. Eine gehaltvolle Unterredung in Gang zu bringen, ist gerade bei gemischten Gruppen schwierig, bei denen die eine Hälfte, nämlich die mitgebrachten Partner, die andere Hälfte höchstens von Erzählungen her kennt und sich untereinander schon mal gar nicht.

Die ganze Zeit werden Digitalkameras rumgereicht, um den anderen die neuesten Nichtigkeiten der eifrig gelebten Langeweile auf LC-Display zu präsentieren. Umlagerte Schwimmbecken vor Drei-Sterne-Gruften gehören da noch zu den herausragend spannenden Momentaufnahmen. Dann wollen die Besitzer der Lichtbilder gelobt werden, wenigstens für ihre tolle neue Kamera, und ermuntern andere durch diese Unsitte nur umso mehr, ihrerseits dröge Lebenshöhepunkte in die Runde zu reichen. Denselben fünfmillionpixeligen Schwachsinn, nur woanders fotografiert. Und alle rufen »mega« und »echt de luxe« und dass sie da auch mal hinmüssen.

So vergehen Stunden, ohne dass auch nur einer die Diskrepanz zwischen beschriebener und zu sehender Dramatik anspricht, bemängelt, zum Thema macht, ja überhaupt bemerkt. Lieber ordern sie zum hundertsten Mal die Karte, um zu schauen, was die Küche noch so Leckeres für ihre parfümumwolkten Körper bereithält. Es gibt ja keine Grundlage für wohlige »Weißtdunoch«-Gespräche. Also werden mit allgemeinen Und-Sätzen Besitzstände, Urlaubsziele und Kulturabsichten abgefragt. Und – fahrt ihr auch, und – plant ihr auch, und – habt ihr auch? Und so weiter. Und so fort.

Das Brunchlokal heißt »Roxy – Café, Bar, Restaurant« und ist gut gefüllt mit kauenden, schluckenden, rauchenden, hustenden, umrührenden, lachenden und Kinderwagen durch Stuhlgassen rangierenden Menschen. Die gewollte Gemütlichkeit zerrt an den Nerven, trotz Yucca-Palmen. Marion und ihr aufgeblasener Freund Norbert sind bereits da und saugen Milchkaffee durch lange Trinkhalme. Marion ist Himbeerchens Freundin aus Schulzeiten, Norbert ein unerträglicher Schleimbolzen, der immer einen Strickpullover in der Art eines Matrosenkragens auf seinen Schultern spazieren trägt und damit als modisch akzentsetzend wahrgenommen werden will. Ich habe die beiden erst ein einziges Mal gesehen, weiß seitdem jedoch alles über Norberts aufregenden Job als Key Account Manager und die Kursraketen seiner ausgebufften Anlagefonds, die bald so was von durchstarten werden. Gefragt hatte ich nicht.

»Na, erkältet oder saufen gewesen?«, schießt Norbert seine stromlinienförmige Begrüßung zu mir ab, täuscht bei Himbeerchen ein Links-rechts-links-Bussi an, will weltmännisch ihren Duft loben – »Dior, right? Nice stuff!« –, glaubt zu Unrecht einen Treffer gelandet zu haben und knüpft nahtlos an seine beruflichen Neuigkeiten vom letzten Brunch an. Irgendwann wird er sich eine transportable Showtreppe bauen lassen, auf der er dann bei gesellschaftlichen Anlässen unter eingespieltem Applaus ins mit Trockennebel geflutete Rampenlicht tritt. Dieser Trottel.

Ich halte die Speisekarte isolierend zwischen mich und den von üblem Kaffeeatem umtobten Geltungsmonolog, wäge die Für und Wider der Frühstückmenüs »Fit for Fun« und »André – fleischlos genießen« ab und wähle schließlich das »Roxy – von allem etwas«, weil bei diesem ein Glas frisch gepresster Orangensaft inklusive ist, das laut Getränkeübersicht sonst so viel kostet wie ein ganzes Frühstück.

»Ach übrigens, wir haben jetzt einen echt hammermäßigen Kühlschrank, really nice stuff«, teilt Norbert mit, was Marion offenbar diskussionswürdig findet. Zwar habe der Norbert tatsächlich so ein Monsterteil mit Ice-Crusher gekauft, kommentiert sie schnippisch, als Aussteller, 500 Euro billiger als Liste, aber dann hätten die von der Spedition das Ding angeliefert und gemeint, dass man da wegen dem Ice-Crusher Wasser- und Starkstromanschluss bräuchte, was aber beides blöderweise nicht vorhanden sei, und nun hätten sie echt die Arschkarte.

»Sonderangebote sind nämlich vom Umtausch ausgeschlossen«, fasst Marion ihr kompliziertes Leben zusammen, während der Schuldige sein Multifunktions-Handy zum wiederholten Mal auf wichtige SMS-Mitteilungen kontrolliert. Doch die Welt schläft wohl noch – immer noch keine da.

»Sorry, Mäuschen. Aber das konnte ich ja vorher auch nicht wissen. Da müssen wir eben noch ein paar Euro in einen Installateur investieren. Das geht auf meine Kappe, habe ich doch schon gesagt«, zieht Norbert schmallippig die Tonlage an, worauf Marion vorwurfsvoll in sich reinatmet. Ich biete an, den Kühlschrank notfalls kostenfrei zu übernehmen, und bestelle meinen dritten Latte macchiato, obwohl mir schon der zweite kurz von unten gegen den Gaumen geschwappt ist.

Das Handy holt mich in die Realität zurück. SMS von Andi:

»So, Meister! Mission Cristalp läuft! Ab Kenntnisnahme dieser Zeilen gelten keine Ausreden mehr.« Ich starre länger auf die Zeilen, als ich zum Lesen brauche.

Er meint es also ernst. Das hätte ich nicht gedacht. Marathon! Andi und ich! Großartig wäre das, wenn wir zwei mit gestrafftem Körper über die Berge feuern würden, keine Frage. Wenn wir diesen Unsterblichkeitsaufkleber am Rad hätten, der uns als mit allen Wassern gewaschene Abenteuertypen ausweist. Zwar übersteigt das momentan erheblich meine Vorstellungskraft. Aber es klingt gut, das auf jeden Fall. Und warum es nicht wenigstens versuchen? Mein ganzes Leben lang habe ich versucht, Dinge richtig zu machen: in der Schule, in Beziehungen, im Job, als Vater, im sozialen Miteinander. Was mir in vielen Bereichen besser gelungen ist als anderen. Finde zumindest ich. Trotzdem hat es mein Ego kastriert und meinen Körper dick, schwach und unattraktiv gemacht.

Dabei muss ich wahrscheinlich gar keine großen Dinge ändern. Eines könnte schon reichen: ein neu strukturiertes Freizeitverhalten, welches sich im Moment im Wesentlichen auf Essen, Sitzen, Einkaufen konzentriert. Morgensemmeln mit dem Auto holen, obwohl schon das Einparken länger dauert als der Weg zu Fuß? Eigentlich dämlich. Süßkram verschlingen, während in der Küche das Obst verschimmelt? Lässt sich ändern. Wochenendtage in Frühstückslokalen verplempern? Es liegt an mir.

Äpfel zum Beispiel. Kaufe ich bei jedem Supermarktbesuch. Immer Granny Smith, weil die so schon grün aussehen. Trotzdem ist meine Geschmackserinnerung daran schon komplett verblasst. Bei all den Speisealternativen gelingt es mir einfach nicht, in einen Apfel auch hineinzubeißen. Tagelang reist das Kernobst in meiner Tasche zwischen Wohnung und Büro hin und her, weil ich den Verzehr ständig auf die nächste Mahlzeit verschiebe. Irgendwann ist der Apfel verschrumpelt und landet im Bioabfall. Dann kaufe ich die nächste Ladung Granny Smith und immer so weiter. Deko-Obst wie bei Corinna, nur aus ökologischem Anbau. Ab morgen esse ich nur noch Äpfel, ach was, ab heute, jetzt gleich. Übergewichtige Menschen verschieben den praktischen Part ihrer Besserungsgelübde immer auf morgen, deshalb sind sie ja so fett. Der Apfelstrudel der Roxy-Karte ist schon mal der perfekte Anfang für meine Nahrungsumstellung auf Rohkost. Und bald gehöre ich zu den Menschen mit dem wildesten Sex. Rohkostsex!

Der Cristalp könnte zum Regulator werden, der das Verhältnis von Disziplin und Faulsein wieder auf Normalmaß kalibriert. Ich muss nur die Esslust dressieren und die Schlappmacher aus dem Alltag auslagern: Fett, Zucker, vitaminarme Getränke, die Gemütlichkeit. Dann kann ich das Ruder vielleicht noch einmal herumreißen. Die meisten meiner Altergenossen haben den Kampf gegen den Verfall längst aufgegeben. Mitte dreißig sind sie erst und sehen schon aus wie Opas. Toll findet das keiner von denen. Ganz im Gegenteil, aus lauter Verzweiflung kaufen sie sich Autos, die viel zu geländegängig sind, und Echtleder-Sitzgruppen und überteuerte Massengeschmack-Hemden mit gestickten Logos auf den Brusttaschen und Männer-Magazine mit Männlichkeitstipps, um die Depression wenigstens etwas abzulenken. Ich *muss* etwas tun, um den Prozess der Verhässlichung aufzuhalten, der sonst schneller in Gang kommt, als einem lieb ist. Man braucht sich ja nur mal die Silvester-Galas im Fernsehen anzuschauen, bei denen sich angebliche Stars zu ihren eigenen Hits zum Affen machen, weil die Millionen verprasst sind. Dann sieht man die zu Greisen gewordenen Sexsymbole von einst und bekommt gratis noch eine weitere Erkenntnis dazu: Auch Geld hält nicht ewig.

Wie ich eigentlich den neuen Audi A-Irgendwas finde, will Norbert wissen.

Am frühen Nachmittag betreten wir endlich wieder heimisches Territorium. In meinem Magen rumoren sieben Semmeln, zwei Brotscheiben, drei Latte macchiato, ein mir immerzu aufstoßender, von Norbert als »nice stuff« empfohlener Caramel macchiato, Berge von Käseaufschnitt, ein Apfelstrudel und der frisch gepresste Gratis-Orangensaft. Zudem macht mir der Küstennebel von gestern noch zu schaffen. Trotzdem beschließe ich, umgehend mit den Vorbereitungen auf den Cristalp zu beginnen. Ich muss schlank werden, Adern auf den Waden bekommen und Wangen, die sich an die Gesichtsknochen schmiegen.

Aus dem Keller schleppe ich die Umzugskiste mit meinen Radsachen in die Wohnung. Muffig riecht es im Karton. Der letzte Einsatz liegt Jahre zurück. Nach einer kurzen Bestandsaufnahme ist klar: Ein paar Trainingskilometern steht aus materieller Sicht nichts im Wege. Ich zwänge mich in die schwarze, mit dem ironisch wirkenden Aufdruck »Climber« verzierte

Radstrumpfhose und betrachte mich im Spiegel. Lycra schmeichelt nicht. Lycra ist ehrlich. *Zu ehrlich.* Lycra macht Dinge deutlich, die man so ungefiltert gar nicht wissen will. Lycra ist schwer zu ertragen für einen wie mich, der bei Schwimmhallenbesuchen erst am Beckenrand das T-Shirt auszieht, damit die anderen nicht mit den Fingern zeigen und nach der Sackkarre rufen: »Hey, schaut euch den Fetti an, so sieht man aus, wenn man faul auf dem Sofa rumhängt und maßlos ungesunde Sachen in sich reinstopft.«

Lycra kleidet unvorteilhaft, verschönt nichts, destilliert die Problemzone deutlicher als irgendetwas anders. Ich kann es mir nicht leisten, doch genau deswegen muss ich es tragen. Für Radtraining gibt es keine Alternative. Trainingshosen würden kaschieren, sich aber in der Kette verfangen und viel zu gierig Feuchtigkeit aufsaugen. Die langbeinigen, als zweite Schicht übergepellten Pantalons verstärken das Problem noch, sind aber im Winter unverzichtbar. Das Trikot passt wider Erwarten ganz gut. Jacke drüber, Skihandschuhe an. Helm über die Mütze oder Mütze über den Helm? Unter optischen und funktionellen Gesichtspunkten beides beknackt.

Dann ab in den Keller, die Hardware begutachten. Unter viel Staub gammeln neben den Balkonmöbeln zwei Mountainbikes vor sich hin: ein 93er Yeti, einst ohne Rücksicht auf Kosten selbst zusammengebaut, und ein jüngeres Rad mit Federgabel, außergewöhnlich gewöhnlich anzusehen, allerdings auch für den Alltagsgebrauch nach Preis-Leistungs-Kriterien ausgewählt. Ich entscheide mich dafür. Bis auf die platten Reifen scheint das Rad funktionstüchtig. Das Aufpumpen bringt den Puls in den Grenzbereich. Quälend lange dauert es, bis der Druck in der Gummiwurst größer ist als der des prüfenden Daumens.

Keuchend trete ich hinaus in die graue Winterkälte. Viel Zeit habe ich nicht. In einer Stunde wird es dunkel. Ich nehme den Radweg stadtauswärts. Der nahe Stadtpark wäre schöner und ohne Verkehr. Doch ich habe keine Lust, mich vielleicht noch von einem übermotivierten Jogger überholen zu lassen, von denen ja gerade in den Tagen nach Silvester Scharen unterwegs sind. In zwei Wochen wird der periodisch exhumierte Sportwille wieder eingesargt und die Ruhe in die Parkanlagen zurückkehren. Die ersten Tritte fühlen sich seltsam an. Ungewohnt, grobmotorisch, zu gewollt. Die Kraft in den Beinen fehlt, der Automatismus ist verloren gegangen, der Puls noch zu hoch. Der Eiswind betäubt Ohrläppchen, Nase und Kinn, der Sattel quetscht das Sitzfleisch. Erbärmlich irgendwie, aber herrlich. 45 Minuten später trete ich zurück in den Hausflur. Gegen den Wohnungstürrahmen gestemmt, dehne ich die Wadenmuskulatur, lege mich in die mit heißem Wasser gefüllte Badewanne und anschließend auf das Sofa. Die Entgiftung zeigt erste Wirkung. Alles ist plötzlich wieder klar, hell, positiv. Das Fernsehprogramm: erträglicher. Das Sofaleder: weicher. Der Früchtetee: heißer, fruchtiger, geschmacksintensiver.

Prüfend kneife ich mit Daumen und Zeigefinger in meine Hüfte. Ich bin mir fast sicher: schon viel härter.

# 2

# Fit statt Fun

Wenn es so etwas Abstraktes wie Kraft, Schönheit und Ausdauer überhaupt für Geld zu kaufen gibt, dann wohl in den Aufzuchtbecken der Trimmindustrie, den nicht grundlos sogenannten Fitness-Studios. Der Winter macht die Marathonvorbereitung mühsam. Nur acht Monate bleiben bis zum Grand Raid Cristalp. Eine minimale Zeit, wenn man die letzten Jahre hauptsächlich in Schonhaltung verbracht hat. Die Speckröllchen müssen weg, ein paar Kilometer schleunigst in die Beine. Doch Schnee, Kälte und winterliche Dunkelheit beschränken die Möglichkeiten.

Meine Joggingversuche habe ich abgebrochen, weil Gelenke und Bänder zickig darauf reagierten. Powerwalking wäre die logische Alternative, ist aus Gründen der Außenwirkung aber undenkbar, solange noch ein Rest Eitelkeit in einem wohnt. Man geht am Stock und sieht bescheuert aus. Der Arsch wackelt die ganze Zeit, und man verbündet sich auf unterschwellige Weise mit den Rudeln überernährter Hausfrauen, die zwischen Staubsaugen und Wäscheaufhängen durch sämtliche Grünanlagen der Stadt schwärmen, um mit trockenen Mundwinkeln der Bikinifigur hinterherzujapsen, und sich dabei stur der Erkenntnis verweigern, dass es für manche Sachen im Leben eben doch zu spät ist. Nicht mit mir.

Schwimmen war noch nie mein Ding. Allein schon diese Umkleideboxen, in denen man den Bauch einziehen muss, um die nach innen schwenkende Tür schließen zu können. Und in denen dann diese Kartoffelnetze hängen, die zwar für die Klamotten gedacht sind, aber bereits nach Hose und Socken auseinanderplatzen, sodass man Unterhose und T-Shirt in die Jackentasche stopfen muss. Da ist man schon genervt, bevor einem das unentwegt ins Wasser sabbernde Badekappen-Treibholz in die Bahn schwimmt. Von den Schrumpelhänden, die man sich in der Bakterienschorle holt, gar nicht erst zu reden. Viel Brutto-Aufwand für wenig Netto-Effekt. Da nutzt es auch nichts, wenn sich die Eintrittspreise in Schwimmhallen dank kommunaler Bezuschussung auf Taschengeldebene bewegen, was ja gleichzeitig der Grund für chronisch rote Bilanzen *und* die permanente Überfüllung der Becken ist.

Bliebe noch das klassische Rollefahren. Stupides Kurbeln im Wohnzimmer, während der Schweiß in Bächen auf das Laminat tropft und man in ständiger Angst vor dem Anschiss ist. Der kommt immer. Irgendwie. Entweder klingelt es an der Tür, und ein Nachbar beschwert sich wegen des Rollekrachs. Oder Himbeerchen verliert wegen der Verunreinigung des gestern erst feucht gewischten Fußbodens die Contenance. Der Keller als örtliche Ausweichmöglichkeit kommt erst recht nicht infrage. Wer will aus Ermangelung eines TV-Anschlusses schon stundenlang Regale mit Schlafsäcken, Weihnachtsdeko-Kisten und aussortierten Büchern anstarren, die man ja genau deshalb dorthin abgeschoben hat, weil man sie eben nicht sehen will? Andi würde das nicht stören. Der ist bei solchen Dingen schmerzlos. Zweimal die Woche geht er jetzt in ein Yoga-Studio zum Rolletreff. Da sitzen sie dann auf ihren selbst mitgebrachten Ergometern, zehn bis fünfzehn Mann, und rauben sich gegenseitig den Sauerstoff zum Atmen. Eine Art Gruppentherapie für winterwahnsinnige Radpsychopathen. So weit ist es bei mir noch nicht. Außerdem habe ich nicht mal eine Rolle. Da fängt es ja schon an.

Training im Fitness-Studio ist die einzige Alternative, die mir im Moment bleibt. Das Angebot ist flächendeckend, das Konzept vielversprechend: Muskeln auf Mitgliedskarte. Fit für ein paar Euro – Saunanutzung, Leihhandtuch und Tiefgaragenparkplatz inklusive. Früh, mittags, abends, nachts, wann immer man will. Trotzdem sind mir diese Tempel der Eitelkeit suspekt. Diese Orte der Verzweiflung, an denen massige Frauen und aus der Form geplatzte Männer Eisenstangen vor und zurück und hoch und runter schieben, das Frotteehandtuch um den Hals geschlungen, den MP3-Ohrhörer in die Gehörgänge gestöpselt. Nur, um dann eine Stunde später wieder lustvoll in den Kuchen beißen zu können, weil das schlechte Gewissen ausgeschwitzt und ein neuer Vorwand zum Selbstbelohnen gefunden ist. Ist der Teller leer, kommt die Reue. Dann geht der Zirkus von vorne los: das prüfende Kneifen in die Hüfte, das besorgte Stirnrunzeln, das Packen der Sporttasche, das Knechten der Problemzonen, das Stöhnen, das Pressen, das Leiden, der Diätschwur und schließlich wieder die Selbstbelohnung bei Kaffee und Kuchen. Ein ewiger, nie endender Kreislauf, der gleich zwei Branchen ernährt: die, die für die Speckröllchen zuständig ist, und die, die dagegen kämpft.

Andere Industriezweige wären dankbar für eine derart perfekt funktionierende Selbstakquise. Man stelle sich vor, die Kunden von Autolackierwerkstätten hätten Freude daran, mit dem Zündschlüssel über ihre Motorhauben zu schrammen, um dann mit betroffener Miene die Reparatur in Auftrag zu geben, den Zündschlüssel schon wieder kratzbereit in der Hand. Schizophren.

Den meisten geht es doch gar nicht um Sport. Nur um Abnehmen und Schönseinwollen. Um den Beachtungsfaktor ihrer oberflächlichen, Solarium-getoasteten Hülle, die sie selbstverliebt in Büro, Restaurant und Trinklokalen rumzeigen wollen. Nur um Leuten wie mir ein schlechtes Gewissen zu machen und sie als maßlos verfressene Idioten dastehen zu lassen. Nie würden sie die Selbstgeißelung zugeben. Spricht man sie auf ihren Traumkörper an, winken sie kokettierend ab, schwafeln von guten genetischen Anlagen und loben ihren Gemüsehändler, *der ja so wahnsinnig leckere Biosachen hat, glaubst du gar nicht.* Und man glaubt diesen Mist doch und verdirbt sich die Laune mit Seltsamkeiten wie Porree oder Chicorée. Zumindest eine Zeit lang. Bis man merkt, dass das alles nichts bringt ohne begleitende Maßnahmen und Supergene.

Die hirntoten Typen in den bunten »Uncle Sam«-Schlabberhosen und ihren über Kleiderschrankbrustkörben gespannten XXL-Muskelhemden sind kaum besser. Pumpen sich auf wie die Michelin-Männchen und können wegen chronischer Testosteron-Übersättigung nicht mal zwei Kilometer am Stück dauerlaufen. Wie auch? Sie passen ja nicht mal durch die Tür. Der Latissimus ist im Weg. Wie Pippi-Langstrumpf-Zöpfe stehen die Knubbelarme seitlich ab. Was sie nicht davon abhält, sich stetig weiter in horizontaler Richtung auszudehnen. Sie gehen ja eh nie vor die Tür, so scheint es jedenfalls. Ständig schütten sie sich in Milch aufgelösten Muskeldünger in den Rachen. Hormon-Fasching auf Protein-Basis! Wofür eigentlich? Damit sie die Schrankwand beim nächsten Umzug alleine in den fünften Stock tragen können?

Und dann die Verträge mit den Folterstudios, die einen zum Leibeigenen machen. Mindestdauer: Ein Jahr, welches sich laut Kleingeschriebenem automatisch um ein weiteres verlängert, sollte die Kündigung nicht fristgerecht drei Monate vor Ablauf schriftlich vorliegen, Datum des Poststempels unerheblich. Ich kenne Leute, die seit Jahren zahlende Karteileichen sind, weil sie einfach jedes Mal diese verdammte Kündigungsfrist verpassen. Man kommt sowieso nur im Winter auf die Idee, ins Fitness-Studio zu gehen. Wenn das Hirn schockgefrostet und der Bauch winterspeckig ist, unterschreibt man willenlos jeden Mist. Doch kaum ist der nächste Winter da und der Studiovertrag wieder im Gedächtnis, wird der nächste Jahresmitgliedsbeitrag schon vom Konto abgebucht. Ein Teufelskreis. Doch habe ich eine Wahl?

»Body Factory« leuchtet in gelber Neonschrift über den Spiegelglaseingangstüren, die sich zischend vor mir zur Seite schieben. Irritiert blicke ich auf eierschalenfarbene Ledersitzgruppen, gedämpftes Licht und Flachbildschirme. Für einen kurzen Moment glaube ich mich in der Lobby eines Hotels, an deren Bar das Glas Pils mehr kostet als ein ganzer Kasten im Supermarkt. Kuschelig sieht es aus. Gemütlich. Irgendwie ganz anders, als ich mir ein Fitness-Studio immer vorgestellt habe. Sachlich nämlich. Dem Zweck entsprechend. Wie eine Turnhalle, nur mit Hantelbänken und Lulatschen, die an grenzlegalen Bizepsbeschleunigern nuckeln, sich auf die tätowierten Betonschultern hauen und friesisch herb in ihre Ausdünstungen lachen.

Hier plätschert »Buffalo Soldier« von Bob Marley aus integrierten Deckenlautsprechern. Die Polstersessel umarmen Kaffee trinkende, adrett gekleidete Menschen, die ihre Beine stilistisch einwandfrei übereinander-

geschlagen haben. Worte flirren, Gelächter ventiliert. Es riecht nach Raum-
duftspray Meeresbrise. Einzig das Standbild auf den Plasmamonstern lässt
erahnen, dass es sich um eine Sportstätte handelt: »Bodystyling mit Ramona: 21 Uhr in Raum 2«. Ich folge dem roten Teppich zu einer Theke, die der
Kommandostation eines Raumschiffs nachempfunden ist. Darauf unter anderem ein blinkendes grünes Glasquadrat mit der rätselhaften Aufschrift:
»Tonsignal bitte 2x abwarten«. Und Dosen. Überall Dosen. Gestapelt zu
Pyramiden. Geschichtet zu Türmen. Gereiht zu Spalieren. Gelbe Schilder
weisen zusätzlich darauf hin: »Aktion! Multipower – der geschmackliche
Hochgenuss für den Trainingserfolg, nur 20 Euro!« Was heißt hier *nur*?
Bei der angegebenen Mix-Ergiebigkeit von gerade mal fünf Litern je Dose
scheint mir das Wort *nur* eher in Zusammenhang mit der Füllmenge ange-
bracht. Und überhaupt: Ist das nicht Doping?

»Hi, ich bin die Evi, kann ich dir helfen?«, reißt mich eine sanfte Frau-
enstimme aus dem Staunen. Ich sehe nur Zähne. Strahlend weiße Zähne.
Und einen Glitzerstein, der auf einem dieser Zähne funkelt. Und Haut.
Braune, straffe, dermatologisch einwandfreie Frauenmagazin-Haut, an die
sich ein Hauch von einem schlumpfblauen Oberteil schmiegt. Es gibt sie
also doch, die Menschen von den Plakatwänden, die man allerorten abgebildet, aber komischerweise nirgendwo live sieht. Ich bin dieser Evi noch
nie vorher begegnet, habe noch nie *mit ihr* und nicht mal *über sie* gesprochen, duze sie aber wie selbstverständlich zurück. Das ist das Verrückte an
diesen Fettverbrennungsanlagen: Man betritt eine Parallelwelt, die sich den
Konventionen des normalen Lebens komplett entzieht. Die einen mit einer
wohligen Zugehörigkeitswolke einnebelt. Als wäre man als Mitglied kein
zahlungspflichtiger Kunde, sondern nur der neue WG-Mitbewohner, auf
den sich alle ganz doll riesig gefreut haben. Vor ein paar Jahren hätte ich
nie geglaubt, einmal vor solch einer Theke um einen knackigen Körper zu
flehen. Doch da gehörte ich auch noch nicht zur Zielgruppe.

»Hallo, hi, ja, äh, also ich habe mich für ein Schnuppertraining angemeldet«, kläre ich Evi über den Grund meiner Anwesenheit auf.

»Okay, super. Willkommen im Club«, haucht Evi, lässt ihre manikürten
Metallic-Fingernägel ein paarmal auf der Computertastatur einschlagen
und schiebt mir eine weiße, nackte Plastikkarte über ihre Kommandostation, die ich bitte zweimal über das grün blinkende Quadrat wischen soll,

bis das Tonsignal kommt, denn dann bin ich *eingeloggt*. Ich weiß zwar nicht, was das bringen soll, denn schließlich sieht Evi ja, dass ich da, also im Studioleben eingeloggt bin. Wahrscheinlich meint sie angezapft. Drinks, Riegel, Solarium – Abrechnung bei Verlassen des Trainingsschauplatzes alles über die Karte.

»In einer halben Stunde fängt übrigens der Spinning-Kurs in Raum 2 an. Heute ist Own Zone, das ist total cool. Wenn du Lust hast, kannst du noch mitmachen«, werde ich eingeladen. Warum nicht? Ums Radfahren geht es mir ja. Immerhin ist Spinning die größte Schnittstelle aus Rad- und Hantelsport. Aber was, bitte sehr, ist eine Own Zone?

»Das erklärt dir dann die Melli, die Instruktorin. Sag einfach, dass du der Neue bist«, zwinkert Evi geheimnisvoll. Dann führt sie mich durch stumm an Muskelmaschinen ziehende Robotermenschen zum Herrenumkleideraum, wo die Plastikkarte als Spindöffner fungiert, was ich nach mehrmaligen vergeblichen Rüttelversuchen allerdings erst durch die nett gemeinten Hinweise der Anwesenden erfahre.

Spinning – Hampeln nach Noten. Eigentlich hatte ich mir geschworen, niemals bei solch einem Kaspertheater mitzumachen. Beim Sechs-Tage-Rennen in Stuttgart wurde ich zusammen mit Andi einmal Augenzeuge der ungeheuerlichsten Vorführung, der ich je in Sportzusammenhängen beiwohnen durfte. Ein ortsansässiges Fitness-Studio hatte sich als Werbemaßnahme eine Spinning-Vorführung ausgedacht. Andi und ich kamen gerade von der »Miss Bianca – Ich will kein Engel sein«-Darbietung aus der Six-Days-Diskothek und wollten auf den Rängen die »Hofbräu Finaljagd« anschauen, als uns unser Weg an dem Spektakel vorbeiführte. Ein schwäbischer Obelix saß in einen Spandex-Strampler mit Geschenkpapier-Musterung eingenäht auf einer Fahrrad-ähnlichen Fitnessmaschine, neben der eine Art DJ-Mischpult aufgebaut war, und trieb die Spinner über sein Headfon an. »Okay, c'mon everybody! Jetzt bringen wir mal wieder etwas Schwung in die Kiste! C'mon, put your hands in the air!!!!«, schrie der Spandex-Vorturner, wischte sich über seine schweißverperlte Manfred-Krug-Gedächtnisfrisur und drehte den Technosound auf Anschlag: Uz! Uz! Uz!, wummerten die Bässe, und die Spinner schwitzten und keuchten – Uz! Uz! – und rubbelten mit den Handtüchern über ihre Ekstasegesichter – Uz!

Uz! – und rissen – »C'mon, c'mon!« – tatsächlich wie befohlen ihre Hände in the Air, woraufhin der Spandex-Mann einen Witz probierte – »C'mon, c'mon! Put your hands under your underwear!« – den aber keiner kapierte. C'mon! Andi und ich fanden das ziemlich seltsam und blieben nur deshalb stehen, weil wir einfach nicht glauben konnten, was sich da vor unseren Augen abspielte. In diesem Moment schworen wir uns, niemals, auch nicht zu Zwecken der Selbstironie, auf ein Spinning-Rad zu steigen. Ziemlich genau ein Jahr ist das her.

In Jogginghose und Radtrikot betrete ich Raum 2, in dem um 21 Uhr das Bodystyling mit Ramona stattfinden soll, jetzt aber erst einmal der Spinning-Kurs. Zwar hatte ich vorsichtshalber auch eine Radhose in den Rucksack gestopft. Doch ich will auf gar keinen Fall so fleischwurstig rüberkommen wie der Stuttgarter Spandex-Mann. Der Raum wirkt riesig, entpuppt sich in Wirklichkeit aber als viel kleiner, weil alle Wände mit Spiegeln vertäfelt sind, die so streifenfrei poliert sind, dass ich fast dagegendonnere. Bis auf die Spinning-Räder, ein DJ-Pult und zwei gigantische Wummerboxen ist der Raum noch komplett leer, obwohl auf fast allen Lenkern schon Handtücher hängen. Ich stelle mich neben das einzige noch freie Rad und warte. Säuerlich riecht es, leer geatmet, nach fertig absolviertem Ausdauersport, Schnuppertraining eben.

Ich betrachte mich in den Spiegeln. Sportlich sehe ich aus, viel sportlicher, als ich mich fühle. Vor allem das Radtrikot verströmt mächtig Professionalität. Ich bin gewaltig gespannt, was mich erwartet. Gleich werde ich zum aktiven Mitglied der Fitnessgesellschaft. Endlich passiert was. Vorbei die Zeit der Vorsätze. Jetzt kommen die Ausrufesätze! Ich werde enge T-Shirts tragen, einen Entsafter kaufen und an jedem Klettergerüst, an dem ich vorbeikomme, 20 Klimmzüge machen, ach was, 40. Himbeerchen wird stolz über meine festen Arme streicheln, und im August fahre ich den Cristalp, ganz einfach. Meinetwegen mache ich dafür diesen Spinning-Quatsch mit. Was ist schon so schlimm daran? Ich radle ein bisschen, wenn auch ohne voranzukommen.

»Moin«, ruft ein Typ ungeachtet der tatsächlichen Tageszeit, der mit zwei Wasserflaschen bewaffnet den Raum betritt und sich routiniert in einen der Sättel schwingt. Langsam füllt sich der Raum. Fragile Ausdauersport-frauen. Und Männer, die auf ihren carbonsteifen Radschuhen staksen wie mit Stiefeletten von Louis Vuitton. Wie vorteilhaft die alle aussehen. Ich komme mir deutlich zu leger angezogen vor: Solche Outfits kannte ich bis jetzt nur von Radsportübertragungen. Zwei tragen sogar aerodynamische Triathloneinteiler und Rennradmützen verkehrt herum.

Dann kommt Melli. Das muss sie sein: ultralange Beine, ultraenges Höschen, ultrahohe Körperspannung, ultrafreches Pferdeschwänzchen. Optischer Reichtum, auf das Wesentliche destilliert. Wäre die so auf einer Männerma-gazin-Titelseite abgebildet, würde die Grafikerzunft in höchsten Tönen die aktuellen Fotobearbeitungsprogramme loben. Denn so ein Körper *kann* nur retuschiert sein. Beine mit Pferdeschwanz. Ich frage mich, ob die Bewerber für einen Job im Fitness-Studio wohl auch solche Castings wie bei »Deutsch-land sucht den Der-Die-oder-Das« durchlaufen müssen. Das ist doch Masche, dass die Trainer und Trainerinnen alle so perfekt, vital, bemuskelt, sexuell quicklebendig wirken. Die vorgeführte Perfektion löst Habenwollen-Reflexe aus. Man sieht den Idealzustand und will natürlich auch so toll, so hochleis-tungsfähig, so retuschiert aussehen. Also bringt man sein Geld jeden Monat brav ins Fitness-Studio, lässt sich vom Anblick der Trainer ein schlechtes Gewissen machen und hechelt dem Traum vom Waschbrettbauch hinterher. Wer kein Geld hat, bleibt auch künftig fett und arm statt fettarm oder hun-gert sich schlank, wird aber dann nie diese herrlichen Muskelgebirge auf sich herumtragen dürfen. Geld ist die Eintrittskarte in die Fitnessgesellschaft. In den Kreis der Schönen und Tollen, in die Welt, die einem Plakatwände, Wer-bung und Hochglanzmagazine als die normale vorgaukeln.

Dabei müsste man nur mal den Erfindern der Traumwelt einen kurzen Besuch abstatten, um den Schwindel zu entlarven. Nirgends wird doch so ungesund gelebt wie in Redaktionen, Agenturen und Designstudios. Sieht man doch ständig auf Großveranstaltungen, wie überstresste Mikrofon-, Kamera-, Notizblockmenschen gegen den unmittelbar drohenden Kreis-laufkollaps anqualmen und mobiltelefonieren, weil ja alles so aufregend ist, der Star nicht zu sprechen, der Sinnlosbeitrag aber bereits eingeplant, und das alles in seiner geballten Dramatik natürlich nur schwer zu ertragen. Leistungsdruck, Ellenbogenmentalität und sämtliche Tarifverhandlungen infrage stellende Arbeitszeiten sind der perfekte Nährboden für Nikotinsucht, Depression, Scheidung und Promillelust. Nicht unwahrscheinlich, dass selbst die Autorin der neuen, sensationellen Pfefferminz-Kohlrabi-Diät am liebsten kalorienreich mampft und bereits das gelegentliche Eintauchen von Roibuschteebeuteln in heißes Wasser mit Fitness in Verbindung bringt. Würden diese ganzen Blätter einfach nur normale Menschen im normalen Leben zeigen, würde zwar keiner ihren Mist kaufen, dann müsste aber auch niemand mehr versuchen, sich von einer Buchstabensuppe pro Tag zu ernähren, um magersüchtige Modelgerippe nachzuäffen. Denn natürlich knickt das Ego ein, wenn man dickbäuchig und dünnhaarig ist und sich ständig in polierten Musterkörpern spiegeln muss.

»Okay, sind alle da?«, fragt Melli, und um mich herum rufen alle – erstaunlich, dass sie dabei nicht auch noch gehorsam die Hacken aneinanderknallen – »JAAA!«

Dann verteilt Melli Pulsuhren, die angeblich automatisch die besagte Own Zone bestimmen, die eigene Zone, in der die »sauerstoffbezogene Energiegewinnung im Vordergrund steht«, wie Melli erklärt. Ich merke gewaltigen Informationsbedarf, verkneife mir aber angesichts meiner offenbar bestens eingespielten Mitspinnerschaft die Nachfrage.

»So, heute ist Hill-Tag. Auf uns warten viele schöne Berge«, spricht Melli in ihr Headfon, mit dem sie sich an die beiden Wummerboxen angeschlossen hat. Plötzlich zucken Lichtblitze und ein Chor peruanischer Bergindianer beginnt mit einer Art Gebetsgesang.

»Okay, let's start! Wir lassen die Schultern locker hängen, ganz locker, *noch* lockerer, atmen tief in uns rein und nehmen den Rhythmus auf«, kommandiert Melli mit freundlich strenger Tonlage, wie sie auch Navigationssysteme gerne verwenden. Ich atme tief und lasse die Schultern locker. Der Rhythmus bereitet mir jedoch Probleme. Die Indianer singen alle in einer anderen Tonlage.

»Okay, wir drehen den Widerstand hoch, 20 Schläge über der Own Zone. Spürt den Rhythmus, werdet eins mit dem Anstieg, feel the energy«, ruft Melli mit feucht erregter Stimme. Mir wird es zunächst einmal in den Achselhöhlen feucht. Im Gesicht registriere ich einen dramatischen Temperaturanstieg. Hektisch zerre ich den Trikotreißverschluss auf, während Melli am Mischpult den CD-Kanal wechselt. Der Raum vibriert unter Technobässen: WUZZZ!!! WUZZZ!!! WUZZZ!!! KRAWUZZZ!!!

Ich trete und schwitze und trete und schwitze noch mehr und blicke zur Seite: Die anderen schwitzen gar nicht. Auf meiner Pulsuhr blinken Zahlen. Hohe Zahlen. Meine eigene Zone? Vielleicht. Weiter treten, den Rhythmus suchen. Was nicht einfach ist, bei WUZZZ!!! WUZZZ!!! WUZZZ!!! KRAWUZZZ!!! Erst recht nicht beim nächsten Song, Lied, Geräusch, wie auch immer man das nennen soll. Ein Technomix von »Love is in the air«, in dem laut Melli auch die Melodie von »Stille Nacht, heilige Nacht« zu hören ist. Sein soll. Die Bässe stampfen, nein prügeln auf mich ein. KRAWUMM, KRAWUMM! »Love is – KRAWUMM, KRAWUMM – in the air!« Sauerstoff wäre besser. Die Luft steht, der Schweiß rinnt. Ich fühle mich schon leicht angeschlagen. Das sind wirklich sehr hohe Berge hier im Spiegelraum. Unter den anderen sind viel kleinere Flecken auf dem Parkett. Diese Tiere. Denen macht das nichts aus, die sind das gewohnt, die lachen innerlich über mich. Die Fensterscheibe links neben mir spiegelt die Katastrophe. Wie verkrampft ich auf dem Rad sitze. Und wie pummelig ich wirke. Fensterscheiben sind noch schlimmer als Lycra. Sie petzen einem die Problemzonen nicht nur, sie verzerren sie ins Überdeutliche. Trotzdem schaut man immer rein. Wie die Bohnenstange in der »Du darfst«-Werbung. Doch im Gegensatz zu ihr darf ich eben nicht. Aber ich will ja auch nicht so bleiben, wie ich bin.

»Noch eine Minute bis zum Gipfel! Richtig schön locker bleiben, alles aus den Beinen heraus! Spürt den Berg! Und alle: Love is in the air!«, kreischt Melli. Alle kreischen mit. Bis auf mich natürlich. Ich fühle das Sterben meiner Kräfte. Absteigen geht nicht. Ich muss das in Würde durchstehen. Will das durchstehen. Nur so kann ich zum gusseisernen Sporthelden werden. Spinning ist viel brutaler, als ich es mir vorgestellt habe. Geist vergewaltigt Körper. Ich kann mich schon angucken in der Pfütze unter mir. Hoffentlich geht das beim Cristalp ruhiger ab.

Eine Stunde später ist die elende Schinderei endlich vorbei. Alle sollen zum Abschluss tief in sich reinatmen, die Energie spüren, mit den Armen die Kirschen von der Decke pflücken. Ich tue so, als würde ich ein paar wichtige Einstellungen an meiner Pulsuhr vornehmen. Kirschen pflücken im Januar – ich bin doch nicht bekifft. Benommen taumle ich vom Rad, rutsche beinahe auf den Transpirationslachen aus, die Ramona vor ihren Bodystyling-Übungen hoffentlich noch aufwischt, schleppe mich mit letzter Kraft in die Dusche, wickle die pitschnassen Klamotten in das pitschnasse Handtuch und verwandle mich zurück in mein ziviles Ich. Genug für heute.

Zurück an der blinkenden Kommandostation, klärt mich Evi mit überzogener Allzweckhöflichkeit ganz nebenbei – »ach ja, stimmt, fast vergessen« – über die Rahmenbedingungen der Mitgliedschaft auf. Darunter auch der mich und sie am meisten interessierende Punkt »Beitrag«. Da wären:

Einmalige Body-Analyse: 89 Euro

Monatsbeitrag: 84 Euro

Zuschlag für die Gold-Card (Handtuchnutzung inklusive!): monatlich 20 Euro

Trainerpauschale: jährlich 39 Euro

Kaution für Check-in-Card: 25 Euro

Und – als Anfeuerung für die Begeisterung – eine Kunststoffwasserflasche, 0,75 Liter, schwarz, mit Aufdruck »Body Factory« bei Abschluss eines Zweijahresvertrags gratis! Nicht gratis: die Befüllung der Gratisflasche. Was ein wenig so ist, als würde ein Restaurant mit einem Gratispappteller werben, um darauf das teure Seelachsfilet zu servieren.

»Huch«, sage ich. Und da muss Evi lachen, denn das wäre doch wirklich ein einmaliges Angebot. Ich sollte doch mal bedenken, dass man, wenn man, DANN!

Ich schaue auf den Glitzerstein auf ihrer perlweißen Schneidezahnskulptur und auf das schlumpfblaue Winzigoberteil. Es ist der Neidreflex, der zum Kugelschreiber greift.

Andi ist nicht zu überzeugen. Wir telefonieren inzwischen mehrmals pro Woche, um unsere Fortschritte bei der Cristalp-Vorbereitung auszutauschen. Es gibt viel zu berichten.

»Hey, du musst unbedingt mal zum Rolletreff kommen. Das ist ziemlich geil. Gestern bin ich zwei Stunden gefahren, immer schön mit 90er-Frequenz«, schwärmt er.

»Zwei Stunden Rolle? Och nee, da würde mir ja das Hirn austrocknen. Wieso fahrt ihr da eigentlich in der Gruppe? Hat doch eh jeder seine Kopfhörer auf«, entgegne ich.

»Na und? Mir macht es Spaß. Oder unterhältst du dich etwa mit deinen Spinning-Freunden? Spielen die da wenigstens korrekten Rockersound in der Mucki-Bude?«

»Nee, Techno. ›Love is in the Air‹ mit der Melodie von ›Stille Nacht, heilige Nacht‹.«

»Ach du Scheiße, wie dieser Mist in Stuttgart. Wie krass ist das denn?«, spottet Andi.

»Quatsch, unsere Instruktorin heißt Melli und hat Beine bis zum Kinn. An der ist alles stramm, die müsstest du mal sehen. Selbst wenn die läuft, sieht man keine Wabbelwellen auf der Haut. Das kommt vom Spinning. Bald bin ich auch so knackig«, versuche ich es erneut. Doch die Überzeugungsarbeit kann ich mir sparen. Soll er doch zu seinen Verrückten in die Gruppentherapie gehen.

»Du, übrigens«, lenkt Andi vom Thema ab, »der Ron vom Rolletreff meinte, dass man ab März auf Mallorca super trainieren könne. Die haben da richtige Hotels, die nur auf Radtraining spezialisiert sind. Mit Trainern, die dann die Gruppen führen. Die Profis trainieren angeblich auch immer dort.«

»Echt? Klingt doch super: Da können wir Urlaub machen und kommen formoptimiert zurück. Ich wollte schon immer mal nach Malle. Gebongt.«

Die Idee, auf sonnenbeheiztem mallorquinischen Asphalt entspannt in Cristalp-Form zu rollen, gefällt mir außerordentlich. Auch weil ich keine größeren Einwände von Himbeerchen erwarte. In der Toskana ist es um diese Jahreszeit schließlich noch zu kalt. Andi bietet an, im Internet alle relevanten Informationen zusammenzutragen.

Die Tage verstreichen. Ich trinke Möhrchensaft, esse Rohkost, jedenfalls unter anderem, und warte auf die Sexywerdung. Wird wohl noch dauern. Meine Fitness-Studio-Besuche halten sich nämlich ziemlich in Grenzen. Zum einen, weil ich mich nach dem ersten Gerätetraining wegen eines bösen Muskelkaters vier Tage lang nicht rühren kann. Zum anderen, weil ich eine wichtige Komponente beim Schnupperkurs außer Acht gelassen habe: die Entfernung von der Wohnung zur Sportstätte. Ich habe schlichtweg keine Lust auf die halbe Stunde Anfahrtsweg, die sich im Feierabendverkehr um 15 weitere Minuten verlängert. Mindestens!

Deshalb versuche ich es inzwischen wieder mit Alternativsport. Leider bisher mit mäßigem Erfolg. Liegestütze: abgebrochen. 100 davon wollte ich mir jeden Tag in die Arme pressen, um den Oberkörper zu straffen. Entweder zweimal 50 oder dreimal 33 plus noch einen zum Abschluss. Nach 17 Wiederholungen bekam ich mich nicht mehr hochgewuchtet, lag hilflos auf dem Wohnzimmerboden und musste mich zur Seite abrollen, um aufstehen zu können. Ich hätte auf fünfzigmal zwei umstellen müssen, was mir dann inklusive der Pausen aber zu zeitaufwendig erschien. Joggen: Abermals abgebrochen, nachdem es mir im Park nur mit allergrößter Mühe gelungen war, eine Gruppe älterer, powerwalkender Damen zu überholen.

Seilspringen im Wohnzimmer: abgebrochen. Ging eine Weile gut, dann aber ein Kaktus zu Bruch. Schwimmen: ebenfalls eingestellt. Der erste Versuch an einem Donnerstagvormittag war ein voller Erfolg. Ich paddelte 20 Bahnen im Bruststil und war mächtig stolz darüber. Beim zweiten Versuch, diesmal an einem Samstag, fielen mir schon zu Beginn unzählige Kinder auf, die am Beckenrand auf irgendwas zu warten schienen. Ich schwamm gerade die zehnte Bahn, als eine Stimme aus dem Off rief: »Achtung! Jetzt kommt die Welle!« Dann schallte »Das ist die perfekte Welle« von Juni, Juli, August oder wie auch immer diese Chart-Nerver heißen aus den Schwimmhallenboxen, und das Wasser türmte sich zu tollenden Gebirgen. Die Blagen sprangen johlend in die Fluten. Und ich schaffte es durch die Arschbomben hindurch nur mit allergrößter Mühe zurück an Land. Fast wäre ich ersoffen. Dass dieses verdammte Schwimmbad am Wochenende halbstündlich zum Ozean mutiert, hatte mir niemand gesagt.

Wie also weiter, solange der Schnee naturnahes Radtraining verhindert? Ideal wäre Spinning im Wohnzimmer. In vertrauter Umgebung, vor dem Fernseher. Ohne Melli, dafür aber mit einer Gitarrenmusik-DVD. »Metallica – Live at San Diego« zum Beispiel. Und wenn ich die Rollos runterließe, wäre sogar eine enge Lycrahose tragbar, die beim Spinning viel praktischer ist als eine knöchellange, die Fettpolster kaschierende Schlabberhose.

Im Internet klicke ich ins virtuelle Auktionshaus Ebay. Seit einigen Jahren ersteigere ich mir unter dem Namen »Sharon full Stoned« billig Dinge, die andere Leute nicht mehr brauchen: Futter für den CD-Player, Gemütlichkeitsverstärker wie Siebzigerjahre-Kerzenständer oder einen von innen beleuchteten Porzellanchihuahua für 4,50 Euro exklusive Versand. Mit einem Klick bin ich drin im virtuellen Flohmarkt – 16 Millionen Artikel! Die Suchmaschine kürzt das Stöbern ab. »Spinningbike« eingeben, Enter drücken. Exakt 32 Angebote. Eines gleicht den Spinningbikes aus dem Studio, ist einem Bieter aber schon 467,01 Euro wert. Zu viel für ein paar Pulsspitzen vor dem Fernseher. Da! Ein »Spin Racer Pro SP-SRP 2802« – Softer Rennsattel, robuster Profirahmen, Big-Screen-Trainingscomputer mit integrierter O-Zone, wie der Begleittext wirbt. Nur 189 Euro inklusive Versand. So schnell hat meine Computermaus noch nie zugeschnappt. Drei, zwei, eins – meins!

Eine Woche später klingelt der Spediteur. Vor zwei Tagen hat er die Anlieferung der Ware telefonisch angekündigt, sodass ich einen Tag Urlaub einreichen konnte. Die Ankunftszeit wird von Sperrgutzustellern gerne vage beziffert, um noch Luft für das Frühstück und die ausgiebige Mittagspause zu lassen – zwischen 9 Uhr und 15 Uhr. Ich habe mir schon mal Radhose und Trikot unter meinen Zuhause-Trainingsanzug gezogen, damit ich zeitnah lostrainieren kann. Doch das Spinningbike ist noch originalverpackt: ein sperriger Riesenkarton mit dem Gewicht von fünf Gullideckeln. Hochtragen will es der Spediteur nicht, nur eine Unterschrift. Anlieferung bis zur Haustür nennt er die Servicezumutung. Zusammen mit einem anfangs hilfsbereiten, nun fluchenden Passanten wuchte ich die Kiste in den zweiten Stock. Der Aufbau zieht sich weitere zwei Stunden hin. Dann habe ich keine Lust mehr zum Spinnen. Die Metallica-DVD lässt sich schließlich auch wunderbar mit einer Tüte Gummibärchen vom Sofa aus anschauen.

Am nächsten Tag dann die erste Spinning-Einheit. Auch diese verzögert sich erst einmal. Meine Klickpedale lassen sich nicht montieren, weil die Gewinde in den Stahlkurbeln ein Fantasiemaß besitzen. Der Umbau des Sattels scheitert aus demselben Grund. Das vom Anbieter als soft charakterisierte Ding ist ein die menschliche Anatomie verhöhnender Gummiklumpen, das Gestell aber leider doppelt so breit wie normale Fahrradsättel, die damit für einen Austausch nicht infrage kommen.

Ich schalte den Fernseher ein und fädle meine in Turnschuhen steckenden Füße in die Nylonschlaufen der Kunststoffpedale. Obwohl ich die Schrauben am Lenker so fest angebrummt habe, dass die Ecken abgerundet sind, bekommt die Lenkerstange Erektionsschwäche. Der Chrombügel klappt nach unten. Ich muss meine Hände am Big-Screen-Trainingscomputer aufstützen, um nicht mit dem Kinn darauf zu knallen. Das Treten fühlt sich merkwürdig an. Die Kurbeln sind der durchschnittlichen Einwohnerbeinlänge des asiatischen Herkunftslandes angepasst, also zu kurz. Und anders als die Räder in der »Body Factory« *hat* dieses Bike hier einen Freilauf. Ist es nicht der eigentliche Sinn des Spinning, dass die Beine im Rhythmus der starren Schwungscheibe rotieren?

Ich kurble und schaue zwei Männern zu, die sich von einem dritten, den sie Michi nennen, »Jump« von Van Halen wünschen, doch Michi orgelt lieber die Melodie von »Dancing Queen«, und zwar auf einem sensationellen, unglaublichen, suuupergünstigen Leuchttasten-Keyboard – »264 Klangfarben zum Dauerniedrigpreis: Sie sparen 109 Euro!« So steht es rechts außen groß eingeblendet. Himbeerchen muss den Sender gestern Abend geguckt haben. Wahrscheinlich haben sie da Reisen in die Toskana verhökert. Ich bekomme bei diesen Shopping-Kanälen Aggressionen. Zwar sind sie auch nicht viel inhaltsärmer als ihre Alternativen. Doch warum man eine ganze Fernsehfrequenz mit überteuertem Resterampen-Plunder blockieren muss, während überall auf der Welt übertragungswürdige Forschungsmissionen, Sportmeisterschaften und Rockkonzerte laufen, kann und will mir nicht in den Kopf. Leider habe ich die Fernbedienung bereits aufs Sofa geworfen. Ein Halter dafür wäre eine wünschenswerte Ausstattung für ein Fitnessgerät, das schwerpunktmäßig für Privathaushalte konzipiert ist. Ich steige ab, schalte alle Sender durch und resigniere bei einer Gerichtsshow, in der ein zorniger Ehemann einen rumänischen Pornoproduzenten erschossen hat, weil dieser der Ehefrau zwar eine Hauptrolle, für die Sexszenen aber kein Double spendiert hat, was der Gatte erst durch einen Videothekbesuch erfahren musste. Vom eingespielten Beweismaterial sehe ich leider nichts mehr. Meine Fernsehbrille ist durch die Transpiration beschlagen.

Keine Stunde später kann die Ebay-Gemeinde aus einem Spinning-Rad mehr auswählen: »Spin Racer Pro – neuwertig, softer Rennsattel, bereits montiert«. Und als extra hervorgehobenes Kaufargument: »Absolut hochwertige Profi-Qualität!«

# 3.

# Drill mit Halbpension

&

Mit unnachgiebiger Härte fährt mir der Hydraulikamboss in den Schritt, bis die Weichteile maximal komprimiert sind. »Sechsundfuffziger«, ruft der Mann an der Beinlängenmessmaschine kompetent zu seinem Kollegen rüber, woraufhin dieser in die mit »56« überschriebene Rahmenhöhengasse schreitet und eines der dort akkurat gestapelten Räder vom Wandhaken pflückt. Eine Unterschrift später bin ich offizieller Mieter eines Rennrads.

Wir sind angekommen an der Endstation der Wirklichkeit: in Playa de Muro, Mallorca, dem Discounter der organisierten Formoptimierung. Hier checkt man als sportlicher Niemand in den Herbergen ein, um eine Woche später als kraftstrotzender Jemand nach Hause zu fliegen. Kurbeln, essen, schlafen – das ist alles, worum es von Februar bis Juni geht. Drill mit Halbpension, für 550 Euro inklusive Flug und Erinnerungsradsocken. Man trägt vereinsfarbene Ballonseide zu Adiletten und hechelt zwischen Frühstück und Abendessen seinem Vorderrad hinterher. Ein simpel auf den Punkt gebrachtes Konzept, das aufzugehen scheint. Überall sieht man sie in ihren bunten Lycrahäuten mit den RC-Wasweißich-Aufdrucken, die aussehen wie Bodypaintings: auf Haupt- und Nebenstraßen, in Supermärkten und

Kreisverkehren, an Geldautomaten und Hotelrezeptionen, im Rudel, als Pärchen und eher seltener auch mal allein. Irgendeine Energie an diesem Flecken Erde scheint den Erholungsreflex auszuschalten, Sandstrände, Cafés und Ausflugsdampfer unsichtbar zu machen und Menschen in Sportmaschinen zu verwandeln.

Die zeitliche Limitierung des Aufenthalts im meteorologisch begünstigten Breitengrad lenkt den Blick aufs Wesentliche: den sonnenverwöhnten Asphalt. Auch Andi hat es erwischt. Er will los! Trainieren! Jetzt! Sofort! Dabei sind wir gerade mal seit zehn Minuten am Ort des Geschehens. Es ist zehn Uhr morgens. Mein Körper ist von der frühen Reise geschwächt, der Magen von der Air-Berlin-Frechheit, die auf der boardeigenen Frühstückskarte irrtümlich als »Truthahn-Ananas-Sandwich« ausgewiesen war. Aber gut, wenn es der Cristalp-Form dient, dann wird der Schlaf natürlich der Prioritätenliste geopfert. Menschliche Bedürfnisse zählen offenbar ohnehin nicht mehr, sobald man sich für die Teilnahme an einer Breitensportveranstaltung entschieden hat. Seit wir das Flugzeug verlassen haben, spüre ich eine deutliche Zunahme des Leistungsdrucks. Bisher war alles spielerisch, eine unverbindliche Abkehr von Alkohol und Ernährungssünden, wie man es ja immer mal wieder macht, wenn die Hose anfängt zu kneifen.

Hier aber ist Schluss mit lustig, das wird angesichts des flächendeckend wuselnden Sporteifers klar. Ab jetzt gilt es als Rückzieher, die Cristalp-Geschichte nicht bis zum bitteren Ende durchzuziehen. Am Gepäckband habe ich die Startlinie überschritten. Das Rennen läuft, und Andi wirkt so fest entschlossen wie all die Profitypen vorhin am Flughafen, die mit ihren Hartschalenradkoffern powerwalkend zu den Shuttle-Bussen gehastet sind, um keinerlei Pause beim Vorbereiten auf Olympiaden, Weltmeisterschaften oder ähnliche Heldenmissionen aufkommen zu lassen. Ich fühle mich komplett fehl am Platz, zweifle und schäme mich für die Naivität, mich mit diesen Verrückten auf eine Stufe stellen zu können. Wie ein Ibizatourist, der sich statt in seinen Pauschalsitz neben den Käpt'n ins Cockpit gesetzt hat, weil er einfach auch mal gerne irgendwo hinfliegen will.

Apropos hinfliegen. Ich bin noch nie mit einem Rennrad gefahren, erst recht nicht mit einem »Sechsundfuffziger«. Sie werden von hinten an mir vorbeifliegen, es merken, sich umdrehen, gemeine Witze machen und dann leichtfüßig meinen Blicken enteilen. Mountainbiken wäre besser gewesen.

Da ist man im Wald und vor Blicken geschützt. Unsicher wühle ich in der Reisetasche und probiere verschiedene Hosen-Trikot-Kombinationen. So müssen sich Promifrauen fühlen, wenn sie sich für eine wichtige Gala herausputzen. Mich lädt niemand ein. Aber ich sehe ja auch wirklich scheiße aus mit diesem bunten, engen Lycrakram. »Alter, voll 8oer-mäßig«, lacht Andi und klapst mir vergnügt auf den Helm.

Das Wetter hat noch Potenzial, ist aber erfreulich besser als daheim. Leicht bewölkt, leicht windig: 16 Grad, informiert ein überdimensionales Außenthermometer. Wir reihen uns ein in die nicht enden wollende Karawane aus Radfahrstrebern, die von Playa de Muro aus zum Kilometerfressen in alle Richtungen der Insel ausschwärmen. Die meisten fahren in Gruppen, Andi und ich erst einmal allein. Wir wollen uns an die ungewohnten Rennräder gewöhnen, die wir ja nur aus dem Fernsehen kennen. Ungewöhnlich leicht rollen die lakritzschneckenartigen Reifen, die so prall aufgepumpt sind, dass man ständig Angst hat, sie könnten explodieren. Die Sitzposition ähnelt der auf den Spinningbikes aus der »Body Factory«. Meine Rückenmuskulatur wehrt sich noch gegen die aerodynamische Streckhaltung, die Hände suchen auf dem Lenkerbogen nach einer wenigstens halbwegs bequemen Position.

Ich würde gerne in einen anderen Gang schalten. Doch einen entsprechenden Bedienhebel scheint es nicht zu geben. Ich könnte Andi fragen. Doch das wäre das Allerletzte. Ich werde ja wohl noch ein Fahrrad zu beherrschen wissen. Weiß ich aufgrund der Premierensituation zwar nicht, aber das wiederum muss ja nun auch keiner wissen. Die Hände tasten über den Lenker, über Korkband, Aluminium und Gummi. Irgendwo hier muss der Schalter sein, so sieht es bei den Nahaufnahmen der Radsportübertragungen jedenfalls aus, wenn vorne ein Fahrer attackiert und die Verfolger hektisch an ihren Lenkern herumdrücken, um die Übersetzung dem rasant steigenden Geschwindigkeitsbedarf anzupassen.

Klack. Aha, da versteckt sich das Biest also. Die Schalthebel sind gleichzeitig die Bremshebel, beziehungsweise umgekehrt, weshalb sie den Blicken verborgen bleiben. Ziemlich raffiniert. Rennräder dienen nur einem einzigen Zweck: die Kraft aus den Beinen möglichst verlustfrei in Geschwindigkeit zu transformieren. Straßenradsport ist Spinning mit wechselnder

Kulisse. Wie professionell man sich gleich vorkommt, wenn man auf so einem Geschoss durch die Gegend fährt. Rennräder markieren die Bugwelle der muskelgesteuerten Fortbewegung. Sie implizieren Geschwindigkeit, Erfolgshunger und stramme Waden, was in meinem Fall natürlich nichts weiter als Vorschusslorbeeren bedeutet. Der Hintern muss sich an ein Rennrad erst gewöhnen, das Ego fühlt sich von Anfang an wohl darauf. Wie überlegen man sich gleich gegenüber den Inhaftierten der Bettenbunker vorkommt, den wenigen Urlaubern des Modells Standard, die aus Verzweiflung über die kalten Wassertemperaturen jede Café-Bar stürmen, die ihnen bei ihren kurzatmigen Freigängen vor die Kiosksonnenbrillen kommt. Sitzen ohne Mietwagen fest und deshalb den ganzen Tag vor Essensbergen rum, während man als Rennradfahrer gut gelaunt über die Insel schnurrt. Gerade Mallorca soll da viel zu bieten haben.

Leider haben wir die Streckenkarte aus dem »Radsportpaket« im Hotel gelassen. Eine Stunde lang rollen wir schon durch die immer gleiche Drei-Sterne-Wüste, die am nordöstlichen Küstenstreifen Mallorcas tumorartig wuchert. Zu dieser Jahreszeit ist die Gegend bis auf die radelnde All-inclusive-Kundschaft noch ausgestorben. Doch die Dichte der nur von Schallalla-Bars unterbrochenen Betondünen lässt erahnen, welches kulturelle Gruselszenario sich hier zur Hauptsaison abspielen muss. Deutsche Schlager aus italienischen Bontempi-Orgeln. Und überall grölende, rülpsende, lallende Goldkettenträger auf der Jagd nach irgendeiner, scheißegal welcher Paarungsmöglichkeit. Ab und an reiben sich dann tatsächlich mal zwei alkoholgelähmte Zungen aneinander, was daheim, zum Urlaubsverkehr aufgebauscht, wieder neue Trinkerhorden dazu animiert, das vermeintliche Brunftparadies mit ihrer Anwesenheit zu verpesten. Zum Glück sind sie nur bei Temperaturen über 30 Grad lebensfähig. Im Februar hat es auf Mallorca 20 Grad, maximal, mit Glück. Maximales Glück! So nämlich verlagert sich das Grölen für längere Zeit in die Après-Spelunken der Skigebiete. Wir haben Ruhe. Und die RTL-2-Teams eine kürzere Anfahrtszeit zu ihren Trash-Übertragungen.

Andi beschleunigt kurz im Wiegetritt, lässt dem Freilauf seinen freien, klickernden Lauf, fummelt den zum Radsportpaket gehörenden »Powerriegel« aus der Trikottasche, der aus bizarren Zutaten wie Glycerin, Zink und Phosphor gebacken ist, und sagt: »Arschgeil! Zu Hause sitzen die jetzt beim Brunchen rum.« In den Speichen seiner Räder blitzt grell die Frühlingssonne.

Kurz vor zwölf Uhr erreichen wir wieder unser Hotel. Andi hatte den Sechs-Uhr-Flieger gebucht, weil er 20 Euro Ticketersparnis bei gleichzeitiger 100-Prozent-Nutzung des Ankunftstags versprach. Leider auf Kosten der Nachtruhe. Nun fordert der Biorhythmus seinen Tribut, vorzugsweise in Form von Mittagsschlaf. Es gibt nichts Besseres nach einer Sporteinheit, als sich frisch geduscht in die Bettdecke zu kuscheln. Der nächste Programmpunkt steht ohnehin erst um 21 Uhr an: offizielle Begrüßung durch die Trainingsleitung.

Der Mann, der Mallorca zum Trainingskombinat machte, reckt seinen Erfolgsdaumen auf Prospekten, im Internet und jetzt synchron auf und vor der Dialeinwand: Max Hürzeler, »Mallorca Olé«-Seidenkrawatte, Nackenhaare statt Frisur, gebürtiger Schweizer und irgendwann in früheren Jahren einmal Weltmeister in einer Disziplin, in der Fahrradfahrer in einem Oval kreisend Motorradfahrern in Lederkondomen hinterherhetzen – *Steher* sagen die, die sich auskennen in den Randdisziplinen. Es ist Sonntag, 21 Uhr. In der Hotelbar prostet man sich ausgelassen mit Mineralwasser zu. Begrüßungsabend! Hunderte drängeln sich auf den Stehplätzen.

»Grüezi!«, ruft Herr Hürzeler schweizelnd in die Masse der Neuankömmlinge und lobt kurz zusammenfassend seine großartigen Erfolge als Sportler, Reiseanbieter und Rennsponsor. Schließlich – der Arm ist schon wieder fotogen angewinkelt, der Juhu-Daumen nach oben erigiert – dreht er die Lautstärkeregler seiner Stimme auf volle Leistung: »Ich begrüße euch mit einem kräftigen – MALLORCA OLÉ!« Gehorsam, man kennt die geschliffene Tonlage auch von amerikanischen Marines, brüllt die Masse offensichtlicher Wiederholungstäter ihr inbrünstiges »OLÉ!« mit einem deutlich hörbaren Regenwald von Ausrufezeichen zurück. Nun übernimmt der Sportdirektor die Monologführung, bei der schnell klar wird: Essen, Schlafen, Fahren, Mallorca, der Tourismus, der Radsport im Allgemeinen, überhaupt alles – ohne den Mann mit dem steifen Daumen überhaupt nicht denkbar. Applaus und die Wahl zwischen einem Begrüßungsorangensaft und einem Begrüßungssangria. Ich hätte zwar nichts gegen den Sangria, traue mich in dieser aufgeheizten Atmosphäre aber nicht, gegen den Trend zu schwimmen, denn vielleicht ist das mit dem Alkohol ja nur ein Trick und ich muss dann zur Strafe eine Woche lang das Klo schrubben, damit ich nie, aber auch wirklich NIE MEHR auch nur daran denke, meinen Körper mit Genussmitteln zu vergiften. Ich nehme das Vitamingetränk. Der Kellner hält mir das Tablett seltsam lange hin, wahrscheinlich hat er mein Zögern bemerkt und hofft, dass wenigstens ich es mir noch einmal anders überlege. Während der Hauptsaison müsste er bestimmt keinen Gratisalkohol in den Ausguss gießen. Nicht hier, nicht auf Mallorca.

»Wahnsinn, die sind ja alle voll verspannt«, knufft mir Andi in die Seite, leert das Saftglas mit einem Zug und will wissen, wo wir denn morgen eigentlich mitfahren wollen. Ein Trainingslager ist ein mehr oder minder freiwilliges Gruppenerlebnis. Man fährt nicht allein, sondern irgendwo mit, das sieht das Konzept so vor, sonst könnte man sich ja auch eine billige Pension suchen. Wo genau man mitfährt, kann man sich aussuchen. Für jede Leistungsstufe steht die passende Gruppe bereit. Die Speedgruppe für die Leistungsspitze, mehrere Tourengruppen für die gut trainierte Mitte und eine Plauschgruppe für die im wörtlichen Sinne breite Masse. Man könnte auch Anfänger sagen. Jedenfalls: solche wie ich.

»Keine Ahnung. Wo sollen wir mitfahren?«, entgegne ich. Eigentlich würde ich am liebsten erst einmal allein fahren, weil dieses ganze Durchorganisierte, Vorgegebene und Eingeschworene zwar beeindruckend, andererseits aber auch beängstigend ist. Was, wenn man die falschen Klamotten anhat, den falschen Gang fährt, das Falsche sagt oder schlimmer noch: fragt? Überall in diesem Hotel hängen Schilder, die einem eintrichtern, welche Regeln zu beachten sind, damit das Räderwerk im Trainingsimperium reibungslos funktioniert. Wo die Räder putzen, mit was und welcher Menge die Trikottaschen auffüllen, wann losfahren, wo überhaupt fahren, an welchem Haken, wie und wann und wie rum die Räder im Radzelt aufhängen, anketten, abschließen und so weiter. Ständig hat man Angst, etwas falsch zu machen und dann schuld daran zu sein, wenn der Tourismus auf Mallorca zusammenbricht. Selbst die Stafflung der Gruppen erfolgt nach Durchschnittsgeschwindigkeit – auf einen km/h genau!

»Lass uns doch mal die Plauschgruppe probieren«, schlage ich vor.

»Das kannst du vergessen. Das ist ja total uncool!«, echauffiert sich Andi, während er ununterbrochen die anderen Orangensafttrinker mustert. Jeder mustert jeden. Schon auf dem Flughafen ist mir das aufgefallen. Wie groß, wie schlank, wie viele Jahreskilometer, wie schnell am Berg? Um diese Kriterien scheint es zu gehen. Man sieht es an den Blicken. Ich werde nur kurz gemustert. Wahrscheinlich halten sie mich für den Fahrer des Flughafen-Shuttles. »Stell dir mal vor: Jemand fragt, wie es gewesen ist, und dann sagt man, oh, super war es, wir haben schön geplauscht.« Andi lacht verachtend auf: »Nee, echt, das geht gar nicht.«

»Ich finde Plauschgruppe klingt für den Anfang doch ganz gut. Wer weiß, wie die losheizen«, gebe ich zu bedenken. Ein leer laufender Rest Gehässigkeitslachen rasselt noch immer in Andis Mund.

18er- bis 20er-Schnitt. Mit Kuchenpause. Stand auf der Infotafel. Ohne mich.« Er bleibt hartnäckig:

»Was hältst du von der Speedgruppe? Das klingt standesgemäß und die fahren morgen nur 100 Kilometer mit einem 28er-Schnitt. So schnell bin ich letztens mit dem Mountainbike auch gefahren.«

»Aber nicht als Durchschnitt«, erwidere ich geschockt, was Andi mit einer wegwischenden Handbewegung kommentiert. Er meint es ernst. Speedgruppe. Speed! Dieses Wort wurde eingedeutscht, um sportliche Fabelleistungen beschreiben zu können, die durch Begriffe wie schnell, flott, rasant zu sehr verniedlicht wurden. Da fahren doch garantiert Typen mit, die in den Sportsendungen des dritten Programms regelmäßig ins Mikro jubeln und deren rock 'n' rolligster Moment die Bestellung eines 0,33-Liter-Glases Radler bei der Team-Weihnachtsfeier war. Und dann noch in der Gruppe, also viele davon. Herdentrieb hin oder her, ich brauche jetzt ganz dringend einen Sangria.

Am nächsten Tag: Mit stark körperbetonter Radkleidung und aerodymanischer Spiegelsonnenbrille rolle ich neben Andi zu dem mit »Gruppentreff« beschrifteten Appellplatz, der eigentlich der Hotelparkplatz ist. Die *Speedgruppe* ist leicht auszumachen: Alle haben teflonglatt rasierte Transvestitenbeine, in der *Tourengruppe* daneben beträgt der Anteil immerhin 90 Prozent. Ich komme mir saublöd vor. Denn meine Beine sind unbehandelt. Natürlich sind sie das. Schließlich trage ich ja auch nicht heimlich Feinstrumpfhosen und Negligés. Nervös macht das, wie sie da breitbeinig stehen und kontrolliert aus ihren Nylonuniformen gucken. Wie sie bananekauend den Reifendruck überprüfen und ihre alpinaweißen Schuhüberzieher faltenfrei zupfen, damit der Luftwiderstand bis zum Gehtnichtmehr reduziert wird. Wie sie stumm ihre Aufzeichnungsinstrumente nullen und um räumliche Distanz zur *Plauschgruppe* bemüht sind. »Okay, wer ist dieses Jahr noch nicht gefahren, also weniger als 1000 Kilometer?«, fragt Sigi, der Speedgruppenleiter, ein Österreicher mit beeindruckend geformten Waden. »Am Stück oder gesamt?«, ruft ein Spaßvogel in T-Mobile-Windweste, während aus dem Fahrerhufeisen schüchtern zwei Hände wachsen.

Einer der angeblichen Debütanten sieht dem amtierenden Profiweltmeister zum Verwechseln ähnlich. Alles außer seiner eigenen organischen Masse ist aus Carbon: das Rad, das Brillengestell, die Luftpumpe, die Felgen, die Gangschaltung, die Schuhe. Mir wird ganz schlecht. Nie und nimmer werden *die* auf mich warten, wenn ich in konditionelle Schwierigkeiten gerate. Irgendwie glotzen die auch schon die ganze Zeit so komisch auf meine Beine. »Kein Problem, wir fahren nur Grundlage«, beruhigt Sigi. Und, ach ja, Pissen mit Anhalten bitte ausschließlich beim offiziellen Pinkelstopp. Nicht dass noch einer verloren gehe. Sigi hebt den Arm. Abfahrt.

Wir biegen in Zwei-zwei-Formation auf die Hauptstraße Richtung Irgendwo. Sigi kurbelt vorne. Neben ihm ein feingliedriger Fahrer, der Sigis Nachfrage nach dem bisher absolvierten Jahrespensum mit einem knappen »viereinhalb« beantwortet. Zackig, effektiv wie jede seiner Bewegungen. Mit dem Oberkörper parallel zur Straße auf dem Rad liegend, flutscht der Typ durch den Küstenwind. Wir folgen gehorsam den Zeichen. Finger waagerecht seitlich: abbiegen. Finger spitzwinklig nach unten: aufpassen, Schlagloch! Propellernder Finger über dem Kopf: Achtung, Kreisverkehr! Ich habe mich in der dritten Paarung eingereiht, Andi weiter hinten. Neben mir knetet ein Vierzehnjähriger sein großes Kettenblatt mit niedriger Schiffsmotorfrequenz. Das Gruppenmotto ist noch ausgekuppelt. Müder 27er-Schnitt, Oberlenkergriff. Das soll Speed sein? Lächerlich! Doch ich bin froh darüber. »Boah ey, Malle ist geil, oder? Wie lange bist'n du schon da?«, versucht der Heranwachsende neben mir eine Unterhaltung in Gang zu bringen. Der Wind pustet seine Worte auseinander, noch ehe sie meine Gehörgänge erreichen. Ich muss das Ohr ganz zu ihm hindrehen, um nicht ständig mit einem »Häh?« um Zurückspulen des eben Gesagten zu bitten. Ja, voll geil finde er das, präzisiert der Jugendliche, denn nach der Einheit heute werde er exakt 3825 Kilometer auf dem Tacho haben, also seit Januar, fast alles auf der Radrennbahn in Leipzig gefahren, weil er beim ersten Kriterium mal so richtig angreifen wolle, bei *Rund ums Zentralstadion.*

Ich kann nicht sehen, was die Jungs vor mir anzeigen, wenn ich mein Ohr ständig nach dem maximalen Empfang ausrichte. Die beste Akustik ist in der Schräg-nach-vorn-Position, bei der die Augen aber schräg-seitlich zur Fahrtrichtung stehen, wobei sich mit der Zeit zudem die Nackenmuskeln einseitig spannen. Ich drehe den Kopf zurück, obwohl mein Nebenmann noch munter beim Plaudern ist.

»Offntl pfdfff dieffes Jahr nzscchhh pffft pfttttttt, wegen deff Rapffffff.«

»Häh?« Langsam komme mir blöd vor, ständig den Schwerhörigen zu mimen. Doch der arme Junge neben mir hat Ausdauer: Hoffentlich fliege er dieses Jahr nicht auf die Fresse, brüllt er mit Heavy-Metal-Sänger-Lautstärke, denn ein Sturz wäre richtig Scheiße, er habe nämlich ein neues Rad.

»Scheiße!«, rufe ich und steige hektisch in die Bremsen. Mein Vordermann hat nach rechts gezeigt, das Zeichen für Abbiegen. Doch da knabbert nur eine Schafherde an der Wiese. »Pulloverschweine«, freut sich mein Windschattengeber, als hätte er noch nie ein Schaf gesehen.

Das Fahrradfahren in der Gruppe ist hoch anstrengend für die Konzentration. Man fährt eingekeilt zwischen Vorder-, Neben- und Hintermann, sieht bis auf den Steiß des Vorausfahrenden gar nichts und bewegt sich auf öffentlichen, nicht abgesperrten, ständig aber die Richtung wechselnden und nicht selten sich kreuzenden Straßen. Ein Fehler, und man rumpelt dem Vordermann ins Hinterrad. Dann scheuert der Asphalt die Haut bis aufs Fleisch weg, und man muss den Dreck unter der Hoteldusche mit einer Bürste aus der Wunde schrubben, damit nicht literweise Eiter das Bettzeug versaut. Und das wäre im Fall eines Sturzes noch der günstigste Ausgang.

Das unerwartet machbare Tempo lässt meine Selbstzweifel zerfallen. Ich fahre in der Speedgruppe, und die Beine fühlen sich richtig gut an, locker, kaum angestrengt. Ich hatte damit gerechnet, nach den ersten Kilometern ausgelaugt ein Taxi besteigen zu müssen. Jetzt spüre ich sogar eine seltsame Rennlust in mir aufkommen. Doch nichts passiert. Seit knapp zwei Stunden kurbeln wir nun schon im Standgas durch das verwinkelte mallorquinische Outback und noch ist kein einziger Ortsschildsprint ausgefahren. Ab und zu fliegt ein ausgeschniefter Spritzer Rotz an mir vorbei, das war es auch schon. Da, eine Autobahnüberführung! Ich fasse meinen Lenker fester. Die anderen offenbar auch, denn die Gespräche verstummen blitzartig. Als wäre die Beule im Asphalt schlichtweg nicht vorhanden, würgt jeder bemüht unbemüht die Übersetzung durch. Selbstverständlich im Sitzen. Auf dem Kulminationspunkt fächert sich die Formation über die gesamte Straßenbreite. Herrlich, diese lauernden, abschätzenden, nach Ausreißversuch gierenden Blicke.

18 Uhr! Wichtigster Termin des Tages! Buffet! Raubtierfütterung! Schon Minuten vor dem Einlass in den Restaurantbereich wischt die ausgehungerte Halbpensionkundschaft mit den Händen testend über die Schiebetürlichtschranke, ob die Glaswand nicht vielleicht doch schon etwas eher zur Seite rückt. Man sieht es ihren Blicken an, dass es ungut wäre, zwischen sie und die Beute zu geraten – die Futtermittel, die auf den Buffettischen an zentralen Stellen des Speisesaals aufgebaut sind.

An solch einem Platz, zu solch einer Zeit, nach solch einem Tag geht es nur noch um eines: die Essenz dessen, was Kulturvölker unter dem Begriff Essen verstehen. Aufladen, reinspachteln, nachladen, weiterspachteln, runterwürgen, nur rein mit den Kohlehydraten in den leer gefahrenen Sportlerkörper. Nicht dass es gleich nichts mehr gibt, die anderen alles weggegessen haben, ein paar Speicher unaufgefüllt bleiben und man morgen mit leerem Tank die Plauschgruppe an sich vorbeiziehen lassen muss. Was für eine Horrorvorstellung! Also nur kurz die Berge auf Schluckgröße kauen, die Haufen, die aus Nudeln, Reis, Fisch, Salat, Lasagne, Käse, Mischgemüse, Aufläufen und Kuchen auf die Teller gestapelt sind, dann runter in die Magensäure damit und gleich noch mal zum Buffet, auch wenn am Kinn noch die Bratensoße schmoddert.

Das Servicepersonal sprintet durch die Tischreihen und hat doch nicht die geringste Chance, mit dem Einsammeln des benutzten Geschirrs nachzukommen. Der Hunger hebelt den letzten Hauch Tischkultur aus. Dinner im Radsporthotel heißt: Masse klasse, Geschmack economy-klasse.

Der Fressporno steckt an, aktiviert die Adrenalinproduktion, versetzt in Alarmbereitschaft. Dort drüben, das letzte Putensteak – hinhechten, zack, meins! Soll die Ökotussi in ihrem verwaschenen »Ride the Rockies«-Shirt doch empört nach Luft schnappen, die ihre Gabel schon in Stechposition hatte, aber eben zu langsam. Wer trödelt, ist selbst schuld. Hier zählen die Gesetze der Natur. Ich mag »All you can eat«-Futterorgien. Die Rahmenbedingungen sind klar gesteckt und filtern die größten gastronomischen Risiken von vornherein heraus: lahme Bedienungen, zu Unrecht empfohlene Tagestipps, den Appetit nur noch weiter anregende Miniportionen, überraschend hohe Geldforderungen. Ich kann auf eine langjährige Buffettkarriere zurückblicken, was nun von großem Vorteil ist.

Entscheidend ist die Stapelkunst. Das erspart bei nach Telleranzahl gestaffelten Abrechnungskonzepten gepfefferte Nachzahlungen und hier immerhin das zeitaufwendige Hetzen zwischen Tisch und Warmhaltebecken. Ganz unten zunächst eine dickes, formatfüllendes Fundament aus klebrigem Reis, darauf Form- und Komprimierbares wie Nudelauflauf oder Lasagne, ganz oben eine kunstvolle Pyramide, für die sich Hackfleischbällchen oder Kroketten bestens empfehlen. Den Mais einfach in die verbliebenen Ritzen purzeln lassen, Brot, Kiwis, Joghurtbecher in die Hosentaschen pfropfen. Das Endresultat ist aber bei jedem Buffet gleich: ein anschließender, mindestens zwei Stunden anhaltender Kampf gegen Kotzreiz, Sodbrennen und schlechtes Gewissen.

Der nächste Tag bietet genügend Gelegenheit, den Energiebunker leer zu brennen. Sigi hat auf der Hälfte der Strecke eine Bergwertung angekündigt. Warm ist es. Trotzdem habe ich diesmal eine lange Hose angezogen. Ich bin bemüht, nicht aufzufallen. Doch deshalb gleich mit der Doppelklinge die Beine zu roden, so wie es Andi heute früh noch getan hat, erscheint mir unverhältnismäßig albern. Dann lieber in Thermohosenbeinen bei 20 Grad triefen. Wir kurbeln stumm über leere Straßen. Mal linksrum, mal rechtsrum, die meiste Zeit schnurstracks geradeaus. Die Dramatik von Straßenradsport wird doch im Allgemeinen sehr überschätzt. Was nicht so schlimm ist, zumindest, solange man auf dem Sofa sitzt. Ich liebe es, bei Live-Übertragungen vor dem Fernseher einzuschlafen. Selbst wenn man vom Wochengeschehen aufgekratzt und kein bisschen müde ist, lullt einen die als solche kaum erkennbare Bildfolge zuverlässig ein. Bis zehn Kilometer vor Schluss passiert in den meisten Fällen rein gar nichts. Bunte Fahrer kurbeln durch die Landschaft, mal ist ein grüner vorne, mal ein blauer, und die Moderatoren plappern die ganze Zeit ganz aufgeregt in ihre Mikrofone, als würde da gerade das 100-Meter-Finale der Leichtathleten seinen Siedepunkt erreichen oder das Elfmeterschießen eines Pokalendspiels. Manchmal fünf Stunden am Stück, das muss man sich mal vorstellen. Wenn ich Programmdirektor wäre, würde ich die zähen Stunden bis zur Zehn-Kilometer-Marke mit atmosphärischer Musik unterlegen und als Relax-DVD verkaufen. Mit Aquariumfischen und Kaminfeuern soll dieses Konzept ja äußerst erfolgreich funktionieren.

Das hier ist kein Rennen. Nur Training. Stupides Treten, Treten, Treten und warten, bis einem irgendwann einmal das, was in Sigis Sprache *Grundlage* heißt, in die Glieder fährt. Immerhin soll gleich der Berg kommen. Der bloße Gedanke daran macht nervös. Sorge bereiten mir die beiden Neuen, die nicht so aussehen, als würden sie nur der schönen Landschaft wegen unterwegs sein. Von unten drücken dicke Stromkabeladern gegen ihre Waden. Die Klamotten sind mit www.wichtigwichtig.de beschriftet, was zahlende Sponsoren vermuten lässt. Sigi hebt die Hand. Stopp! Das da vor uns sei der 509 Meter hohe *San Salvador*, erklärt er. Das Tempo sei jetzt freigegeben. »Der Linus Gerdemann vom T-Mobile-Team hält den Rekord«, feuert Sigi die Motivation an: »der ist da in 11:40 hochgeballert.« Trikotreißverschlüsse werden präparierend nach unten gezogen, Waden bis zum Knirschen durchgedehnt, an Flaschen mit Nahrungsergänzungspräparaten gesogen. *Freigegeben* ist das Codewort für *Rennen*.


Martin, dessen Kopf streng aus einem bunten Vereinstrikot guckt, übernimmt mit einem unterernährten Triathleten namens Markus die Führung. Markus war vor dem Frühstück schon zwei Stunden joggen und scheint schmerzresistent. Ich trete neben Andi im Windschatten unrund dahinter. Andi hat die Anzeige seines Radcomputers von Puls auf Umdrehungen pro Minute umgestellt, um neugierige Gegner mit der im Verhältnis niedrigen Zahl zu demotivieren. Doch an seinem die Sauerstoffzufuhr optimierend aufgerissenen Mund erkenne ich die beginnende Übersäuerung. Meine Beine fühlen sich nicht besser an, was ich mit einer aufgesetzten Radtouristikmiene zu vertuschen versuche. Unangenehm ist das, wenn die Milchsäure in die untrainierten Muskeln dolcht. Das sind die Sekunden der Wahrheit, in denen die Realität dem *Wenn* und *Aber* in den Hintern tritt.

Martin wirkt locker. Triathlon-Markus schaltet hektisch ein paar Gänge nach oben, doch der Speichel läuft schon unkontrolliert aus seinen Mundwinkeln. »Fuck!«, flucht er und lässt zusammen mit Andi abreißen. Auch ich platze von Martins Hinterrad und werde kurz darauf von den beiden Neuen geschluckt, die mit glatter Benutzeroberfläche beeindruckend große Gänge treten und so tun, als würden sie gerade zum Bäcker fahren. Und das kann ja wohl bei neun Prozent Steigung nur gespielt sein. Wie ich sie hasse für diese kalkulierte Demütigung. Am liebsten würde ich freihändig und bananeschälend an ihnen vorbeifahren, doch ich habe nichts mehr in petto, keine Kraft, keine Haltung, nicht mal eine Banane. Nach zwei Serpentinen sind die Angreifer außer Sichtweite. Ich drehe mich nach Andi um. Er müht sich eine Kehre unter mir ab, hat aber noch nicht aufgegeben. Der Geschmack von Blut schießt mir in den Mund, die Beine widersetzen sich immer störrischer meinem Befehl. Mit letzter Kraft erreiche ich den Gipfel mit deutlich zu wenig Körperspannung und zweifellos über der Gerdemann-Bestzeit. Aber im ersten Drittel und vor Andi. Das hätte ich nicht gedacht.

Stille. Schweigen. »Schöne Landschaft«, versuche ich kurzatmig den drohenden Kreislaufzusammenbruch zu kaschieren. »Ja, super«, bestätigen meine Peiniger ohne aufzuschauen und scrollen lauwarm durch ihre pulsmessenden Lenker-Tamagotchis. Wie viele Kilometer sie dieses Jahr schon gefahren sind, will ich wissen. Einer dreht sich zu mir rüber und rückt seine Oakley in Position: »Och, nüscht groß«, nuschelt er, während der gerade eintreffende Markus auf seine unlängst überstandene Bronchitis, die Joggingstunden im nahen Vorfeld und die anstehende Schwimmeinheit im Anschluss hinweist, 15-mal 50 Meter – tempoorientiert! Natürlich.

Andi sagt gar nichts. Das sagt alles.


Auf der Rückfahrt lerne ich von einem erfahrenen Wettkampfteilnehmer ungefragt interessante Dinge über die zeitsparende Abwasserentsorgung während eines Radrennens: einfach zur Seite drehen, *ihn* in Löschposition zur Seite *halten*, nicht treten, um so das Lockern der Schließmuskulatur zu ermöglichen – und ab geht es. Aber Achtung! Die Windrichtung sei unbedingt in den Ablauf des Entleerungsvorganges einzubeziehen. Bei Regenwetter – logo – einfach im Sitzen in die Hose pinkeln.

Ein Trainingslager bildet. Wir sind kaum drei Tage auf der Insel, und ich weiß schon eine Menge über Taktik, Trainingslehre und Materialkunde. Langsam gelingt es mir sogar, die sportartspezifische Geheimsprache zu dechiffrieren. Man drängt seinen Gegner zum Beispiel bei starken Böen nicht aus dem Windschatten, nein, nein, nein, das wäre ja zu einfach, man nimmt ihn auf die *Windkante*. Auch löst man sich in der Gruppe nicht mit der Führung ab, sondern fährt *Belgischen Kreisel*. Natürlich nicht mit dem großen Kettenblatt. Mit *der Scheibe*! Kullert man dagegen lasch vor sich hin, ist das Grundlagentraining oder in der kodierten Version: *G1*. Selbstverständlich kann man beim Endspurt auch sein Vorderrad mit einer explosiven Armpressbewegung über die Ziellinie schieben. Nur sagen sollte man das so nicht, weil der gut informierte Fachmann das Manöver nur als *Tigersprung* kennt, genauso wie er *Formkante* zu den widerlichen Bräunungsstreifen auf den Oberschenkeln sagt. Selbst wenn man völlig fertig ein paar Tage lang keinen Bock auf Training hat und faul auf dem Sofa sitzt, ist man mittendrin im Radsportuniversum – nämlich in der *Superkompensation*. Ich bin also nicht fett, sondern nur superkompensiert.

»Shooters«, die Radsportkneipe in Playa de Muro, kurz nach 21 Uhr. Wenn das letzte Hackfleischbällchen auf den Buffetteller gestapelt, die letzte Pulsmesseraufzeichnung in ein Laptop-Diagramm umgewandelt und die letzte Muskelfaser mit Gymnastikverrenkungen verwöhnt ist, trifft man sich hier noch rasch auf ein Kaltgetränk. Gerne auch im originalen Vereins-Outfit, das macht die Zuordnung einfacher. Träger von Finisher-T-Shirts mit langen Höhenprofilkurven werden respektvoll angenickt, Gäste in inflationär verbreiteten *HEW-Cyclassics*-Mitbringseln erst einmal pauschal der Plauschgruppe zugeordnet, Vereinsfahrer nach dem Bekanntheitsgrad ihrer Sponsorenlogos in Schubladen sortiert.

Die Shooters-Luft ist angenehm zu atmen. Weicher. Klarer. Sauerstoffhaltiger. Hier ist Rauchverbot selbstverständlich, nämlich vom Publikum selbst auferlegt. Aus den Boxen nervt der Elektroschrott eines spanischen Techno-Dilettanten, der Fernseher zeigt tonlos Eishockey-Bundesliga. Andi ist im Hotelzimmer geblieben und liest das von Bord geschmuggelte Air-Berlin-Magazin, wahrscheinlich hat er sich bei der heutigen Einheit böse übernommen. Seit der Gipfelankunft in San Salvador ist er merkwürdig kurz angebunden. Gut möglich, dass die Niederlage sein Ego angekratzt hat. Das hebt meines umso mehr.

Ich will gerade zur Kasse gehen, als sich von rechts ein Arm um meine Schulter legt. Es ist Ingo aus der Speedgruppe. »Ey, Respekt, wie du heute den Berg hochgeknallt bist. Als ich dich am ersten Tag gesehen habe, dachte ich, Mann, mit der Statur kommt der Typ doch nicht mal ne Überführung rüber«, sülzt er seine gut gemeinte Beleidigung. Übrigens, fährt er fort. Er selbst habe im letzten Jahr 13 Kilo abgespeckt. Erst mit einer »Brigitte«-Diät. So nach dem Motto: *Friss, was du willst, und werde so schlank, wie du willst.* Was aber irgendwie nicht funktioniert habe. Tja, und dann habe er eben zur Brecheisenmethode gegriffen, nämlich ein paar Monate lang richtig gehungert und drei Stunden am Tag trainiert, und nun, zack, nur noch *zwoundsiebzich.*

Ich weiß nicht so richtig, was ich zu diesem kranken Schwachsinn sagen soll. Egal, Ingo will mich eh nicht zu Wort kommen lassen. »Vier Kilo in zwei Tagen sind gar kein Problem. Weißt du warum?« Ingo beugt sich an mein Ohr: »Im Darmtrakt befinden sich permanent vier Kilo ... du weißt schon. Musst nur zwei Tage nichts essen und ordentlich aufs Klo. Schon sind vier Kilo weg.« Offensichtlich scheidet man bei solch einer Blitzdiät nicht nur Verdautes aus. Ich sollte langsam zahlen. Die für meine Verhältnisse langen Speedgruppen-Einheiten haben mich ganz schön mürbe gemacht. Morgen will ich nur locker rollen. Das Angebot von Plauschgruppen-Leiter Günter, der mich beim Warten auf die Rechnung zu seiner morgigen Tour einlädt, klingt verlockend: Er fährt Käse essen – zu Peter Maffay.

Rosa-hellblau dimmt der nächste Tag seiner vollen Leuchtkraft entgegen. Andi ist im Bett geblieben. Er macht Ruhetag und will die Beine hochlegen, weil für den morgigen Donnerstag die Königsetappe angekündigt ist. Der *Küstenklassiker*, die inoffiziellen Titelkämpfe der Trainingslagerszene, ausgeschrieben natürlich völlig unzutreffend als Tour. Die lockere Einheit heute ist für mich die optimale Vorbereitung. Außerdem: Maffay! Man lässt ja ungern eine Gelegenheit aus, einem TV-Gesicht mal die Hand zu schütteln, auch wenn Maffay eher zu der Art von Künstlern gehört, deren Tonträger man vor Besucherblicken geschützt in geschlossenen Schränken aufbewahrt, wenn man denn aus Versehen einen davon besitzt. Ich habe mir mal aus Sentimentalitätsgründen eine von meiner Mutter geborgt, was ja bei CDs selten von einer ernsthaften Rückgabeabsicht begleitet ist. In der *Tiffa-*

*ny*-Diskothek gab es früher nämlich eine Deutschrockrunde, wo wir jedes Mal besoffen den Maffay-Schlager »Eiszeit« gegrölt haben, weil das – bedingt durch die vorangegangene *Doppeldecker-Stunde* – als lustig galt. Viel mehr fällt mir dazu momentan nicht ein. Trotzdem, die Kamera ist dabei.

Mit einigen Metern Abstand warte ich auf Günters Abfahrtsignal. Die Plauschgruppe sieht im Verhältnis zu meinen Speed-Kollegen übertrieben zahm aus. Hälfte Fahrer, doppeltes Gesamtgewicht, die Mehrzahl Frauen. Auch verdient die Carbon-Industrie scheinbar wenig mit Tagesschnitten unterhalb 25 km/h. Räder und Klamotten sind danach ausgewählt, wie lange sie halten. Das meiste davon zu Zeiten der Neuen Deutschen Welle. »So, jetzt kommt mal alle zusammen hierher«, will ein Mann mit Fotoapparat, der zu mir rüber winkt: »Du auch, wir machen jetzt das Gruppenfoto.« Ich will grade noch ein Stück weiter abrücken, denn auf gar keinen Fall will ich Bestandteil einer Plauschgruppen-Dokumentation werden, da schiebt mich eine Hand nach vorn – *so bitte, hier links ist ja noch wunderbar viel Platz, Achtung, jetzt kommt das Vögelchen.* »Danke«, sagt der Fotograf, das Bild könne ab morgen im Internet besichtigt werden, einfach auf die Homepage, dann auf *Plauschgruppe* klicken und nicht vergessen, allen Bekannten Bescheid zu sagen, das komme immer gut an. Ich überlege kurz, eine einstweilige Verfügung zu erwirken. Doch da rollen wir schon los, langsam, sehr langsam.

Ich habe noch keinen Tropfen transpiriert, als wir nach zwei Stunden die Farm erreichen. 30,7, steht auf der Tages-Kilometer-Anzeige meines Radcomputers, also Kilometer pro zwei Stunden. Auf dem Hof ist eine Tafel aufgebaut. Darauf: Salate, Brot, Käse. Und auf Plastikbechern ein cool lächelnd aufgedruckter Peter Maffay. »Open Air Tournee 2005« steht darauf.

Der echte Sangesmeister ist nicht da. Nur Jochen, eine gutmütige Mischung aus Hulk Hogan und Winnie Pooh, einst Maffays Bodyguard, jetzt Wächter über das Biogemüse. Der Chef lege größten Wert auf natürlichen Anbau, lehrt er uns mit erhobenem Aha-Finger. Deshalb sei alles auf der Farm bio, logisch. Die Ernte erfolge nach Mondphasen, frisiert werde ausschließlich bei Vollmond und apropos, die schmucke Villa nebenan gehöre übrigens den Schwarzkopfs, den Shampoo-Millionären. »Greift zu, alles lecker bio«, preist Jochen immerzu an und versucht, sein Tabaluga-Tattoo mit dazu verewigtem Maffay-Autogramm auf seinem rechten Unterarm zu verstecken, weshalb er erst recht drauf angesprochen wird. Eine Jugendsünde, schämt er sich kurz, damals nach dem Konzert in Hamburg.

Dann ein Rundgang. Ziegen. Ein Traktor. Und ein Bioshop, in dem es Tabaluga-Bio-Eau-de-Toilette-Spray in Tabalugadrachen-Flaschen gibt. Jochen sprüht eine Probe vor unsere Nasen in die Luft. »Geil, nä? Alles bio, hundert Prozent!« »Spülmittel«, denke ich. Aber vielleicht muss sich das Aroma auch erst entfalten. Plötzlich Aufregung! Wahnsinn! »Der Chef kommt!«, ruft jemand, woraufhin der weibliche Teil unserer Gruppe das Klassenfahrtkichern aus der tiefsten Versenkung holt, »dakommter, dakommter« zischt, die Haare locker schüttelt und die Trikots mit den Händen glatt bügelt. Dass sie die Eheringe nicht von den Fingern zupfen, ist sicher nur aufgeregter Vergesslichkeit geschuldet.

Direkt neben uns schwenkt die dunkle Geländewagentür auf. Als wäre er gerade einem seiner Plattencover entstiegen, steht er vor uns – meine Mutter würde sich vor Aufregung in die Hosen machen – Peter Maffay: Cowboy-Stiefel, Panzergliederhalskette, Jeansjacke aus der Harley-Davidson-Kollektion. Sogar die Oberlippenwarze sitzt da, wo man sie auf den Hochglanzfotos immer sieht. »Jo, Chef, also das hier sind die Fahrradfahrer, habe ich dir ja von erzählt«, moderiert Jochen, und der Chef zieht ganz, ganz langsam seine Sonnenbrille aus dem Gesicht, um die Gäste in seiner typischen Maffaynuschelsprache zu begrüßen: »Na, wie war die Tour?« Und die Frauen piepsen, weil sie ja vor Hippeligkeit gar keinen vernünftigen Satz rausbekommen: »Guuuhuuut!« Jetzt könnte er eigentlich seine Gitarre auspacken und »Eiszeit« singen, aber der Chef packt nur seine Ungeduld in die devot sperrangelweit offen stehenden Plauschgruppenmünder: »So, ich will euch dann mal nicht länger aufhalten.« Der Stress! Die Termine! Der neue Bio-Weinanbau! Die Tournee! Fotos machen mag er nicht, vielleicht noch eine CD hoch- und den Zeigefinger drauf halten, nee, nee, nee, die Zeiten seien vorbei, letztens habe er da riesigen Ärger gehabt, wegen der Leserreporter-Dingens-Rubrik in der »Bild«, wo er sich plötzlich mit irgend so einem komischen Handy-Foto *abgeschossen* sah, nee, nee, die Zeiten seien ein für allemal vorbei.

Der große Tag beginnt eine Stunde früher als die anderen. Bustransfer. Eine Stunde lang zuckeln die Reisebusse quer über die Insel. Nun spucken sie die bunten, auf Carbon-Sohlen staksenden Fahrgäste auf die Hafenpromenade von Andratx, dem Startpunkt des Küstenklassikers, der uns über die komplette westliche Inselküste zurück nach Playa del Muro führen wird. 136 Kilometer, 2300 Höhenmeter und auf dem Puig Major eine Bergwertung der ersten Kategorie. Alle wirken ein bisschen nervöser als sonst. Andi hat sich nach dem Frühstück sogar noch die Beine nachrasiert. Auf seiner Nase klebt ein Pflaster, das die Nasenflügel zur besseren Luftzufuhr maximal weit auseinanderzieht.

Er hat es zwar nicht in Worte gefasst, doch mir ist klar, dass er seine Schmach vom San Salvador mit einer Attacke am Puig Major ausmerzen will. Gestern Abend war er sogar noch bei der Massage, das sagt alles. Unser Pulk ist nicht allein auf der Küstenstraße. Gruppenverkehr, so weit man schauen kann. »Los, Jungs, an den Touris da vorne vorbei«, ruft Sigi übermotiviert und drückt an einer Zwei-zwei-Formation angestrengt wirkender älterer Männer vorbei. »Macht mal piano«, fleht es von hinten, aber das wäre ja noch schöner. Der kuppige Straßenverlauf macht sich bei mir schon deutlich bemerkbar. Panisch versuche ich mit einem Energieriegel entgegenzuwirken. Wenn Andi mich heute abhängt, wird er mich die ganze Zeit mit dem Plauschgruppenfoto aufziehen.

Nach 70 Kilometern baut sich vor uns der Scharfrichter auf. Hoch ist der Berg, viel höher als erwartet. Die Spitze steckt in einer Wolke. Meine Güte. Ich werde einfach nur mitfahren und sagen, dass heute mein Ruhetag ist. Dann kann keiner was sagen. Also! Noch hat Sigi das Tempo nicht freigegeben. »Wie jetzt, fahren wir da jetzt alle in der Gruppe hoch?«, ängstigt sich Markus, die Muskulatur im Wiegetritt dehnend.

Natürlich nicht. Ich übernehme die Führung, um die Gruppe auseinanderzufahren. Dieser verdammte Reflex! Ich kann nichts dagegen tun. Zehn Kilometer sind es bis zum Gipfel. Hinter mir höre ich dieses verzweifelte Ausrotzen, wenn die Atmung in den Grenzbereich kommt. Nur nicht umdrehen, nur nicht angestrengt wirken. Die Milchsäure lähmt langsam die Beine. Mit verbissener Miene kämpft sich Andi vorbei, an seinem Hinterrad ein Fahrer mit »TSV Partenkirchen«-Logo am Hintern. Paranoid drehe ich mich um. Zu den anderen klafft eine Lücke. Da, zwei gruppenfremde Vereinsfritzen vor uns! Andi und sein Verfolger sprinten die Lücke zu, mir fehlt es in diesem Grenzbereich von Kraft und Ausdauer an der nötigen Spritzigkeit.

Die Vereinsfritzen antworten mit einer dramatischen Tempoverschärfung. Fünf verfluchte Meter fehlen mir bis an die rettenden Hinterräder. Fünf! So viel wie vom Sofa zum Fernseher! Es wird flacher. Mit Unterlenkergriff schalte ich im Wiegetritt auf das große Kettenblatt, mache aber keinen Meter gut. 21 km/h, 21,7 km/h, 22,8 km/h. Immer kleiner wird das »TSV Partenkirchen«-Logo. Das darf doch nicht wahr sein, die Schweinebacken lassen mich auf Windkante verrecken. Ich muss die Gegenwehr einstellen, nichts geht mehr: nur noch 11,2 km/h! Eine qualvolle Ewigkeit später erreiche ich den Gipfel. Einen Hauch vor Sigi und Markus, die viel weniger gezeichnet aussehen. Andi hat gerade so ausgeklickt, nuckelt leichenblass an seiner Wasserflasche, versucht aber durch extrabreites Aufspannen der Schultern Stärke vorzuspielen. »Tja, Meister, das ist Radsport. Wenn man unter die Dusche geht, muss der Patronengurt leer geschossen sein.« Ich halte die Flasche ebenfalls an meinen Mund, um meine Atmung bis zur Antwort so weit es geht zu stabilisieren. Jede Sekunde zählt. »Das waren doch nur Platzpatronen bei dir. Ich bin schön mein G1-Tempo gefahren, ich mache mich doch hier nicht fertig«, keuche ich so unhörbar wie möglich.

Ich inhaliere tief. Großartig, dieses süße Aroma von Leiden, Kampf und Gipfelluft. Ein Gefühl von unbändiger Stärke umtobt mich, obwohl ich vor Schwäche zittere. Und das Beste: Ein Finisher-Trikot mit Höhenprofil gibt es nachher auch noch – für 29 Euro in der Hotel-Boutique.

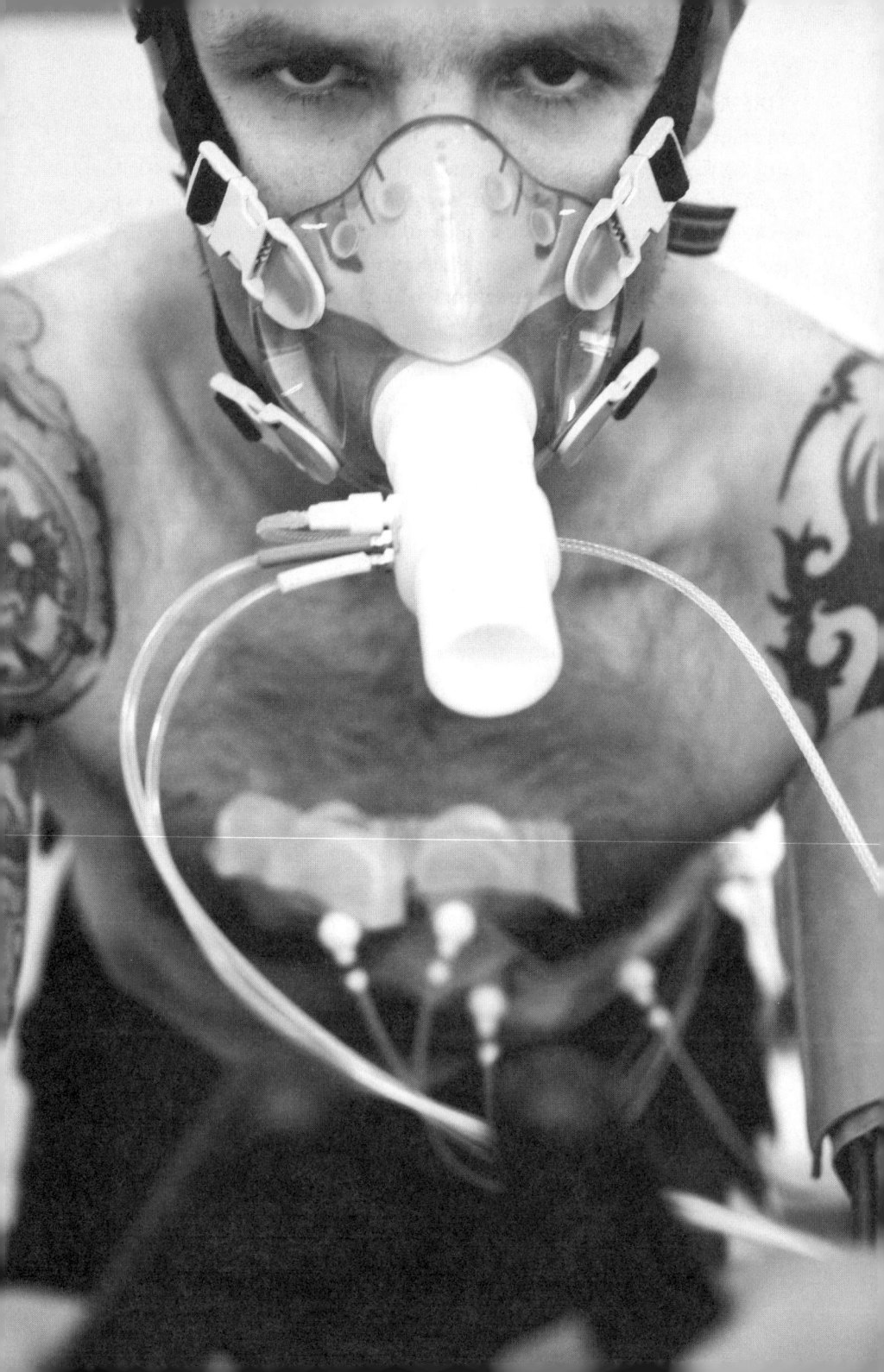

# 4.

# Fitness-TÜV

❦

Mit metallischer Kälte beißt sich die Zange in die Auswirkung der Ursache: das Fett. Die Ursache der Auswirkung ist völlig klar: genussorientierte Ernährung – Schweinsohren, Zuckergetränke, Nuss-Nougat-Sümpfe auf Weißbrotscheiben, das ganze süße, süchtig machende Elend.

»Gemein, oder?«, schäkert die Frau an der Zange, die meine Problemzonen zwischen Daumen und Zeigefinger klemmt, um deren prozentuale Masse zum Gesamtkörpergewicht mit einer sogenannten Hautfaltenmessung zu bestimmen. Eine das Grauen verharmlosende Formulierung. Denn natürlich geht es gerade darum, meiner schludrigen Lebensweise eine Größe zu verpassen. Eine Zahl, die vergleichbar macht. Und die heißt – Hautfaltendicke schön und gut – Körperfett in Prozent. Unterhose und Socken durfte ich anlassen. Doch noch nie habe ich mich nackter gefühlt als jetzt. Entblößter. Ertappter. Überführter. Dank Schlabbermode entgehen die meisten Ernährungssünden den Blicken der Mitmenschen. Der Zange entgeht jedoch nichts.

In Rücken, Arme, Bauch, Po und Brust hat mich die Zangenfrau gekniffen. Nun tippt sie alle ermittelten Hautfaltendicken in ihren Solartaschenrechner, dividiert durch einen lebensalter-, körpergrößen- und gewichtsabhängigen Quotienten, den sie aus einer Tabelle entnimmt, und verkündet das Ergebnis: »Sechzehn Komma sieben«.

Da steht es also schwarz auf weiß. Über ein Sechstel meines Körpers besteht aus Fett: wabbeligen Depots für schlechte Zeiten, unaktiv an mir klebendem Ballast, hässlichen Furunkeln aus dem Naschregal. Da kann ich den Bauch einziehen, wie ich will, der Wert ist unumstößlich. Eigentlich sind Fettpolster ja ein Geniestreich der Evolution, sorgen die Einlagerungen doch als körpereigene Kalorienkonserven für den Fall einer Hungersnot vor. Doch die sind selten geworden, seit die »kleinen Preise« in turnhallengroßen Lebensmittel-Discountern wohnen. Trotzdem wird unter der Haut munter weiter gespeichert. Auf Aldi & Co. war die Evolution einfach nicht vorbereitet.

Seit Jahren habe ich mich bei Arztbesuchen erfolgreich um die gratis angebotene Fettwertermittlung herumgemogelt. Nicht weil sie wehtut oder besonders umständlich ist. Sondern weil sie einem die eigene Unvernunft so ungeschminkt vor Augen hält. Wer will schon wahrhaben, dass er maßlos und verfressen ist? Und das ist man, wenn die dunkle Seite der Nahrungsmittelindustrie in einem weiterlebt. Schließlich tut sie das nur aus einem einzigen Grund: Weil man mehr in sich reinschlingt, als man zur Aufrechterhaltung der Körperfunktionen braucht. Nun ist das passiert, was ich seit Jahren zu vermeiden versucht habe: die Konfrontation von Gewissen und Wahrheit. Ab jetzt ist es nicht mehr nur fahrlässig, sondern vorsätzlich abends kalorienreiches Bier zu trinken und den Energienachschub mit Zwischenmahlzeiten am Überlaufen zu halten.

Wie das denn so im Vergleich sei, also verglichen mit anderen Leuten, will ich wissen. Tja, wiegelt die Zangenfrau ab, in *dem* Alter und als Berufstätiger und wenn man bedenke, dass ich ja kein Profi sei und außerdem erst am Anfang der Saison stünde, ja dann, verhältnismäßig, eigentlich, also im Prinzip:

»Ganz gut«, entfährt es ihr betonungslos. Dabei wäre eine Gewichtung der gesagten Wörter gerade in diesem Zusammenhang wünschenswert. *Ganz* gut? Oder ganz *gut*? Ein gewaltiger Unterschied. Doch ich frage lieber nicht nach. Mit ganz gut kann ich ganz gut leben. Ich hätte ehrlich gesagt ein härteres Urteil erwartet. Stufe Nummer eins meiner Bloßlegung wäre damit jedenfalls schon mal in Würde geschafft. Das Schlimmste kommt ohnehin gleich noch. Nämlich der Stufentest. »Dauert aber noch zehn Minütchen«, sagt die Zangenfrau und schiebt mich erst einmal wieder zurück in den Warteraum. Der Doktor wolle mich vor dem Test noch sehen.

Ich bin in der »Speedgruppe« über Mallorca gerast. Habe das Speckmäntelchen dünner geschwitzt, habe gelernt, wie man während der Fahrt pisst und einen Tigersprung macht, also natürlich nicht *und*, sondern *außerdem*. Doch bin ich deshalb reif für einen Marathon? Diese Frage quält mich, seit ich angefangen habe, mein Leben nach dem Cristalp auszurichten. Eine Antwort wäre wichtig. Sie würde die Schinderei legitimieren, den finanziellen Aufwand und nicht zuletzt die verschwitzten, unappetitlich riechenden, über allen Heizungen hängenden Sportklamotten in der Wohnung, über die sich Himbeerchen neuerdings so gerne aufregt.

Was, wenn ich nach einem halben Jahr geopferter Freizeit feststelle, dass alles umsonst war? Dass ich mich bessergeredet habe, als ich in Wirklichkeit bin. Dass ich ein halbes Jahr meines Lebens für die Fantasie weggeworfen habe, mich mit richtigen Radsportlern messen zu können. Ich, der Typ mit der Bierwampe. Im Moment bleibt nur eine Möglichkeit, den Schleier der Ungewissheit zu lüften: dieser Leistungstest im Sportinstitut. Kein Posen. Kein Schauspielern. Kein Schönreden. Kein retuschierendes XXL-Shirt über XL-Plauze. Nur die nackte, ehrliche, hoffentlich nicht erbärmliche Wahrheit.

Seit der Leistungssport auch die werktätigen Bevölkerungsschichten erreicht hat, öffnen immer mehr Testkammern für die joggende, radelnde, an Eisenstangen ziehende breite Masse. In jeder Großstadt gibt es professionelle Begutachtungsstellen, die für Olympioniken konzipiert, gegen entsprechende Kostenerstattung aber auch Freizeitathleten zu Diensten sind. Oft zahlt sogar die Krankenkasse. Was aus präventiver Sicht durchaus Sinn macht. Denn ehe es durch übertriebenen Ehrgeiz zu Überhitzungsschäden im hochgezüchteten Volkssportorganismus kommt, sollte ihn lieber regelmäßig ein Fachmann inspizieren und gelegentlich die Zündung nachstellen. Sozusagen eine Art Fitness-TÜV mit begleitenden Maßnahmen. Genau das ist es, was ich brauche: fachlichen Rat. Unverbindlich und auf Rezept. Ich habe keine Lust, mich durch den Wust an Fachliteratur zu quälen, der die Regale der Buchhandlungen verstopft und deren Autoren so tun, als würde die ganze Welt nur aus Phasen bestehen: Grundlagenphasen, Belastungsphasen, Regenerationsphasen, Wettkampfphasen, Ruhephasen. Bücherphrasen!

Ich werde mich jetzt beurteilen lassen. Und wenn der Doktor zufrieden ist, reicht es dann auch mit der wissenschaftlichen Einflussnahme auf mein Training, meinen Alltag, mein Leben. Wenn man gar keine Schweinsohren mehr essen darf, kann man schließlich auch gleich in die Steckdose pieseln.

Ein bisschen Bammel habe ich schon. Irgendwie ist diese Leistungsdiagnostik ja so, als würde ich mit einem ollen Opel zur Qualitätsüberprüfung in der Formel 1-Boxengasse vorfahren. Der Leiter meines Testinstituts ist offizieller Betreuer der Eisschnelllauf-Nationalmannschaft, wie ein »Olympia 2002«-Plakat von Salt Lake City mit den Dankes-Autogrammen berühmter Kufenhelden verrät. Er ist perfekte Maschinenkörper gewohnt. Hoffentlich muss ich mein T-Shirt nicht vor ihm ausziehen. Was, wenn er loslacht? Wenn er mir größere Mängel bescheinigt? Brauche ich so viel Ehrlichkeit? Das Ego wäre auf jeden Fall mit einem Kinnhaken dahingestreckt. Die Neugier ist stärker. Es gibt eben Dinge, die will man einfach wissen: ob die Rolex des Nachbarn echt oder am Strand gekauft, das Auto des Kollegen ange- oder bezahlt, ein Berlinbewohner in Ost oder West geboren ist. Und in meinem Fall eben: fit oder fett?

Da sitze ich nun. Der Doktor hat sich noch nicht sehen lassen. Ich bin der Einzige im Wartezimmer. »Wie beim Zahnarzt«, denke ich. Überall Zeitschriften mit den Schwerpunkten Schönheit und/oder Glücklichsein. Und Kunst. An jeder Wand hängen eingerahmte Farbkleckse. Um die Wartezeit mit Bildung zu füllen, ziehe ich eine der seit Wochen unaktuellen Lesezirkel-Zeitschriften vom Glastisch, der gegen Milderung von Langeweile in der Raummitte aufgebaut ist. Auch hier Konfrontation mit dem Problem Nummer eins: »Hausfrau Uschi – so nahm ich in vier Wochen zehn Kilo ab«, »Tomaten, die Ultra-Fettkiller« und »Vital und fit in den Frühling – die 50 besten Wohlfühl-Tipps«. Die Uschi-Diät klingt interessant, ist auf den Fotos aber rein gar nicht sichtbar. Der größte Unterschied zwischen den Vorher/Nachher-Aufnahmen: Links flunscht die formatfüllende Uschi frustriert gefuttert in die Kamera, rechts reckt die immer noch formatfüllende Uschi ihren angeblich entschlackten Erfolgsdaumen Richtung Kronleuchter. Selbst ihre zwei Kubikmeter umspannende Bluse ist auf beiden Bildern dieselbe.

Die Veränderung meiner letzten Wochen ist da schon augenscheinlicher: Eitelkeit. Mehrmals am Tag ziehe ich das T-Shirt aus und suche meinen Körper vor dem Spiegel nach Vorboten für die sehnsüchtig erwarteten Muskelberge ab. Ausatmen, Luft anhalten, Oberkörper leicht nach vorne beugen, Rumpfmuskulatur anspannen. Dann kann man unter den Bauchfalten sogar schon ein leichtes Sixpack erahnen. Nicht mehr so sehr die Spätfolgen von dem aus dem Kühlregal, sondern tatsächlich das von den Männermagazin-Titelseiten. Wenn ich dazu auf und ab hüpfe, zucken auch nur noch ganz kleine Hautwellen über die Körperfront. Keine Ozeanriesen mehr wie am Tag nach Andis Zapfanlageneinweihung. Sondern solche, die nach einer Arschbombe schüchtern an den Freibadbeckenrand plätschern. Himbeerchen amüsiert das neue Ritual. Sie sagt, dass sie mich zu Hause anketten will, damit nicht noch fremde Frauen über meinen knackigen Körper herfallen.

Drei Monate sportliche Ertüchtigung zeigen langsam Wirkung. Da macht es auch wieder Sinn, auf Details zu achten. Jeden Abend verwöhne ich meine Beine mit Himbeerchens teurer »Pure Wellness«-Lotion und fahre sie beim Fernsehgucken mit dem Finger nach Adern ab. Adern sind das Wahrzeichen von Ausdauer und Stärke. Nicht diese in sich verschnörkelten Amazonasadern, deren Entfernung aus Damenbeinen den Schönheitskliniken riesige Umsätze beschert. Sondern solche, die dick und saftig von unten gegen dünne Sportlerhaut drücken. Eine überquert neuerdings mein linkes Schienbein, was ich Andi eigentlich sofort per SMS hätte mitteilen müssen. Auch meine Ernährung habe ich umgestellt. Leider nur halbkonsequent. Im Supermarkt schaffe ich es zwar inzwischen tapfer an der Süßwarenabteilung vorbei, greife aber an der Kasse noch oft zu den gemeinerweise genau dort platzierten Schokoriegeln. Allerdings nicht mehr wie bisher nach der Dreifach-Kingsize-Version, sondern nur noch nach der Zweifach-Standard-Variante. Reflexe, die sich über Jahrzehnte herausgebildet haben, lassen sich eben nicht einfach unterdrücken. Essen – die Erotik des

Alters! Aus Stimulierungsgründen eigentlich noch gar nicht mein Thema. Doch durch die regelmäßige Bewegung könnte ich pausenlos irgendwas in mich reinstopfen. Sport verbrennt zwar Energie, macht aber auch doppelt so hungrig. Doch was schmeckt, macht dick, hässlich und – oder eben genau darum – unglücklich. Essensprodukte dagegen, die laut den 1173 registrierten deutschen Diätratgebern sexy und stark machen, sind das reinste kulinarische Horrorkabinett. Knäckebrot zum Beispiel. Eine Rigips-Wand ist schmackhafter. Oder Magerquark. Brechmittel aus dem Kühlregal.

Die Kalorien-Guerilla »Weight Watchers« hat ein schlaues Buch zum Thema verfasst. Eine Art Bußgeldkatalog für die essende Bevölkerung, nur dass die darin aufgeführten Strafpunkte bei Überschreitung nicht mit Geld, sondern mit Fettpolstern geahndet werden, was ja auch weitaus schlimmer ist. Alle Frauen mit einem Körpergewicht von über 50 Kilo scheinen dieses Buch zu besitzen. Meist versteckt in der Geheimschublade, in der auch die Fotos der inzwischen Fehltritt heißenden Ex-Freunde vor unberechtigten Blicken geschützt werden.

Auf Nachfrage gab jede meiner weiblichen Bekanntschaften zu, dieses Buch zu besitzen, verbot mir aber bei Androhung körperlicher Gewalt strengstens, diese Tatsache weiterzuerzählen. »Einkaufsführer Flex Points« nennt sich der Ratgeber, in dem jedem nur erdenklichen Nahrungs- und Genussmittel eben »Flex Points« zugeordnet sind. In einer Übersicht mit Größe, Alter und Geschlecht sucht man zunächst seinen ganz persönlichen Tagesumsatz heraus. Ich zum Beispiel darf 22 Points pro Tag zu mir nehmen, um nicht in die Breite zu wachsen. Maximum! Das Problem: Bei meinen Essgewohnheiten bleibt mir nach dem Frühstück nur noch eine Banane bis zum nächsten Tag. Die hat nämlich nur einen Point. Ein einziges meiner geliebten Schweinsohren hat jedoch acht Points! Und davon esse ich manchmal schon zwei Stück auf dem Nachhauseweg vom Bäcker. Herrlich, wenn man erst genüsslich den Zuckerrand abknabbert, um sich dann von den Schokospitzen bis runter zu den Schweinsohrläppchen zu beißen. Etwas unknuspriger als knusprig sollten sie sein, weich, aber noch nicht pappig. Wie mimosig die Laune reagiert, wenn das Schweinsohr die Knuspergrenze überschritten hat. Eine Tasse Kakao: fünf Points! Eine Pizza Margherita: 14 Points! Gummibärchen nur 0,5 Points – leider je fünf Stück. *Fünf Stück!*

Wenn diese verfluchten Fettzellen nicht permanent mein Gewissen einschüchtern würden, hätte mein Speiseplan in etwa Folgendes zu bieten:

– Frühstück: zwei bis drei Schweinsohren, Kakao (heiß!), zwei Becher Vanillepudding

– Mittags: Eierkuchen mit Erdbeermarmeladenfüllung, Kakao (kalt), zum Dessert Schweinsohr und vier Gummischlümpfe

– Abends: Schweinsohr, Kakao (kalt), mehrere Stieleis.

Schweinsohren sind mein Gemüse. Keine gute Ausgangsposition in einem Sport, in dem nur eines zählt: das optimale Verhältnis aus Tretleistung in Watt und Körpermasse in Kilo.

Als Übergangslösung ins Asketenleben habe ich mich jetzt immerhin erst einmal für einen Kompromiss entschieden, der Gewissen und Lust gleichermaßen befriedigt. Vor dem obligatorischen Frühstücksschweinsohr eine Schüssel Naturjoghurt mit verquirltem Honig. Oder alternativ: Scheibe Vollkornbrot mit Nutella. Hinterher immer einen Apfel. Mit einem Fetzen Granny-Smith-Schale in der Zahnritze wirkt jede Ernährungssünde sofort verjährt. Das ist zwar genauso, als würde sich ein Alkoholiker vor der Frühstücksflasche Chantré noch schnell ein Glas frisch gepressten Orangensaft hinter die Binde kippen. Aber zumindest ist es ein Schritt in die richtige Richtung. Das schon.

Leider komme ich nicht mehr dazu, Uschis Zehn-Kilo-Trick zu lesen. Schwungvoll öffnet der Doktor die gläserne Wartezimmertür. Er trägt ein weißes Polohemd zur weißen Bundfaltenhose und zieht die Begrüßungshand wie einen Revolver aus der Hosentasche:

»Tachchen! Na, dann kommen Sie mal mit, junger Mann.«

Na, dann komme ich mal mit, den langen glänzenden Linoleumgang entlang, der den Schuhsohlen hässliche Quietschlaute entlockt, rein ins Sprechzimmer, in dem neben einem Riesenschreibtisch das obligatorische Skelettmodell steht.

»So, so, Sie wollen also Radrennen fahren«, sagt der Doktor mit konzentriertem Blick auf seinen Flachbildcomputermonitor. Das freue ihn. Denn mit der Leistungsdiagnostik könnten die aerobe Schwelle und mein optimaler Trainingsbereich punktgenau ermittelt werden. Die meisten Hobbyradler seien ja völlig übersäuert. Die würden sich nach Feierabend eine

Stunde lang in den Keller fahren und dabei im Endeffekt nur das Adrenalin hochpushen. Völlig sinnlos sei das, rein trainingsmethodisch gesehen, referiert der Doktor. Man müsse schließlich was für das vegetative Nervensystem tun. Und für den Fettstoffwechsel.

Er redet über mich, hämmert es mir durch den Kopf. Aber das wird er sicher gleich haarscharf analysieren.

Oberkörper freimachen, tief einatmen und langsam wieder aus, Zunge raus, »aaaaahhhh« sagen, von der Blutdruckmessbinde den Arm quetschen lassen. Dann der Fragebogen. Allergien? Zigaretten? Alkohol? Weiß nicht. Niemals. Nein danke, jetzt nicht.

Dann rüber zur Ultraschalluntersuchung. »Ah, sehr schön«, ruft der Doktor, die Leber sei ja ganz wunderbar zu sehen, auch der Magen und wie herrlich orthotop die Gallenblase liege, wie im Lehrbuch. Ich sehe nur Kraterähnliches auf dem Schwarz-Weiß-Monitor, und wenn das dort mein Magen sein soll, dann winken mir die Cornflakes vom Frühstück zu. Alles bestens, diagnostiziert der Doktor und führt mich zurück zur Zangenfrau, die offenbar nicht nur Fettwertanalytikerin, sondern auch Vollstreckerin des Leistungstests ist. Ob ich ein Glas Wasser möchte, bevor es losgehe, fragt sie. Wie vor einer Hinrichtung.

Kaum habe ich das Wasserglas abgestellt, reißt sie mir mit einem Einwegrasierer die Brusthaare aus. »Damit die Dioden halten«, entschuldigt sie die rüde Rupfung. Die kleben jetzt überall auf meiner Brusthalbglatze. Kabel verbinden sie mit Bildschirmen, auf denen Kurven nervös hoch und runter zucken. Nun stülpt mir die Zangenfrau auch noch eine Gummimaske für die Atemanalyse übers Gesicht, schlingt um meinen linken Arm eine Messbinde, reibt die Ohrläppchen mit einer Durchblutung fördernden Salbe ein, damit das Blut nachher auch in Strömen in die bereitgestellte Reagenzgläschenkompanie fließt. Und fragt mich tatsächlich, ob es für mich bequem sei. Meine Ohren brennen, als würde jemand ein Feuerzeug dranhalten. Ich kann nicht sprechen unter der Maske und murmle »ggrrrmelllmm«. Ich komme mir vor wie eine Mars-Sonde. Hoffentlich werde ich nicht noch seziert oder ins All geschossen. »Okay, dann los«, sagt die Zangenfrau schließlich, was bedeutet, dass ich jetzt mit konstant 90 Umdrehungen pro Minute auf dem Ergometer kurbeln muss. Alle drei Minuten wird der Widerstand um 30 Watt erhöht, der Blutdruck gemessen, die

Pulswerte notiert, Blut abgezapft. So lange, bis ich entweder abwinke oder vom Rad falle.

200 Watt gehen locker. Wie auf dem Radweg, wenn ich gemütlich zum Bäcker fahre. 300 sind schon deutlicher zu spüren. Wie bei Andis hinterhältiger Attacke am Puig Major. Toll, ruft die Zangenfrau, ganz super sei das. Ich schwitze. Ich keuche, trete, trete, trete. Bei 380 Watt werden die Beine zickig. Igitt, das fühlt sich an, als würden sie von innen mit Stacheldraht ausgerieben. Meine Lunge will mehr Luft, als ich einsaugen kann. Durch den Schweiß sind schon ein paar Saugnäpfe abgefallen, weswegen ich mich mit dem Oberkörper nicht bewegen soll. Aus meinen Ohrläppchen fließt kaum noch Blut. Immer rüder quetscht die Zangenfrau daran. Pumpt die Armmanschette auf, misst, quetscht, knetet immerzu irgendwo an mir rum. Mir wird schwindlig. »Gleich muss ich kotzen«, denke ich und winke ab. Ich taumle unter die Dusche und dann zurück zum Doktor. Endauswertung. Das Urteil!

»Danke«, säuselt der Doktor der Zangenfrau zu, die ihm schweigend den Auswertungsbogen überreicht. Minutenlang studiert der Medizinmann das Blatt, knabbert dabei ununterbrochen auf seinem Brillenbügel herum und brummt vor sich hin. Lange Minuten sind das für einen wie mich, der erwartungsvoll auf einem unbequemen Chromstuhl gegenüber sitzt. Sehr, sehr lange Minuten! Dieses Brummen kann alles bedeuten. Wahrscheinlich genießt er es, mich nervös zu machen. Sonst würde er doch irgendetwas sagen, mich irgendetwas fragen, diese brutale Stille beenden, die Zeit bis zur Verkündung erträglich machen. Diese Stille, die auch in Geldautomaten einprogrammiert ist, damit einem das Rattern der Scheine nach dem ewig stumm blinkenden »bitte haben Sie etwas Geduld« als Geschenk vorkommt.

»Ich gebe Sie frei für den Leistungssport«, sagt der Doktor schließlich feierlich. Alles in allem seien das erfreuliche Werte. Besonders die 380 Watt. Armstrong wäre zu seiner aktiven Zeit übrigens mit 473 Watt die kompletten Alpenpässe hochgefahren. Aber das nur am Rande, zur Orientierung. 380 Watt, drei Minuten lang, seien wirklich nicht schlecht für einen, nun ja, Hobbysportler. Ein Abzeichen bekomme ich nicht. Auch keine Urkunde. Aber ein ABER!

»Aber!«, wundert sich der Doktor, »Das Laktat ist viel zu niedrig. Das sollte eigentlich mindestens doppelt so hoch sein.« Die Auflösung findet er im Auswertungsbogen. »Aha, hier haben wir es ja: Die Glykogenspeicher sind fast leer. Darf ich mal fragen, was sie so essen, zum Beispiel zum Frühstück?«

Ich bin durchschaut. Leugnen zwecklos.

»Cornflakes und ab und zu mal ein Schweinsöhrchen«, gestehe ich. Doch die Verniedlichungsform macht es auch nicht besser. Ebenso gut hätte ich eine Affäre mit seiner Frau beichten können. Die Gesichtszüge des Doktors wären gleichermaßen entgleist. SCHWEINSÖHRCHEN? Er höre wohl nicht richtig. Das solle ich unbedingt lassen, wenn ich bei den Radrennen was *reißen* wolle. Kohlenhydrate bräuchte ich, und zwar langkettige, das solle ich mir hinter die Ohren schreiben. Hinter die Schweinsohren am besten. Pumpernickel könne er sehr empfehlen.

Pumpernickel? Diese gepressten Körnerplatten, die einem im Hals stecken bleiben, wenn man nicht jeden Bissen mit einem halben Liter Wasser die Speiseröhre hinunterspült? Auch das noch. Woran erkennt man eigentlich, wann die Glykogentanks voll sind? Man hat ja keinen Eichstrich. Bier schwappt einfach oben raus, wenn nichts mehr reinpasst. Aber Glykogen? Und wo sind diese Tanks überhaupt?


Die Auswertung mit allen Werten, empfohlenen Trainingsbereichen, aerober Schwelle und Belastungsempfehlungen werde zugeschickt, verabschiedet mich der Doktor. Das war es. Ich kann gehen. Übermütig hüpfe ich die Treppenstufen nach unten. Eine ungeheure Erleichterung durchströmt mich. Ich bin freigegeben! Ein amtlicher bestätigter Sportler! Offizieller geht es ja wohl nicht. Noch im Treppenhaus tippe ich eine SMS an Andi.

»Wie sieht es aus mit einem Probe-Marathon in den nächsten Wochen?«

Nur gering zeitverzögert piept die Antwort aufs Display:

»Logo! Da werden wir mal das Tretlager zum Platzen bringen.«

»Komme vom Test. Ich trete 380 Watt, nur 93 weniger als Armstrong in seinen besten Zeiten!«, schreibe ich zurück.

Andi scheint die Brisanz nicht ganz zu begreifen: »Mich hat gerade Metallica als Gitarrist für die nächste Tournee gebucht.«

Die ersten Schritte meines offiziellen Sportlerlebens führen mich direkt zur Verpflegungsstation. »Hans Wurst« steht über der Bretterbude, »Schaschlik-Hotline: 1,90 Euro mit Brot« mit Kreide gemalt am Tagestipp-Aufsteller davor. Wie viele Points hat wohl ein Schaschlik? Zehn mindestens. Und wie wird das abgespeichert? Als Fettzelle oder im Glycogentank? Egal. Ich kann mir das leisten. Zwei Stück bitte. Mit Semmel. Und ganz viel Senf.

# 5

# Aldi, Dispo, Carbon

Berge zu überwinden bedeutet für die Beine Hochleistung. Für den Kontostand jedoch: Tiefstand. Oberflächlich betrachtet, geht es beim Marathon nur darum, mit einem Fahrrad so rasch wie möglich von A nach B zu strampeln. Der Schnellste gewinnt, und die Trainingsfaulen gehen melodramatisch vor die Hunde. Was nicht falsch ist. Doch auf den zweiten Blick offenbart ein derartiges Unterfangen seine eigentlichen Tücken im Bereich der Nebenkosten. Trainingslager, Fitness-Studio-Wucher und Ausrüstungskleinkram haben den Kontostand schon ordentlich in die Knie gezwungen. Dabei fehlt noch so einiges. Windjacke, Regenhose, Pannenzeug – das ganze Havarieprogramm. Plus unendlich viele Normalklamotten. Zum Fahren. Zum Wechseln. Zum Drunter- und zum Drüberziehen. Man glaubt ja gar nicht, gegen wie viele meteorologische Eventualitäten man sich als Biker wappnen muss. Regen. Sturm. Hitze. Kälte. Regen mit Kälte. Hitze mit Regen, ohne Regen, Regenschauer, Regen von Dauer. Dazu das Übliche aus der Boxengasse: Ersatzreifen, Schläuche, Öl, Schmiere, Entöler, Entschmierer, Power-Drinks. Und – bei dem ganzen Stress ganz wichtig – Regenerationsbeschleuniger. Auch diese in variationsreichen Ausführungen: auf Vitamin-, Kohlehydrat- oder Eiweißbasis, zum Reinbeißen, zum Auflösen, zum Hinterschlucken. Je länger die angepeilte Strecke, desto länger auch die Liste im Pflichtenheft. Kurbeln und Konsumieren gehen Hand in Hand. Auf dem Sektor der muskelbetriebenen Sportgeräte wird wohl nirgends so viel Geld verbraten wie im Radsport. Das haben inzwischen auch die Warenverramscher des täglichen Bedarfs erkannt, die den Fahrradfachhandel jedes Frühjahr ungeniert zum Preismassaker fordern. Zufällig ist gerade Frühjahr. Und schauen kostet ja nix.

Reduktion auf das Wesentliche ist das Konzept. Der Text der allwöchentlich der Presse beiliegenden Produktinformation macht da keine Ausnahme. »Aldi informiert« steht schnörkellos auf dem eng bedruckten Warenhinweis: Mountainbikes, Regenhosen, Trikots – alles megagünstig, alles megatoll, alles nur am Montag. Ich bin pünktlich. Das ist zu spät. Ein Mob rangelt bereits um die besten Startplätze vorm Eingang. In zwei Minuten wird sich das elektrische Schiebetor öffnen, um die Schnäppchenjäger gierig zu verschlingen. So lange schieben sich diese selbst hin und her. Im Sonderangebot heute: »Alu-Jugend-Bike 24 Zoll« für 199 Euro, »Feinripp-T-Shirt« für 4,99 Euro und »Rad-Regenbekleidung« ab 7,99 Euro. Das Kleingedruckte unter »Aldi informiert« sorgt für Anspannung – begrenzte Anzahl! Knapp 40 Meter sind es zu den »Aktionstischen« im hinteren Teil des Ladens. Schlechte Karten für Omas und Mütter mit Kleinkindern. Gute für Sportler wie mich.

Es geht los. Die Meute stürmt zu den Wühltischen. Die Ellenbogengesellschaft läuft zur Höchstform auf. Ich nehme die Abkürzung links an den Getränkekisten vorbei, entlang der Nudeln und Gurkengläser. Die Oma vor mir tippelt unentschlossen, mittig den Weg blockierend, langsam. Zu langsam. Den Rempler hat sie verdient. Beim Preisboxen ist kein Platz für soziales Gehabe. Noch zehn Meter. Die meisten zerren an den »Alu-Jugend-Bikes 24 Zoll«. Ich reiße eine »Regenjacke, klein zusammenlegbar« für 9,99 Euro an mich und fühle das angenehme Kribbeln des Erfolgs. Geschafft. Die Beute ist erlegt!

Ich drücke meine Hand fester um das Paket, als es für den reinen Haltevorgang nötig wäre. Man weiß ja nie. Der ganze Körper ist in Alarmbereitschaft und zittert im Adrenalinrausch. Durchatmen und vor zur Kasse, wo

ein älterer Herr versucht, das sperrig grundmontierte »Alu-Jugend-Bike 24«
auf das deutlich schmalere Warenband zu legen, wofür er von der Kassiere-
rin eine öffentliche Rüge erhält. Ich wähle die Nachbarkasse, denn dort steht
nur eine Frau, die zwei Milchtüten hält. Dass sich in ihrem prall gefüllten
Wanderrucksack ihr restlicher Wocheneinkauf befindet, bemerke ich leider zu spät. Natürlich funktioniert ihre EC-Karte nicht. Nie funktioniert die
EC-Karte bei solchen Rucksackträgern, die mit ihrem Verstaukonzept Un-
abhängigkeit gegenüber den Wagenschiebern demonstrieren wollen, dann
aber schon am Kartenlesegerät scheitern. Von wegen: »Die Freiheit nehm'
ich mir«. Die Zeit nehmen sie, und zwar meine!

Und dann ihre schlimmen Kunstfaserhosen, die sie mit Reflexbändern
oder Umkrempelwürsten vor dem Kontakt mit ihren rostigen Fahrradket-
ten zu schützen versuchen! Zum Glück gibt es keine Treueherzen, denn da
werden sie ganz hippelig, wollen die Prämien des Monats diskutieren und
alles würde noch länger dauern.

Schließlich bin ich an der Reihe. Zehn Euro, stimmt so. Beschwingt trete ich den Heimweg an. Normalerweise kosten Regenjacken ein Vielfaches,
ach was, ein Sehrvielfaches. Gerne auch mal 200 Euro, wie mir eine Fach-
zeitschrift weismachen wollte. Den angegebenen Preis hatte ich zunächst
für einen Druckfehler gehalten. Ist ja nur ein bisschen Stoff. Nun also für
ein Zwanzigstel. Wenn mir Sparfuchs noch ein paar derartige Beutestücke
gelingen, wird das eine billige Saison.

Im Internet surfe ich auf die Seite von Tchibo. Die Kaffeeröster ernten ihre
Bohnen ja bekanntlich gerne auf fremden Feldern. Tatsächlich: ein pas-
sender Link »Rad-Weltmeister«. Standpumpe, Bike-Brille, Radcomputer,
Funktionsunterhemd – alles nah an der Schwelle zum Gratisgeschenk. Leider stürzt mein »Online-Warenkorb« ständig ab. Also zur nächsten Tchi-
bo-Filiale, die inzwischen mit Bäckereifachgeschäften, Tankstellen und
Apotheken um die Spitzenränge bei der bundesweiten Flächendeckung
konkurrieren. Hektisches Gewusel im winzigen Laden, denn heute gibt es
ein Päckchen »Feine Milde« für 3,19 Euro statt 3,99 Euro, wie eine Fahne am
Eingang informiert.

In den Regalen suche ich vergeblich nach Bike-Teilen. Dort liegen »Mi-
nischirm – ultraleicht, nur 175 Gramm« für 6,99 Euro und »Hemdchen und

Slip – im trendigen, frechen Look« für 9,99 Euro. Ich will keinen frechen Look, ich will Rad fahren, was die Verkäuferin verwundert. »Frau Ullrich« steht auf der Anstecknadel an ihrer mit Rüschenborte verzierten Kaffeeverkäuferinnenschürze. Die Bike-Woche sei vorbei, sagt Frau Ullrich. Jetzt sei die »Look of Love«-Woche. Ich solle nächstes Jahr wiederkommen. Sie könne höchstens noch mal im Lager nachschauen. Soll sie. Ich habe Glück. Eine »Profi-Radhose – besonders bequem« für 14,99 Euro und ein »Schloss – besonders stabil« für 9,99 Euro sind noch da. Die Beschreibung des Schlosses scheint mir beim Anblick der mit Kunststoff ummantelten Zahnseide reichlich übertrieben. Dann die Radhose. »Welche Größe?«, grantelt Frau Ullrich genervt von meiner Unschlüssigkeit. Anprobieren ist nicht. Nur zahlen. 15 Euro, stimmt so. Bloß schnell raus an die frische Luft. Dieser Kaffeeduft macht einen noch ganz high.

Mit der Qualität der Billigstoffe ist es nicht weit her. Die Regenjacke entpuppt sich nach kurzer Regenfahrt nur nach außen hin als wasserdicht: Der Regen kommt rein, das Abwasser-Schweiß-Gemisch aber nur an den Bündchen raus. Die Tchibo-Hose ist entgegen meiner Erwartung trägerlos, was dem Funktionsstandard aus der Zeit vor der Maueröffnung entspricht. Eher hat ein Herren-Feinripp keinen Schlitz als eine Lycrahose keine Träger. Als mutig formuliert stellt sich auch der Warenhinweis »besonders bequem« heraus. Das Sitzpolster der Buxe würde sich bestens zum Entlacken von Gartenzäunen eignen und hatte mit meinem zarten Hintern leichtes Spiel. Jeden Tag muss ich den Schorf nun mehrmals mit Wundsalbe eincremen, um überhaupt noch sitzen zu können.

Setzt man Funktion und Kaufpreis ins Verhältnis, sind die vermeintlichen Schnäppchen nicht fast gratis, sondern umsonst. Müll nämlich. Und so gesehen schon wieder Wucher. Die Abfallgebühr kommt ja indirekt auch noch dazu. Trotzdem bin ich voll auf Jagd gepolt. Früher habe ich die aus Zeitungen fallenden Aktionsprospekte sofort in die Mülltonne geworfen. Jetzt fische ich sie sogar aus Papierkörben. Schnäppchen orten. Taucht eins auf, sollte die Flinte im Anschlag sein. Es geht nicht darum, ein Teil zu brauchen, sondern zu erjagen. Billig will ich und davon jede Menge. Helm für 7,99 Euro bei Plus. Drahtloser Computer bei Tengelmann für 9,99 Euro. Einfach so. Im Regal. Langweilig, ohne Ellenbogen, Adrenalin, urinstinktiven Krawall. Der Lidl-Prospekt verspricht einen großen Fight. Montag, 8.30 Uhr, soll es losgehen.

Diesmal bin ich pünktlich. Also zu früh. Ich stehe – den Oberkörper leicht nach vorne gebeugt, den Schokoladenfuß startbereit in Loslaufrichtung positioniert – in der ersten Reihe. Einzig die noch regungslose Eingangsschiebetür steht zwischen mir und den Superschnäppchen. Die Konkurrenz tut unbeteiligt, spart mit Mimik, verrät sich aber durch heimliches, millimetermäßiges Aufrücken. Drei Minuten, zwei, eine. Die Anspannung ist kaum auszuhalten.

Hydraulisch zischend, fahren die Türhälften zur Seite. »Immer billig!«, schreien mich bunte Pappschilder an, als ich mit der Menge zu den Wühltischen sprinte. Eine Übermacht von Frauen, die um einen »Form-BH« für 4,99 Euro kämpft, drängt mich ab bis zur Kiste »Äpfel grün«, zwei Kilo für 2,29 Euro. Die Bike-Pumpe ist billiger. Deshalb schiebe ich zurück. Will nach der »Teleskop-Pumpe 6 bar Druck« für 1,99 Euro greifen. Doch in der Grabbelkiste stecken die Hände der Hausfrauen, mit denen sie sich im Kampf um den »Form-BH« abstützen. In der Luft liegt das Aroma von Gier und purer Verzweiflung. Ich inhaliere tief. Herrlich!

Trotzdem. So aufregend die Fronteinsätze bei den Preisschlachten sind, so wenig haben sie mich bisher dem Cristalp-Finisher-Aufkleber näher gebracht. Es wird allerhöchste Zeit, dass ich meine Ausrüstung komplettiere. Inzwischen steht nämlich der Tag unserer Marathonpremiere fest. Nächtelang hat Andi sich durch das Internet geklickt, die Renntermin-Kalender studiert, alle infrage kommenden Marathons nach Veranstaltungstag, Härtegrad, Verkehrsanbindung, Startgebühr und den regionalen Hotelpreisen geprüft, verglichen, abgewogen und mir gestern Abend den Termin mitgeteilt: nur noch drei Wochen! Genau genommen gerade mal noch 20 Tage, denn der Startschuss fällt an einem Sonntag und heute ist ja schon Montag. Nervös macht das.

Zwar fühle ich mich körperlich in Höchstform, allerdings nur verglichen mit den Zeiten, in denen mir die täglichen 200 Meter zum Bäcker ausschließlich mit dem Auto machbar schienen. Dass ich in zwei Wochen einen Marathon fahren soll, erhöht gewaltig den Druck und transformiert die Unsicherheit ins Unerträgliche: Bin ich nicht doch zu fett? Ist mein Bike gut genug? Bin *ich* gut genug? Und überhaupt: Wie fit ist eigentlich Andi? Ist doch komisch, dass er offenbar ganz wild darauf ist, diesen Marathon zu fahren, sich seit Wochen aber aus fadenscheinigen Gründen allen meinen Versuchen entzieht, Informationen über seine Form zu sammeln. Selbst eine Einladung zu einem Bierchen hat er letzte Woche via E-Mail abgesagt:

»Boss! Du denkst vielleicht, dass du mich mit Bierchen und sonstigem Schindluder in eine trainingsphysiologisch ungünstige Position bugsieren kannst, damit ich völlig demoralisiert am Berg rumhänge. Aber: weit gefehlt. Die Schnulli-Zeiten sind vorbei. Im August ruft die Schweiz.«

Was hat er vor? Entweder versucht er mit heimlichem Training optimale Druckperformance zu erreichen oder ist genau deswegen von Corinna mit einer Sperre belegt worden, um ihn zu Kochabenden, Relaxen oder anderen Gemütlichkeitszumutungen zu zwingen.

Ich beschließe, die Schlagzahl bei der Vorbereitung zu erhöhen. Und als Grundlage dafür zunächst meinen Dispo. Aldi-Schnäppchen schön und gut. Aber die Qualität der ergatterten Ware lässt doch sehr zu wünschen übrig. Angehende Top-Athleten wie ich brauchen Top-Material. Und das kostet. Mit einem soften »Bling-Bling« schwebt die elektrische Panzerglastür zum neonbeleuchteten Bankfilialraum seitwärts. Hinter der Beratertheke steht er, »Herr König, wie Hallo Herr Kaiser«, wie sich Herr König erst mal selbst veräppelt. Ich wusste zwar gar nicht, dass ich überhaupt einen habe, doch der beschlipste Mann mit dem Pomadenscheitel sagt, er sei mein ganz persönlicher Kreditberater. Und so werde trotz Begrüßungsgag wohl letztlich ich der Veräppelte sein.

Kein Wunder, dass die hier alles schick verglast haben. Bei *den* Zinsen. Und wer bezahlt dem Personal eigentlich die Anzüge, Krawatten, Spiegelschuhe und Kostümkleidchen? Nur vom Feinsten, was da als Arbeitskleidung herhalten muss, um die Kundschaft zu devoten Trotteln mutieren zu lassen. Hugo Boss und Gucci als Kompetenz-Viagra. Alles ein wohlkalkulierter Teil dessen, was sie Finanzplan nennen. Einen Jeans-Träger würde man wahrscheinlich schnell und formlos über den unklaren mathematischen Zusammenhang von Soll- und Haben-Zinsen aufklären. Wie einschüchternd ein schicker Anzug wirkt, wenn man nicht selbst aus ihm herausschaut. Überhaupt kommt man sich an wenigen Orten schlechter angezogen, präsentiert und vorangekommen vor als im Kundenraum einer Bank. Egal, ich muss investieren, wenn ich den Cristalp-Wahnsinn überleben will. Mit wundem Popo und Saunajacke wird das ja nichts.

Also folge ich Herrn Königs »bitte hier entlang« zu einem Schreibtisch, auf dem sich nichts befindet außer einer Infrarottastatur, einem karierten, aber noch unbeschriebenen A4-Block, einem Metalldrehkugelschreiber und der Zeitschrift »Börse aktuell – mit der Wachstums-Strategie«. Herr König lässt sich übermütig in seinen gefederten Kunstlederbürostuhl plumpsen, rudert mit seinen hochglanzpolierten Budapestern an die Schreibtischplatte, wie das Kleinkinder auf Bobbycars tun und plärrt passend dazu im Jargon der Sandkastenrocker: »Okidoki!« Und das er jetzt mal einen Blick auf meine Umsatztabelle werfe.

Dort sieht es finster aus, das könnte ich ihm auch so sagen, denn die Abbuchungsrate ist den Einzahlungen weit überlegen. Wäre ich ein Autohersteller, wären wohl längst Trillerpfeifenstreiks im Gange, um das Management (also mich) zum sofortigen Rücktritt zu zwingen. Ob ich Sicherheiten hätte, will Herr König wissen. Mit Sicherheit nicht. Macht nichts, lacht er künstlich. Fünf Riesen könne er spontan anbieten, man sei ja flexibel, einfach hier einen Wilhelm drunter, 13 Prozent effektiver Jahreszins, das Übliche halt, Geld stehe sofort zur Verfügung und er bei allen offenen Fragen, jeder Art, jederzeit, Anruf genügt. Und übrigens, guten Umzug und viel Glück bei der Entbindung. Ich solle mich ja nicht unterkriegen lassen, er spreche da aus Erfahrung.

Natürlich musste ich Herrn König wie Hallo Herr Kaiser einen Vorwand für den gewünschten Vorschuss vordichten. Oder hätte ich ihm die Wahrheit sagen sollen? Dass ich mir für seine 5 000 Euro ein Fahrrad kaufen will? Dann hätte er die Psychiatrie angerufen und mich abholen lassen.

Ich habe die Taschen voller Geld, obwohl ich gar kein Geld besitze. Das ist der Sinn von Krediten. Doch irgendwie fühlt es sich komisch an. Künstlich. Unecht. Verpflichtend. Es flunkert Wohlstand vor, macht einen aber nur zu einem weiteren Mitglied im Schuldenclub, dem laut »Bild«-Zeitung angeblich schon 44,3 Prozent der deutschen Bevölkerung angehören. In der

Statistik aufgeführt auch die Ursachenhitparade: Autokauf, Renovierungs-
arbeiten, Möbel, Spontan-Schnäppchen, Elektronik und auf Platz sechs
schließlich ich beziehungsweise mein Anliegen, die Luxusgüter. Der Punkt
ist im Presseartikel nicht näher vertieft. Doch gehe ich nicht davon aus,
dass es sich bei den gemeinten Anschaffungen größtenteils um Fahrräder
handelt. Wahrscheinlich haben die meisten Luxusratenkäufer ihr Geld in
seltene Automatikuhren oder Gemälde oder Antikmöbel investiert, die in
ein paar Jahren ein Vermögen wert sind. In geldvermehrende Dinge eben.
Und nicht in ein Fahrrad, das nach einem Jahr abgetakelt im Keller landet.
Schulden für ein Fahrrad! Der von der Fitnessindustrie gestreute Sport-
wahn hat mich zum Sklaven des Finanzmarktes und dessen profitgieriger
Handlanger gemacht. 13 Prozent! Die haben sie doch nicht mehr alle. Früher nannte man das Wegelagerei.

Noch könnte ich die Kohle zurückbringen. Die Scheine Herrn König
auf die Theke knallen, weiter mit meiner alten Karre fahren und dafür in
Freiheit weiterleben. Doch der Konsumtrieb ist stärker. Ich kann es kaum
erwarten, das Geld auszugeben. Sobald man es in den Fingern hat, ist es
eh schon so gut wie weg. Das war schon immer so. Ob man nun zwei Euro
hat oder 20 000. Mit meinen 5000 Euro könnte ich bei Aldi wahrscheinlich
den halben Laden leer kaufen. Doch ich habe beschlossen, auf Qualität und
Beratung zu setzen: auf den Fachhandel. Der präsentiert sich konzeptreich:
kleine Läden, große Läden, Versandhändler, Discounter, ja sogar Radpaläs-
te. Viele Für, viele Wider.

Als Informationsgrundlage für die anstehende Investition habe ich mir
zunächst den Katalog eines Bocholter Versand-Giganten bestellt, nicht
kostenlos, aber frei Haus. Der wiegt so viel wie eine Gehwegplatte und ist
ebenso groß – »Faszination Fahrrad. Sehen. Fühlen. Erleben. 848 Seiten,
20 000 Artikel rund ums Rad«. Darin die Opposition des Mangels: Bikes, Teile,
Klamotten im Überfluss. Wenn man vorher noch nicht wusste, was einem
zu einem erfüllten Radfahrerleben noch fehlt, dann weiß man es jetzt. Von
Seltsamkeiten wie einer »Schuhheizung – zehn Stunden warme Füße«, einer
»Müsliriegel-Backform – hitzebeständig, kältebeständig, spülmaschinen-
fest« oder einer »Fahrradgarage Nylon – mit praktischem Klettverschluss«
habe ich vorher noch nie gehört. Dafür lösen die 360 Euro teuren, glitzer-

silbernen Schuhe auf Seite 806 einen romantischen Schock aus. Deren Bezeichnung »MX400CFC« erinnert an NASA-Missionen. Passend dazu lässt sich die Form im Backofen bei 80 Grad Mittelhitze dem jeweiligen Fuß anpassen. Aber! Drei-hun-dert-sech-zig Eu-ro!

Nach vier langen Abenden habe ich den Wälzer durch. Jetzt könnte ich die Hotline wählen, den Bestellcode durchsagen und bräuchte nur noch zu warten, bis es an der Haustür klingelt. Doch die Optionsflut ist zu viel für mich. Das Überangebot lässt keine Entscheidung zu. Ich will fühlen, riechen, probieren. Also ab zu den kleinsten Molekülen im System Mountainbikemarkt, zu den Läden mit den lustigen Namen, von denen es in jeder Stadt unzählige gibt. Allein in dieser Stadt fast 100, was in Zeiten des konkurrierenden Internets vor allem eines vermuten lässt: erstklassigen Service. Wer den ganzen Winter über vergeblich auf Kundschaft wartet, um dann beim schönsten Radfahrwetter von früh bis nachts durch den Laden zu wuseln; wer Hunderte Sparfüchse ausgiebig in Technikfragen berät, damit diese dann das als ideal ermittelte Rad beim Internet-Discounter bestellen; wer billigen Baumarktschrott zum Einstellen von sogenannten Schaltungen vorgesetzt bekommt, wer sich also freiwillig der Kehrseite des Bikehandels aussetzt und nicht zum Versicherungsvertreter umsattelt, alles hinschmeißt oder zum Amokläufer wird, der muss diesen Sport schon außergewöhnlich innig lieben. Kurzum: Bei dem ist man in guten Händen.

Wer einen Radladen eröffnet, hat spätestens bei der Gewerbeanmeldung ein Problem. Welcher Name soll ins Register, auf den Briefkopf, über die Eingangstür, in die Gedächtnisse der Zielgruppe? Fahrradladen-Benenner halten sich meist strikt ans Thema. Da dieses nun einmal »Bike« beziehungsweise umgangssprachlich »Rad« heißt, werden dabei die seltsamsten Wortskurrilitäten gedrechselt: kommunalpolitisch angehauchte wie »Radhaus«, zusammengepanschte wie »EldoRadlo« oder bio(un)logische wie »Rad-ieschen«.

Wie es in einer »Bikekiste«, einem »Radlager«, einer »Radscheune« oder »Radbox« aussieht, will man sich lieber nicht vorstellen. Und für Leute ohne Dispo bleibt der oft verwendete Name »Bike-Dreams« in den meisten Fällen auch leider wörtlich, nämlich die bittere Realität. Denn – und das wäre auch gleich die passende Alternative – »Gutes Rad ist teuer«.

Ich entscheide mich für »Thilo's Bikeshop«, an dem ich werktäglich auf dem Heimweg vorbeifahre. Erstens genau deswegen. Zweitens, weil der Name stimmt und bereits vor dem ersten Kontakt eine angenehme Vertrautheit zum Personal suggeriert. Boss, Schrauber, Verkäufer nämlich – alles Thilo.

Thilo's Bikeshop ist äußerlich betrachtet nur eine einzige schmale Schaufensterscheibe, eingekeilt vom neumodischen Backkonzeptladen »Call a Krapfen« und einem Geschäft namens »Ambiente«, in dem Müll im Neuzustand verkauft wird oder, wie ältere Leute sagen: Deko-Artikel.

Ich trete durch die schmale, sich mit einem analogen Glockenklingeln öffnende Eingangstür und blicke auf eine an Juweliergeschäfte erinnernde Inneneinrichtung. Überall beleuchtete Glasvitrinen und Ständer mit Hochglanzkatalogen. Die Bikes hängen an den Wänden und sind halogenbestrahlt, die Füße waten geräuscharm durch grüne Teppichfasern. Ganz vorne ein Podest mit einem Fahrrad, das ich eher der Weltraumfahrt zuordnen würde. Die Oberkante der Federgabel reicht mir bis zum Kinn. Die Reifen sehen aus wie aus dem Vollen gefräst und haben gefährlich wirkende Stollen. »Big Hit« steht auf dem wuchtigen Rahmen, über dessen Rohre sich fingerdicke Schweißraupen winden. Auf dem Preisschild eine Sudoku-Zahlenreihe oder so was Ähnliches.

Ich bin allein. Im Laden ist es völlig still. Nicht mal Musikgeplätscher wie im Kaufhaus, das einem über die anfängliche Orientierungslosigkeit hinweghilft, das rationale Gedanken in den Schlaf lullt. Nur Stille, die einen unter Druck setzt, irgendwas zu tun. Tatenlosigkeit macht Stille unerträglich laut. Also bestaune ich erst einmal das Weltraumfahrrad.

»Hi, was kann ich für dich tun?«, ruft es von hinten aus der Werkstatt. Das muss Thilo sein. Thilo sieht genauso aus, wie man sich einen Thilo in einem »Thilo's Bikeshop« vorstellt. Seine Beine stecken in einer verschmierten, nach jugendmodischen Gesichtspunkten zu engen Bundeswehrhose, an deren Bund ein veralteter Funktelefonklotz baumelt. Über den muskelstrammen Oberkörper spannt sich ein Finisher-Shirt – »Erzgebirgs-Bike-Marathon – The Race/7. August 2005«.

»Hi«, wiederholt Thilo noch mal, nun aus nächster Nähe, wischt sich mit seinen verölten Händen noch ein paar mehr Flecken an die Fleckenhose und streckt mir die immer noch dreckige Hand zum Schütteln entgegen.

»Geiles Teil. Kannst du super mit droppen«, geht er offensiv ins Verkaufsgespräch über.

»Was kann ich damit?«, frage ich nach.

»Droppen! Kanten runterspringen. Freeriden. Wie Josh Bender. Der springt zwölf Meter runter und hat sich erst einmal die Wirbelsäule gebrochen. Kennst du die New-World-Disorder-Videos nicht?«

Da muss ich Thilo leider enttäuschen. Rasch auf den Berg fahren will ich, Andi abhängen, *mir* ein Finisher-Shirt überstreifen. Thilo versteht. Ich kurz darauf allerdings nicht mehr viel. Es hagelt Begriffe. Plattform, Rebound, Kartusche, Lock-out, Dynamic Lock-out, Poploc, Progression, Zwei Kolben, Vier Kolben, Titan, Alu, Stahl, schwimmend gelagert, genietet, gefräst und sonstwas, Flatbar, Riserbar – alles wunderbar. Was man heutzutage alles wissen muss, um ein Fahrrad zu erwerben! Bei meinem ersten Mountainbike lief das noch nach einem wesentlich simpleren Auswahlverfahren ab. Das war zu der Zeit, als man noch schrille Lycrastrumpfhosen mit den Designs von Testbildern trug, nicht nur beim Radfahren. Frühe Neunziger: Trabis im Westen, Bananen im Osten, Milli Vanilli überall, *diese Zeit.*

Im Schaufenster stand ein Winora »Highpower« mit einer futuristischen, neongrün-neonorange abgesetzten Lackierung. Ich ging rein, legte die geforderten 1059 D-Mark auf den Tisch, und das war es. Geld gegen Ware. Nun also Kartuschen, Druckstufen und anderer für mich unverständlicher Schnickschnack.

Mit einem feierlichen »That's it« zieht Thilo schließlich ein rotes, vollgefedertes Bike aus der Ausstellungsreihe. Ich finde eher: That's shit! Denn die geforderten 6499 Euro übersteigen um exakt 1499 Euro mein Budget. Das Angebot für die Probefahrt – einmal die Straße rauf und runter – nehme ich trotzdem an. Mit meinen Alltagsschuhen wacklig auf den Click-Pedalen stehend, eiere ich im Zehn-Meter-Rhythmus die Bordsteinkante hoch und runter, überlege kurz abzuhauen, fahre doch zurück und entscheide mich schließlich für ein billiges Hardtail für nur 3999 Euro minus zehn Prozent »Thilo-Flatrate«. Carbonrahmen, Lock-out, integrierter Steuersatz, XTR.

Kenner formulieren: mit allem! Beim Hebetest rummst mir das Oberrohr fast gegen das Kinn. Der Muskelreflex ist nicht auf Schwerelosigkeit eingestellt.

Natürlich ist das Rad nicht wirklich billig, sondern nur im Verhältnis. Doch es bleibt immerhin noch Geld für die NASA-Schuhe aus dem Katalog, die Thilo in einem abgeschlossenen Brutkasten bestrahlt, als wären sie zu früh aus der Fabrik gekommen. Thilo passt noch Sattelhöhe und Vorbaulänge an, denn das ist für ihn Service. Dazu misst er mich von oben bis unten mit einem Maßband aus und überträgt die ermittelten Werte auf mein neues Bike. Den Vorbau tauscht er sogar aus, weil ich statt eines »120er, null Grad« einen »110er, fünf Grad« brauche. Meint Thilo zumindest, und der sollte es ja wissen. Eine Stunde später kann ich das Ergebnis bestaunen, meine ganz persönliche Geometrie. »Aha«, denke ich, »so sehe ich also aus, wenn ich Rad fahre, aber nicht da bin. Ziemlich sportlich.«

Wieder zu Hause rücke ich die Fächerpalme neben dem Sofa zur Seite und lehne stattdessen meinen Neuerwerb an die weiße Wohnzimmerwand. Es wäre herzlos, ein 4000-Euro-Rad in den dunklen Keller zu stellen. Ich sollte lieber schleunigst die Hausratversicherung aufstocken, falls mal ein Feuer ausbricht oder die Gasleitung birst. In der Küche passe ich meine NASA-Schuhe den Füßen an. Backofen an-, Mittelhitze ein-, Schuh rein- und den Fuß anschließend in diesen stellen. Himbeerchen bekommt fast die Krise, als sie die bereits im dünnkonsistenten Gelände ausprobierten Treter in der Backröhre sieht.

»Sag mal, hast du sie noch alle? Hol die Drecklatschen da raus. Also nee!«, ruft sie mit einem Ton, der einen Kinnhaken bei Ignorierung der Anweisung nicht unwahrscheinlich erscheinen lässt. Sportspleen und Beziehung sind schwierig vereinbar. Die investierten Stunden sind das eine, die Randerscheinungen das andere, fast noch größere Problem. Von Andi weiß ich inzwischen, dass es mit Corinna tatsächlich nicht mehr gut läuft. Sie fühlt sich vernachlässigt und denkt, Andi sei das Fahrrad wichtiger als sie. Letztens soll sie sogar misstrauisch an seinen Radklamotten gerochen haben, weil sie nicht glauben wollte, dass er wirklich Trainieren war.

Himbeerchen steht meinem Sporttreiben entspannt gegenüber. Leider lässt sie wegen des Toskana-Urlaubs nicht locker. Im Internet hat sie jetzt ihr Traumhaus gefunden, das zum Glück nur klappbare Wandetagenbetten hat, sonst hätte sie es schon gebucht. Zwei Wochen Toskana. Essen, rumsitzen, vielleicht noch shoppen. Mitten in der Wettkampfsaison, wenn man als vernünftiger Mensch in Dreierblöcken trainieren sollte! Eine Katastrophe. Ich muss es ihr sagen.

Keine einfache Zeit für Himbeerchen. Aber da muss sie jetzt durch. Immerhin bin ich meinem großen Ziel heute ein ganzes Stück näher gekommen. Vorsprung durch Technik – zumindest das.

# 6.

# Konterattacke im Berufsverkehr

&

Mit sanften, gleitenden Bewegungen kappt die Doppelklinge die letzten Verbindungsstränge zum Freizeit- und Breitensport: die Beinhaare. Abschaben, abspülen und ab in den Ausguss mit den Auswüchsen vergangener Tage. Glatte Beine signalisieren Professionalität. Sie vermitteln dem Betrachter Geschliffenheit. Was meist trügt. Denn optischer Eindruck und reale Leistungsfähigkeit können gerade bei Radsportlern weit auseinanderklaffen. Das liegt an der Rasierlaune unten herum, die ja in anderen Sportarten weniger verbreitet ist. Erstaunlich, wie muskulös, sehnig, ausdauernd, sexy und begehrenswert Beine plötzlich aussehen können, wenn sie nicht mehr von Haaren überwuchert sind. Wenn das Licht nicht im krausen Dickicht absäuft, sondern sich mit voller Leuchtkraft an großflächigen Sehnenkonturen brechen kann.

Rein betrachterisch bewirkt eine einzige Beinrasur mehr als 5 000 Radkilometer. Versiegelt man die frisch geglätteten Waden dann noch mit etwas Selbstbräuner aus dem Kosmetikarsenal der Freundin, sehen sie denen der Profis ziemlich ähnlich. Dauert gerade mal zehn Minuten. Natürlich ist man deswegen noch lange nicht so schnell wie ein Tour-de-France-Held. Das erreicht man dann doch nur mit Kilometerschrubben. Trotzdem liegt mir viel daran, meinen optischen Auftritt der Profiliga anzupassen. Die Beinglatze hat Signalbedeutung. Sie zeigt nach außen, was man tief in sich spürt. Ich kann mir inzwischen nicht mal mehr vorstellen, mit Flokatibeinen durch die Gegend zu laufen. Mit so einem verwahrlosten Pelz, der einen aussehen lässt wie aus einer Rubrik von »Brehms Tierleben« entlaufen.

Wie im normalen Leben ist Aussehen auch im Radsport die halbe Miete. Besonders jetzt, wo die Frühlingssonne nach kurzer Kleidung verlangt und man die Beine nicht mehr in Pantalons verstecken kann. Man geht nicht nur der Sache wegen zum Radfahren. Man geht sich zeigen. Was bisher nur auf Mallorca galt, ist spätestens Ostern auch auf der Hausrunde zu beachten: Beinpelz, zu lange Socken oder nicht eng auf schlankem Körper anliegendes Trikot = automatische Ausgrenzung aus dem Athletenkreis. Dies bedarf noch nicht mal eines Wortes. Die Distanzierung erfolgt ebenso subtil wie das Zugehörigkeitsgebaren. Wer nur einmal versucht hat, mit naturbelassenen Beinen an einem Biker im bunten Renndress vorbeizufahren, der weiß, wovon die Rede ist. Eher kommt die Maus an der Schlange vorbei. Rollt man dagegen mit dem richtigen Styling vorbei, ist die Reaktion ein freundliches Nicken als Zeichen geistiger Verbundenheit. Der Überholte wird noch nicht einmal sein Tempo anziehen. Alles nur wegen der Optik. Klingt brutal, ist aber so. Wettkampforientierte Biker können da schrecklich oberflächlich sein. Da investiert man schon gerne mal ein paar Hunderter in die aktuelle Kollektion, statt nachher elend auf der Windkante zu krepieren.

Ich hatte schon lange keine Startnummer mehr am Lenker. Doch die rasierten Beine, das 4000-Euro-Bike und die NASA-Schuhe lösen Rennfieber aus. Die zwölf Radwegkilometer zum Büro und zurück nutze ich inzwischen für regelmäßige Formtests. Ideal dafür geeignet: der Anstieg auf dem Rückweg bei Kilometer Sieben. 400 Meter Asphalt. Vorfahrtsstraße. Acht Prozent steil, ganz oben wahrscheinlich sogar neun. Unten eine Ampel. Und oben eine. Die perfekte Rennstrecke. Der Radweg ist die Hauptverbindungsachse zwischen den südlichen Trabantensiedlungen und der Innenstadt. Hunderte müssen da lang. Genug, um einen adäquaten Gegner für ein Duell zu erwischen. Die Sekretärinnen auf ihren Hollandrädern langweilen. Die Studenten auf ihren billig gezockten Sperrmüllgurken auch. Manchmal muss ich mehrere Grünphasen abwarten, bis ein ebenbürtiger Gegner neben mir steht. Ich erkenne ihn an seinem kurzen, abschätzenden Blick. Aus den Augenwinkeln werden Körperstatur, Fahrradtyp und Kleidung des Nebenmanns erfasst, um daraus Rückschlüsse auf dessen Form zu ziehen.

Ein Trekkingradler mit Bauchansatz wird es wegen des geringen Watt/Gewicht-Quotienten schwer haben, den 400 Meter langen Anstieg gleichmäßig schnell hoch zu drücken. Vielleicht wird er sich von meinem provozierenden Blick verleiten lassen und kurz zucken, dann aber die Ausweglosigkeit seiner Lage erkennen und auf Genussradler machen. Diese zu langhaarigen Ökofritzen mit ihrem ganzen sinnlos durch die Gegend geschleppten Schutzgerümpel: Spritzschutz, Diebstahlschutz, Kettenschutz, Durchschlagschutz. Gondeln rum wie Weltenbummler, die gerade von gefährlichen Expeditionen aus Kathmandu oder Irkutsk geradelt kommen, und sind schon stolz, wenn sie es mit ihren überfrachteten Vollausstattungsvehikeln am Wochenende in den nächsten Landgasthof schaffen. Nicht meine Liga.

Bei einem Leichtgewicht mit festem Blick, rasierten Beinen und Formader auf der Wade sollte man dagegen lieber noch eine Grünphase länger warten, um nachher nicht deprimiert nach Hause fahren zu müssen. Typen mit Aero-Lenkern sind mir am liebsten. Das Lenkergeweih signalisiert unmissverständlich: Jagdfieber. Durchatmen, die Wadenmuskulatur kurz durchdehnen, Lock-out-Hebel der Federgabel zudrehen, konzentrieren, dann gilt es: erst leicht versetzt ans Hinterrad hängen, den Gegner mit 32:14 treiben, von hinten beobachten, 40er-»Kraft am Berg«-Frequenz, die mit sechs Bar Hochdruck befüllten 1,9er-Reifen summen lassen, noch zwei Ritzel in Reserve.

Ist man selbst vorn und der Triathlet lutscht am Hinterrad, wird es schwierig. Entweder zieht der Typ oben aus dem Windschatten vorbei oder rettet sich auf der Hälfte in die Nebenstraße. Dann heißt es mit voller Kraft in die Bremshebel greifen und das Hinterrad driften lassen. Mit ein bisschen Glück findet man eine Lücke durch den Gegenverkehr der Nebenstraße zurück auf die rechte Fahrbahnseite, um sich ans Hinterrad des Deserteurs zu kämpfen. Man kann die Angst des vor einem Hechelnden förmlich riechen, trotz ranziger Wolke seines von Laufmaschen verunzierten 8oer-Jahre-Kunstfasertrikots. Würde er wirklich hier lang müssen, hätte er schon unten an der Ampel rechts abbiegen können. Um Gnade winseln soll die Laus! Also die silbern blitzende, mit Teflon-Öl geschmeidig gemachte Hyperglide-Kette auf die 44er-XTR-Scheibe geliftet, den Schmerz der aeroben Schwelle ignoriert und die Konterattacke gestartet. Wichtig dabei: eine Hand am Carbon-Lenkerhörnchen, locker, ohne weiße Knöchel, die andere ruht auf dem Lenkergriff, der Daumen scrollt durch das Menü des Radcomputers, der Mund ist geschlossen, zumindest so lange, wie man sich im Sichtfeld des Triathleten befindet, auch wenn sich der eigene Black-out durch Bluthochdruck ankündigt.

Dann, etwa 100 Meter vor der Kuppe, mit einem Fünf-Sekunden-Sprint die hierarchischen Verhältnisse klären. Aber niemals im Wiegetritt. Wiegetritt ist Schwäche. Heftig atmen auch. Deshalb ist es extrem wichtig, an der Zielampel entspannt in die Gegend zu schauen, auch wenn der Puls bei 190 rast. Luft anhalten, Atemreflex unterdrücken, gegen die drohende Ohnmacht ankämpfen. Bis der demoralisierte Gegner in eine weitere Nebenstraße biegt, um seinerseits heimlich die Atmung zu stabilisieren. Oder man selbst, was selbstverständlich auch mal vorkommt.

Meine Wahrnehmung hat sich verändert. Schaute ich vor ein paar Monaten noch selbst griesgrämig durch Autoscheiben in die Welt, blicke ich nun mit größter Verachtung in die Gesichter hinter den Autoscheiben um mich herum. Wie sie da frustriert in den Ampelschlangen stehen, am Leben satt gefressene Halbvampire, die in ihre Arbeitsgefängnisse aus Gipskarton drängeln, jeden Tag zur selben Zeit, um dann hupend die Stadt mit ihrem verhätschelten, teilbezahlten Metallic-Blech zu verstopfen. Wie sie fluchen über ihresgleichen. Wie sie aufgeregt in ihre Freisprechanlagen plappern, um die drohende Verspätung kleinlaut ihren Vorgesetzten zu beichten, als hätten sie gerade einen Fruchtzwerg auf ihr Sabberlätzchen gekleckert oder ihre Nuckelflasche fallen lassen. Wie sie mit totem Blick in die Smogwolke vor sich glotzen und von Pauschalurlaub träumen, von Sonne, einem Haus mit Hobbykeller und einem iPod als Abo-Prämie. Wie reingezwängt sie aussehen in ihre Bürokostüme, die sie privat niemals anziehen würden und darunter trotzdem ihr wahres ICH verstecken, um sich besser anzubiedern: dem Chef, den Kunden, dem Geld. Obwohl sie doch viel lieber in ausgewaschenen Bluejeans mit der Harley über die Route 66 knattern würden, die Nase im Wind statt vorm Vanille-Duftbaum. Leben spiegelverkehrt zu ihren Träumen, diese ganzen Lackaffen, die, genervt von den Radiowerbepausen – »20 Prozent auf alles, außer Tiernahrung« –, auf ihren Multifunktionslenkrädern rumdrücken und denken, das sei das Leben. Weil sie gar nicht wissen, wie süß Bergluft schmeckt, wenn man sie, auf dem mittleren Kettenblatt im Sitzen tretend, gierig in sich einsaugt. Weil sie das Kribbeln des Fahrtwindes bei der Abfahrt zurück ins Tal nicht kennen. Und wahrscheinlich noch nicht mal das »Viva Hate«-Album von Morrissey.

Seit ich mit dem Bike durch die Natur fahre, rücken wieder Dinge in den Mittelpunkt, die zur grauen Kulisse verblasst waren: Frühnebel, Schatten, Wiesenduft, Abendsonne, Blätterrauschen. Dinge, die ich gar nicht mehr wahrgenommen habe beim Hinterherhecheln hinter dem ultimativen Konsumglück. Getrieben von der Werbung, die einem ständig neue Träume einredet; die diese ganze elende Spirale am Laufen hält, die sich immer schneller dreht und bei der es einfach kein Ende gibt. Wie oft bin ich darauf schon reingefallen!

Besonders tückisch und Opfer fordernd ist die Spirale im Bereich der Elektronikartikel. Vor ein paar Jahren hatte ich mir von bunten Magazinbildern einreden lassen, dass ich ohne einen dieser neumodischen Riesenfernseher auf gar keinen Fall mehr weiterleben könne. Entscheidungsfördernd kam hinzu, dass der von Oliver Korittke gespielte »Keek« in »Bang Boom Bang« genauso ein Teil in der Wohnung hatte. Rückprojektionsfernseher hießen die Monster mit den Ausmaßen eines Kleiderschranks. Der Preis war entsprechend: jenseits meines Kontostandes.

Ich informierte mich wochenlang über die technisch wichtigen Details, bis ich alles über Megapixel, dynamische Kontrastverhältnisse und Receiver-Arten wusste, fand nach langer Suche das zu den Idealwerten passende Gerät, wurde zeitgleich Kunde eines Elektrofachmarktes und einer Direktfinanzierung, wuchtete das Flaggschiff der Elektronikindustrie mit vier Kumpels in die Wohnung – und war auch schon veräppelt: Nur Wochen später musste ich nämlich entsetzt in einer Werbeanzeige lesen, dass dieses (mein!) Supergerät gar kein Supergerät mehr war, sondern seit Neuestem ein Superschnäppchen. Nämlich zum Auslaufmodell gealtert. Auf der gleichen Werbeseite ungeniert angepriesen der neue Trend: Plasma-TV. Noch brillanter! Noch besser! Jetzt kaufen! Und in schwarzen Riesenlettern – die halbe Seite ausfüllend – Gedankenübertragung: »Ich bin doch nicht blöd!«

Der Konsumterror kann mich mal. Ich habe das Gefühl, eine Menge verpasst zu haben vor der Riesenglotze. Das Schwitzen im Wald ist wie eine Entgiftung vom Alltagsschrott, mit dem ich mich lange genug zugemüllt habe. Das Mountainbiken hat mir eine Erkenntnis beschert, auf die ich alleine niemals gekommen wäre: Ich bin glücklich, wenn ich dreckig bin! Deshalb fahre ich fast täglich. Ein Ritual, das nach einem bewährten Muster abläuft: eine Stunde vor Feierabend in der Büroküche eine Schüssel voll Haferflocken zehn Minuten lang in zimmerwarmer Milch aufweichen, um die Mauke anschließend als Treibstoff für die Feierabendrunde runterzuwürgen. Dann auf der Toilette umziehen. Normalklamotten in den Spind, Kochwäsche in den Rucksack. Anschließend das Carbonrad vom supergehärteten Bügelschloss befreien und auf den Asphalt stellen.

Zunächst ein paar Kilometer mit 30er-Schnitt im G1-Bereich auf Radwegen stadtauswärts rollen. Den Körper, der im Bürostuhl in den untertourigen Bereich gesackt ist, mit sanften Pulsspitzen aufwecken, während der Fahrtwind die glatten Beine liebkost. Aber Achtung! Radwege sind tückischer als Wurzelpfade. Wenn die Heimkehrer in ihren beheizten Autoledersitzen einnicken und aus den Nebenstraßen schießen, sollte der Finger abzugbereit am Bremshebel liegen! Ist er auch. Man weiß ja, dass sie kommen und pennen und sich erschrecken und dann hupen und fluchen. Meist ist es kein Problem, ihnen auszuweichen. Ihr Tran ist vorhersehbar. Wie langweilig wären Radwege ohne diese Halbwachen. Trotzdem stellt man sich wütend, täuscht einen Beinahe-Crash vor und reckt ihnen den Mittelfinger entgegen. Damit sie endlich aufwachen und merken, was für Transusen sie sind.

Gefährlich auch Hundebesitzer, die an jedem Strauch die Laufleine freigeben, damit ihr undichter Köter das Revier markieren kann, durch das aber blöderweise der Radweg verläuft, über den man infolge einer Gefahrenbremsung schließlich mit blockierten Reifen radiert. Oder Inlineskater, die größte Innenstadtplage seit der Erfindung des Cabrios. Stolpern gelenkgepolstert auf kleinen, dünnen Kunststoffröllchen von Lichtmast zu Lichtmast und nennen das Speedskaten. Diese selbstgefälligen Bewegungskrüppel mit ihren Klickverschluss-Gürteltaschen, in denen sie ihre Handys transportieren, wenn sie mit ihnen nicht gerade aufgeregt ihren Standort durchgeben, wozu auch immer.

Irgendwann beginnt der Schotterweg, der das Ende der kommunalen Bebauungszone markiert. Wie klar hier die Luft plötzlich ist, wie still der Moment. Eine Oase des Friedens in Schlenderweite vom lärmenden Groß- stadtmorast, die weder Eintritt kostet noch Qualifikationen erfordert und trotzdem vom Gros der Bevölkerung ignoriert wird. Gut für mich. Denn so kann ich mich auf den freien Wegen austoben. Beschleunigen, im Wie- getritt die kurzen Anstiege hochjagen, auf der Ideallinie bergab. Vorsicht, wenn man vor einem Anstieg zu einem anderen Fahrer aufschließt. Lieber erst einmal lauernd dahinter bleiben und später attackieren, wenn der eige- ne Kräftevorteil sicher ist. Eine Art erwachsene Form von Räuber und Gen- darm. Jedes Mal schwitzt man dabei seine Pubertät noch einmal aufs Neue aus. Wahrscheinlich ist es das, was ich an diesem Sport so liebe – er hält jung, wach, fit. 28 Jahre nach der Einschulung ist der Spieltrieb in mir wie- der erwacht. Dazu passend: die Rüffel, die ich mir von Himbeerchen neuer- dings einhandle, wenn ich wieder Schlammkrumen an meinen eingesauten Klamotten in die Wohnung geschleppt habe. Die Welt ist schön. Alles läuft bestens. Jedenfalls fast.

Das leidige Thema Ernährung stellt noch immer ein gewisses Problem dar. Ich hätte nie gedacht, wie schwer es ist, Essensmenge und Energiever- brauch ins Gleichgewicht zu bringen. Dramatische Szenen sind das, die sich manchmal in der Küche abspielen. Komme ich ausgehungert vom Training nach Hause, passiert es regelmäßig, dass ich völlig außer Kontrolle ein Glas Nuss-Nougat-Creme auslöffle. Oder Wurstscheiben um eine Banane wick- le, diese in eine ausgehöhlte Semmel stecke, die verbleibenden Hohlräume mit Marmelade ausgieße und das Ganze mit zwei Bissen herunterschlinge. Hinterher bin ich regelrecht schockiert über mein Verhalten und habe rie- sige Schuldgefühle, weil die gerade so mühsam abtrainierten Gramm wie- der auf den Hüften sind und ich ja eigentlich nur Chicorée essen wollte und stilles Mineralwasser trinken.

Oder ich schaffe es einige Stunden, mich vorbildlich auf Körnerbasis zu ernähren, und schlinge dann kurz vor der Nachtruhe unterzuckert eine Schokoladentafel in mich rein. So oder so: Schwimmring reloaded.

Schwierig auch die Nahrungsaufnahme *vor* dem Radfahren. Eigentlich *esse* ich vor längeren Einheiten gar nichts mehr, sondern *trinke* nur noch energieschwangere Kohlehydratkonzentrate. Die Dosen kaufe ich in der »Body Factory«, was derzeit mein einziger Kontakt zu Spinning-Melli und ihrem Fitness-Studio ist. Das spart Zeit und Mundbewegungen. 1500 Kilojoule pro Glas! Oder in der Sprache der Weight Watchers: alle Tages-Points auf einen Schluck. Schön und gut, so lange das geplante Training dann in voller Länge absolviert wird. Leider ist es schon wiederholt passiert, dass sich die Wetterlage zwischen Frühstück und Losfahren extrem verschlechtert und das Training vereitelt hat. Die Kalorienbombe war plötzlich nicht mehr nur flüssig, sondern überflüssig! Der Treibstoff musste wieder raus, bevor ihn mein auf Höhlenleben fehlprogrammierter Körper für die nächste Eiszeit als Fettkonserve einlagert. Wenn man 1500 Kilojoule in sich trägt und draußen der Regen waagerecht steht, ist das ein widerwärtiges Gefühl. Da bleibt keine Wahl: Finger in den Hals! Lausig ist das, vor dem nach WC-Frischestein stinkenden Klo zu knien, den Zeigefinger am Gaumen, und vor Wut fast zu heulen, weil man sich nicht richtig traut und das Rückwärtsessen nicht funktioniert.

Aber das sind Kleinigkeiten, verglichen mit der Ausgangssituation.

# 7.

# Ganze Kerle, halbe Sache

Alles kann, nichts muss. Der Schlachtruf der Swinger gilt vor allem in der unmittelbaren Vorbereitungsphase eines Marathons, nämlich der Reise dorthin. Doch entgegen der freizügigen Kleiderordnung in Durcheinander-Clubs bedeutet das: Klamotten aufschichten, so viel wie geht. Es kann regnen, muss aber nicht. Es kann warm sein, muss aber nicht. Die Launigkeit der Natur lässt einem keine andere Wahl: Packorgie im Namen des Zwiebelprinzips. Langes Trikot und lange Runde? Oder kurzes und dann lieber kurz entschlossen die kurze? Gleiches Abwägen bei Hose, Socken, Handschuhen. Schließlich Wühlen in der Schmutzwäsche nach der übel versifften Regenjacke, die dort seit Wochen auf die dringend nötige Reinigung und anschließende Wiedereingliederung in die häusliche Kleiderordnung wartet. Doch darauf kann sie lange warten. Und zwar nun in meiner Reisetasche.

Gerade mal zwei Tage werde ich unterwegs sein, aber dabei mehr Kleidervolumen mit mir rumschleppen als beim Trainingslager auf Mallorca. Und das war mit einer Woche vergleichsweise lange. Geschafft zerre ich am widerspenstigen Reißverschluss meiner präventiv vollgestopften Nylonreisetasche, als mich Nerv-Frage Nummer eins erreicht:

»Schatzi, hast du deine Zahnbürste eingepackt?«

Ich fühle mich sofort 30 Jahre jünger. Doch meiner bissigen Antwort, dass ich NATÜRLICH alles eingepackt habe, zieht Himbeerchen wortlos den Stecker. Triumphierend wedelt sie mit meiner Zahnbürste. Ehe ich die Augen verdrehen und »danke, Mutti« sagen kann, steckt sie mir noch einen in Frischhaltefolie umgefüllten Klecks Zahnpasta zu. Nicht dass ich noch die gemeinschaftliche Tube entführe und wie immer im Hotel vergesse.

»Männer!«, sagt sie.

»Frauen«, denke ich.

Ich staue mich durch den samstäglichen Freizeitverkehr zu Andis Wohnung. Auf die nächste Grünphase wartend, studiere ich die Schlagzeilen der bunten Presse, mit denen deren Selbstbedienungsboxen in riesigen Schreibuchstaben tapeziert sind: »Michelle – So nutzen mich die Männer aus«. »Bewiesen! Ei war vor der Henne da«. Und: »Ich will mehr Sex als mein Mann«. Na, dann ist ja alles bestens. Zeitungen wie diese vermitteln an Tagen wie diesem den herrlich märchenhaften Eindruck, als würde die gesamte Weltbevölkerung – wenn überhaupt – allerhöchstens mit Michelle im Clinch liegen.

Obwohl man diese Art Druckerzeugnisse eigentlich nicht gut finden darf, lese ich sie regelmäßig. Nicht um mich zu informieren, dafür sind die Schundblätter absolut ungeeignet, sondern um mich aufzubauen. Wenn das Heer der C-Prominenten die Seiten mit Bulimie-, Konkurs-, Scheidungs-, Schmiergeld-, Drogen- und Betrogenbeichten verstopft, kommen einem die eigenen Problemchen gleich harmlos und unbedeutend vor. Die Namen der angeblich Berühmten hat man eh sofort wieder vergessen. Meist sind sie ohnehin nichts weiter als inzestuöse Züchtungen der Gesellschaftsredakteure, die mit dieser Füllmasse für einen nie versiegenden Strom an Katastrophennachschub sorgen.

Himbeerchen hat mir ein kleines Geschenkpaket mitgegeben und die Bastelei mit ihrem Lieblingsparfum besprüht. Ich musste ihr ins Ohr pustend zwei Dinge versprechen. Erstens, das Paket erst im Hotel zu öffnen. Und zweitens, beim Rennen schön langsam zu fahren, damit ich nicht hinfalle. Jetzt riecht das ganze Auto wie eine Douglas-Filiale. Andi ist beim Einsteigen etwas irritiert:

»Tach, Meester! Was is' denn hier los? Das riecht ja wie im Puff.«

»Quatsch, nach Himbeerchen. Glückspaket, damit ich mir nichts breche«, sage ich und drehe mich interessiert zu ihm rüber: »Und, was hat Corinna dir mitgegeben, 'ne Diddlmaus für den Trinkrucksack?«

Andi druckst herum. Ungewöhnlich lange würgt er an der Antwort. Etwas bedrückt ihn, das merke ich sofort, auch wenn er nach außen hin um Haltung bemüht ist.

»Nix Diddlmaus. Corinna hat Schluss gemacht. Vorgestern. Die wohnt jetzt bei ihrer komischen Freundin Sabine, bis wir unsere Wohnung aufgelöst haben.«

Ich kann nicht glauben, was ich da höre. Zwar konnte ich mit seiner Corinna noch nie etwas anfangen. Doch das geht mir nun wirklich nahe. »Mist«, murmle ich mein Beileid und drehe betreten den Zündschlüssel. »Und wieso?«

»Weiß auch nicht genau. Naja, so richtig lief da ja schon lange nichts mehr. Mit meinen Schichten hat das angefangen. Immerzu früh um drei raus, dann wieder erst nachts heim. Bereitschaftsfreundin nennt sie sich, nur weil ich nicht jeden Tag zum Kaffee zu Hause bin. Aber seit ich jetzt mit dem Training angefangen habe, ist sie komplett komisch. Die denkt, ich würde in der Zeit immer bei einer anderen Tussi sein. Das mit dem Wäschekorb habe ich dir ja erzählt oder? Wo sie an meinen Radklamotten gerochen hat, ob die wirklich nach Schweiß riechen.«

»Und, haben sie? Wenn nicht, dann hätte ich ja morgen gute Karten«, versuche ich Andi aufzumuntern.

»Natürlich, ich bin schön G1 gefahren«, empört sich Andi und zieht zum Beweis seine dreiviertelkurzen Hosenbeine höher. Frisch geglättete Waden. Keine einzige Stoppel ist zu sehen. Die Haut schimmert matt, er hat sich wohl gerade noch eine Feuchtigkeitslotion draufgeschmiert, damit die Muskelkonturen besser rauskommen. Kein Zweifel, Andi ist perfekt vorbereitet. Ich dagegen muss meine Stoppelbeine unter langen Hosenbeinen verbergen, weil ich bei dem ganzen Packstress nicht mehr dazu gekommen bin, sie zu rasieren. Aber das kann ich ja später im Hotel noch nachholen.

»Und nun?«, hake ich nach.

»Keine Ahnung. Ich werd' mal mit ihr reden, wenn wir zurück sind. Die ist halt durchgedreht, weil sie heute zum Frühlingsfest ins Möbel-Center wollte. Aktionstag mit Rabatt und Frühstück für Zweineunzig. Dabei brauchen wir gar nichts. Seit Wochen steht doch außerdem fest, dass wir an diesem Wochenende Marathon fahren. Spinnt die?«

»Genau«, knuffe ich Andi verbrüdernd in die Seite: »Die spinnt. Lass die Girls mal das Wochenende lang Probleme wälzen und im Möbelhaus frühstücken. Wir fahren jetzt die Kette straff machen, und nächste Woche lädst du Corinna mal schön zum Essen ein.«

Ich schwimme im Innenstadtverkehr Richtung Autobahn mit. Durch die Heckscheibe sehe ich jetzt gar nichts mehr. Andis pralle Reisetasche versperrt die ganze Sicht. Sicher hat er wieder die Zahnbürste vergessen.

Bis zum Reiseziel, einem aus Heimatfilmen bekannten Alpenort, werden wir genau 2:48 Stunden unterwegs sein, Pinkelpause nicht einkalkuliert, denn »Routenplaner« interessieren sich für menschliche Bedürfnisse herzlich wenig. Andi hat die Strecke vorsorglich im Internet berechnet und ausgedruckt, obwohl wir kein einziges Mal abbiegen müssen. Unsere Stimmung hat etwas von Klassenfahrt. Vorfreude. Aufregung. Und gehörig Bammel vor dem obligatorischen Strip-Poker. Denn morgen werden die Hosen runtergelassen, so viel ist klar. Entweder kehren wir als Finisher heim oder als Versager. Heldenmissionen kennen keine Graustufen.

Ich schalte das Radio ein, in dem ein gewisser »Mike und sein Gute-Laune-Morgen-Team« betont morgenmunter den »besten Hitmix der 8oer und 9oer« präsentieren. Eine Ilona aus Passau wünscht sich »Forever Young« von Alphaville, grüßt damit ihren allerliebsten Mausi-Schatzi Peter und sagt, dass die Achtziger ihre »geilste Zeit« waren. Dann hat sie wohl diesen Peter kennengelernt. Höchste Zeit, die mitgeführten Musikkonserven zu bemühen, was jedes Mal einen Schlüsselmoment bei Autofahrten darstellt. Als Besitzer des bewegten Fahrzeugs hat man automatisch die Funktion des Programmdirektors. Ob man nun will oder nicht. Leiert unverbindlich das Radio, wird jeder die Schuld für die Unterhaltungsmisere auf den lustigen Launemoderator schieben. Meist wird diese Art von Geräuschbelästigung sogar ergeben hingenommen wie Baustellenlärm. Nicht aber bei bewusst herbeigeführter Beschallung. Man will maximal gefallen, wenn man die Regie über das Autoradio übernimmt. Höchstwahrscheinlich stellt dieser Moment sogar das Höchstmaß an möglicher Eitelkeit dar. Musik ist der Schlüssel zum Herzen der Menschen. Ganze Nächte habe ich vor der Stereoanlage verbracht, um vorbereitet zu sein. Früher hatte ich für jede Situation das passende Mix-Tape im Auto. Die Mischmaschkassetten mit den aufgekrakelten Totenköpfen waren härterer Spielart und für Fahrten mit den Kumpels bestimmt. Die darauf konservierten Bands hatten böse Namen wie *Megadeath, Slayer* oder *Abstürzende Brieftauben.*

Die weniger abgegriffenen Kassetten mit Hippie-Symbolen waren für den kostenlos angebotenen Nachhausefahrservice von weiblichen Disko-Bekanntschaften, nicht ohne Hintergedanken aus geborgten *Kuschelrock*-Samplern zusammengestellt. Hier waren die Künstler zweitrangig, da nur Mittel zum Zweck. Heute benutzen nur noch Leute mit Karottenjeans Tapes, meist bespielt mit »Best of«-Alben ergrauter Musikgötter. Die Frucht des Fortschritts heißt MP3. Ich scrolle durch die Playlists, die Mixkassetten des Digitalzeitalters. Was früher mit Totenkopf codiert war, blinkt jetzt als »Sport frei« benannte Abspielliste auf dem Display. Die Hippie-Blümchen als »Rocken und Poppen«. Der gefällige Britpop als »Locker und fluffig«. Anwählen, mit blauem Balken markieren, bestätigen und los. Nicht zu hart, nicht zu weich. Etwas zahnlos, meinetwegen, aber nur nicht anstößig. Mittelweg. Kompromiss. Kleinster gemeinsamer Nenner. So in die Richtung.

Campino von den Toten Hosen hat einem Interviewer einmal verraten, woran man eine gute Platte erkennt: Man kann zu ihr Sex haben, die Wohnung aufräumen und Auto fahren. Nicht gleichzeitig natürlich. Sondern sowohl als auch. Damit fällt seine Combo allerdings durchs Raster. Schließlich kann ich mich nicht erinnern, das Laminat je im Takt der Toten Hosen gewienert zu haben.

Die Autobahn ist gefüllt mit potenziellen Konkurrenten. Hohlwangige Kraftfahrer mit gestapelten Reisetaschen auf der Rückbank und geputzten Mountainbikes auf dem Dach. Im Vorbeifahren versuchen wir die Trainingsform der Gegnerschaft zu analysieren. Ein lustiges Unterhaltungsspiel mit Schubladen und Klischees. Glitzer-Bike auf Glitzer-Limousine bedeutet zum Beispiel wenig Gefahr. Schließlich muss deren Besitzer hart für seinen Wohlstand arbeiten, den ganzen Tag Sushi essen und auch mal die

Sekretärin vernaschen, weswegen gezwungenermaßen beim Training ge-schlampt wird. Typen mit gequälten Bikes auf gequälten Kleintransportern sind schon gefährlicher, da meist Indiz für dauerstudentische Lebensform mit einem enormen Budget an Frei- und damit Trainingszeit. Weniger zu beneiden sind Lenker von Familienkombis mit teuren High-End-Rädern des aktuellen Modelljahrs am Heckgepäckträger, besonders wenn Fenster-aufkleber (Tim-Joanna-Lisa-wer-auch-Immer an Bord) auf eine noch junge Vaterschaft hinweisen. Erstens: wegen chronischen Schlafmangels erfah-rungsgemäß schlecht in Form. Zweitens: wegen Verschwendung finan-zieller Haushaltsmittel von der Liebsten meist auf Liebesentzug gesetzt. Vielleicht aber auch inzwischen vor die Tür. So genau weiß man das ja dann doch nicht.

Am frühen Nachmittag erreichen wir den Alpenort.

»Wahnsinn, das sind mal richtige Berge. Meine Güte, und da müssen wir morgen hoch«, staunt Andi.

Ich nicke eingeschüchtert. In der digitalen, der Internet-Version, wirk-te die Kulisse einladend, freundlich, setzkastenartig. Die analoge Version wirkt bedrohlich. Wie hingekleckerter Beton sehen die Gipfel aus, die sich unendlich hoch in die Schäfchenwolken bohren. Die Vorstellung, der Na-turgewalt morgen mit nichts außer Muskelkraft entgegenzutreten, schüch-tert gewaltig ein. Was da alles passieren kann! Lawinen. Wetterumschwün-ge. Felsspalten. Vielleicht sogar wilde Tiere. Kennt man ja aus dem Früh-abendfernsehen, wenn sich wieder irgendwo Männer in reflektierender Kompetenzkleidung an Hubschrauberstrickleitern abseilen, um ein *Opfer* zu bergen, zu retten oder überhaupt erst einmal *zu finden*. Und dann geben die zugeschalteten Vor-Ort-Blutsauger ab an die Katastrophenmoderatoren im Studio, die mit ihrer Betroffenheitsmiene Schauspieltalent beweisen und von einer *Tragödie für die Hinterbliebenen* sprechen und unten rechts die Spendennummer einblenden. Ganz schön dämlich, sich freiwillig solchen alpinen Gefahren auszusetzen. Schlimmer noch, sie einfach zu ignorieren. Ein seltsames Freizeitverhalten. Glück durch Ausblendung nämlich.

Wir rangieren durch das enge Spalier der bunt beklebten Vereinsbusse, finden schließlich doch einen Parkplatz und nach einigen Fehlversuchen sogar die Startnummernausgabe. Überall kurbeln Biker durch die Straßen, die viel vorteilhafter aussehen als wir, was vorübergehend unsere Stimmung drückt. Auf dem Festivalgelände läuft das sogenannte Rahmenprogramm: Bratwurst essende Menschen, Kaltgetränke aus Zapfhähnen und mittendrin die »Airshow«, bei der sich gerade ein Akteur bei seinem großspurig angekündigten »Trickfeuerwerk« in den Krankenstand katapultiert. Nun liegt er da wie verdroschen und schämt sich.

Die Startnummern gibt es in der Mehrzweckhalle des Alpenorts. Ein riesiges Banner heißt uns in acht Sprachen willkommen. Wir folgen den in Plastikfolie laminierten Richtungshinweisen bis zum Aushang »Mittlere/Lange Strecke, 301 – 600, schwarz« unter dem Babsi (so das Namensschildchen) offenbar nur auf uns gewartet hat.

»Hallo«, sagt sie kumpelhaft und dann mit dem Zeigefinger die Starterliste absuchend: »Oh, das ist ja komisch.« Unsere Namen seien nicht zu finden. Da hätte der Ecki wohl Mist gebaut, der Spacko, der habe die Listen gemacht, sei aber jetzt draußen bei der Airshow. Sorry, sie müsste mal schnell den Richi anfunken, vielleicht weiß der ja, aha, die andere Liste, die mit »Senioren Fun« überschriebene, alles klaro, aber wir würden ja auch so profimäßig aussehen, da habe sie bei »Lizenz« geschaut, egal, okay, einfach hier unterschreiben. Babsi schiebt uns ein Formular mit einem größeren Absatz in winzig kleiner Acht-Punkt-Schrift über die Theke. Darauf sollen wir unter anderem bestätigen, dass wir »ausreichend trainiert sind, um die hohe körperliche Belastung, die aus der Teilnahme einer derartigen Veranstaltung resultiert, zu verkraften.« Woher sollen wir das wissen? Um das herauszufinden, sind wir ja den langen Weg hierhergefahren. Wir unterschreiben trotzdem.

Zusammen mit der Nummer händigt uns Babsi auch das »wertvolle Starterpaket« aus. Am erstbesten Stehtisch schüttele ich die Wundertüte erwartungsfroh aus. Da wären: ein Bierplexiglas. Ein unmodernes Trikot. Zwei Tüten »dreifach Eiweißpulver zur gezielten Low-Carb-Ernährung«, drei Powergels »Try it, feel it«, eine Werbekarte »get your own picture – Ihr persönliches Erinnerungsfoto vom Event«, eine Zeitschrift mit dem Titelthema »Panamericana Nonstop, Tagebuch auf 17 Seiten« sowie zahlreiche weitere gut gemeinte Produktinformationen. In der Sparkassentüte könnte ich morgen zumindest meine Schmutzwäsche geruchsarm retour transportieren.

Wie es am Vorabend eines Marathons Tradition ist, besuchen wir die als Tageshöhepunkt angekündigte Nudelparty. Die Sause steigt im Festsaal der Mehrzweckhalle. Doch die Ausgelassenheit hält sich in Grenzen. Keine Musik. Kein Paarungsverhalten. Keine Stroboskopblitze. Keine fliegenden Teigwaren. Nicht mal Go-go-Nackedeis, die sich frivol mit Bolognese einreiben. Nur bunt beschriftete, den Oberkörper über die holzfurnierten Tischplatten gebeugte, still kauende Asketen. Hell durch den Raum hallendes Tellergeklapper. Und Nudeln mit neutral schmeckender Soße. Mehr Henkersmahlzeit als rauschendes Fest. Der Name Nudelparty ist ein in die Irre führendes Wortkonstrukt. Durch die Assoziation mit fliegenden Papierschlangen werden völlig falsche Erwartungen ausgelöst, ähnlich wie die als »Happy Hour« apostrophierten Trauerstunden in schlecht laufenden Trinklokalen. Denn die Tiefpreiszeit hat ja eigentlich nur einen einzigen Grund: Nichts ist los und eben niemand happy.

Das Hotel heißt »Alpenblick«, was sich auf die Südseitenzimmer bezieht, zu denen unseres leider nicht gehört. Wir nehmen den Aufzug, obwohl das Zimmer nur einen Stock über der Rezeption liegt. Wir müssen Kräfte sparen. Ich mag Hotelzimmer, diese schwebenden Orte zwischen Eben und Gleich. Sie leiten über von Anreise zu Reisezweck. Der Teppichboden federt schön moosig. Man kann die Schuhe an- und die Handtücher in der Gegend herumliegen lassen. Ebenso das Bett zerwühlen und im Bad rumplanschen. Und kommt man vom Frühstück zurück, ist die Bude wieder picobello. Alles ist herrlich sauber. Unser Badezimmer funkelt wie in einer Reinigungsmittelwerbung, in der die ultraschlanke, blendend aussehende Hausfrau gerade noch schnell die Blümchenfliesen zum Funkeln gebracht hat, bevor sie zum Marathonlauf gestartet ist oder mit dem Geländewagen zum Wochenendeinkauf.

Es ist spät geworden bei dem ganzen Präparationswahnsinn, der einen Marathon unmittelbar begleitet: Startnummer holen, Nudeln essen, Hotel suchen, Räder zusammenbauen, Klamotten rauslegen, Startnummer anbringen, Kleinutensilien wie Werkzeug, Energieriegel und Windjacke in die Trikottaschen stopfen, ein anderes Trikot besser finden, Startnummer ab- und wieder anstecken, Trikottascheninhalt umpacken, Beine im Waschbecken rasieren, Hotelrezeption mit dem Weckdienst beauftragen.

Das schummrige Licht der Nachttischlampen kämpft gegen die Nacht wie ich mit der Aufregung. Morgen also werde ich mein Comeback geben, mich der Prüfung unterziehen, die meinen Lebenswandel schwarz auf weiß benoten wird. Die Ergebnisliste wird Zeugnis meines Körpers sein. Jeder wird sie einsehen können, egal ob hier im Ziel anhand der aushängenden Rangfolgen oder von sonstwo aus im Internet. Mit ruhiger, tiefer Pressatmung versuche ich die Kontrolle über meinen Puls zurückzugewinnen, während meine Handflächen über das steif gemangelte Bettlaken streichen. Andi kämpft noch immer fluchend mit seiner Startnummer. Ständig nadelt er die Trikottaschen beim Versuch zu, die Nummer mittig unten zu platzieren, so wie es die Profis immer tun.

Ich fische die Fernbedienung vom Nachtschränkchen und tippe so lange darauf rum, bis der postkartengroße Bildschirm aufflackert. Die Tasten sind von den ständig wechselnden Urlauberfingern derart abgegriffen, dass keine Symbole mehr zu erkennen sind. Eine Dame reiferen Alters kämpft mit ihrem widerspenstigen Stringtanga. Stöhnend schält sie sich aus dem letzten verbliebenen Rest ihrer Wäsche, vertont von einer Art Warteschleifenmelodie, unterbrochen immer wieder von Beate-Schmuse-Werbung. Andi macht mir deutlich, dass ich den Pay-TV-Scheiß gefälligst selbst bezahlen soll. Dabei läuft doch nur das Abendprogramm des DSF.

Wie ein altes Ehepaar liegen wir nebeneinander. Ich habe mich nach ganz außen an den Rand der Matratze gerollt. Wie immer, wenn ich mit einer anderen Person als Himbeerchen in ein Hotelehebett quartiert werde, in dem es noch nicht mal eine mittige Schwiegermutterritze als Reviergrenze gibt. Nachts lege ich größten Wert auf einen halben Meter Mindestabstand. Doch so viel Intimsphäre ist in den meisten Herbergen einfach nicht drin. Auf Dienstreisen lande ich fast immer mit einem Kollegen im ritzenlosen Doppelbummsbett, weil der Einzelzimmerzuschlag der Firma zu teuer und Arbeitspartnerschaften in Rezeptionistenaugen offenbar automatisch auch welche fürs Bett sind. Ein Wunder, dass sie einem nicht noch eine Piccoloflasche Rotkäppchen-Sekt aufs Kopfkissen legen statt der obligatorischen Begrüßungs-Gummibärchen-Tüte. Reise ich dagegen mit Himbeerchen, müssen wir ständig die beiden meterweit auseinandergestellten Einzelbetten unseres gebuchten Doppelzimmers zu einer Kuschelliegewiese zusammenschieben, auf der dann der extratiefe Schwiegermuttergraben Annäherungsversuche fast unmöglich macht. Apropos Himbeerchen. Ich ziehe die duftende Packung aus der Tasche und reiße sie auf. Zum Vorschein kommt ein Paar Socken. Sie scheinen nicht ganz neu. Eher das Gegenteil, bis zum Kochwaschgang vorgespult. Himbeerchen hat sie in Salzwasser eingelegt. Damit ich die ausgeschwitzten Mineralien über die Füße wieder aufnehme. Krämpfen soll das vorbeugen. Hat sie gelesen. Hat sie geschrieben. Vielleicht will sie mich auch einfach nur veräppeln. Entsetzt starre ich auf die gesalzenen Füßlinge, die an meinen ausgestreckten Armen baumeln.

»Und, Schiss?«, fragt Andi und knipst das Licht aus.

»Schiss? Quark!«, antworte ich entgegen meiner tatsächlichen Gefühlslage: »Wieso denn?« Von der ganzen Aufregung habe ich sogar etwas Kopfschmerzen. Vom Nacken her überzieht das Drücken die gesamte Schädeldecke. Hoffentlich kann ich schlafen.

»Wir kurbeln da morgen einfach gemütlich rum und fertig ist die Laube«, sage ich betont gleichgültig in die Stille. Wenn ich jetzt Schwäche zeige, wird Andi Morgenluft wittern und gleich am ersten Berg angreifen. Auf keinen Fall darf ich ihn moralisch stärken. Vorhin beim Zähneputzen habe ich extra abergläubisch eine Wimper weggepustet und mir nur eines gewünscht: vor Andi im Ziel! Ein kleiner Vorsprung würde schon reichen, um den Druck in Hinblick auf den Cristalp von mir zu nehmen. Ich wäre in der Zwischenwertung vorn. Denn eines ist klar: Der Cristalp ist in erster Linie ein Duell zwischen Andi und mir. Erst in zweiter Linie eines mit der Topografie. Jeder aus unserem Bekanntenkreis wird am Montag fragen, wer von uns beiden wen abgehängt hat. Nicht, ob wir die mittlere oder große Runde gefahren sind. Wen interessieren schon solche Details?

»Weißt du, was ich richtig krass finde?«, frage ich in die Stille und werfe die Salzsocken in die Richtung, in der ich meine Reisetasche vermute.

»Nee, was denn?« Andi klappt die Decke zur Seite, dreht sich um 180 Grad und legt die Beine die Wand hoch.

»Dass wir bei den Senioren starten müssen. Wir sind doch gerade mal knapp über 30.«

»Alte Säcke eben, da siehst du es.«

»Echt deprimierend. Wieso können die das nicht wenigstens Herren nennen? Oder Erwachsene?«

Der Lichtstreif eines vorbeifahrenden Autos huscht grell durchs Zimmer. Ich schaue zu Andi. Der liegt stumm in Klappmesserstellung auf dem Rücken, die Hände auf den Bauch gelegt, die Augen geschlossen.

»Sag mal, wieso liegst du denn so komisch da?«, will ich wissen.

»Da läuft das Blut aus den Beinen zurück in den Körper, damit die Muskeln morgen schön locker sind«, nuschelt Andi auf sich selbst konzentriert.

Das Getue macht mich etwas nervös. Solche Yogaverrenkungen hat er doch sonst nie gemacht.

Wortlos drehe ich mich einmal um die eigene Achse und lege meine Beine neben die von Andi an die Wand. Vom beschriebenen Blutstrom merke ich nichts. Braucht vielleicht noch einen Moment.

Andi schaut mich verdutzt an.

»Du, wie machen wir das jetzt morgen? Lange oder mittlere?«, fragt er und schließt wieder die Augen. Er meint die Runde. Anders als bei Laufmarathons darf man sich nämlich bei Radveranstaltungen unterwegs noch zur Dauer der Qual entscheiden. Das lässt einem einerseits ein Hintertürchen, oder besser gesagt einen Notausgang offen, bietet dem inneren Schweinehund am Abzweig andererseits aber auch unnötig Futter. Besser man legt sich vorher fest.

»Lange natürlich«, sage ich und könnte mir für meine Großmäuligkeit in den Hintern beißen. Jetzt gibt es kein Zurück mehr.

»Okay, dann lassen wir morgen mal richtig den Bullen brunzen«, murmelt Andi und dreht sich dann in Schlafstellung. Ich lasse meine Beine noch ein bisschen an der Wand. Dann schlafe ich ein, mehr aus Erschöpfung als aus Müdigkeit.


Der hoteleigene Weckservice klingelt uns um sechs Uhr aus dem Halbschlaf. Viel habe ich nicht geschlafen. Ständig bin ich wach geworden, aus Angst den Weckruf zu verpassen. Unten im Frühstücksraum singt Eros Ramazzotti gerade irgendwas mit Amore. Ich schlinge innerhalb von wenigen Minuten vier Schüsseln Cornflakes mit Erdbeerjoghurt in mich rein. Andi rührt sich das »dreifach Eiweißpulver zur gezielten Low-Carb-Ernährung« aus dem Starterpaket in ein Glas Milch und erhofft sich damit wohl einen Vorteil. Nur noch knapp eine Stunde bis zum Start. Andi nimmt zwei Treppenstufen auf einmal, als wir vom Frühstück zurück ins Zimmer hasten. Eine unterschwellige Kampfansage.

Der Startbereich befindet sich in der Fußgängerpassage. Bevorteilt werden Beitragszahler mit »Lizenz« genannten Plastikkarten des Bundes Deutscher Radfahrer. Und Frauen, diese sogar pauschal. Die Fußgängerpassage ist mit verzinkten Gittern in drei Startblöcke aufgeteilt. Vorne am riesigen Aufblasbogen stehen Fahrer mit »Lizenz«. In der Mitte die Damen. In C – also ganz hinten – die anderen, unter anderem Andi und ich. Wir sind umzingelt von gemeißelten Körpern. Muskelöl nimmt den Atem, Rockklassiker zerhacken die Vormittagsstille. Zwar ist Block C ausschließlich für »Fun-Fahrer« reserviert. Doch keiner der Jungs sieht aus, als wolle er diesen Begriff wörtlich nehmen. Ellenbogen verschaffen sich seitlich Raum, konzentrierte Blicke scannen die Beine der Konkurrenz. Geölte Glatzen werden besorgt zur Kenntnis genommen, Naturmatten mit Erleichterung.

Ein paar Angeber tragen die Finisher-Trikots bestandener Härteprüfungen. Welches in der Wichtigtuer-Hierarchie höher rangiert, lässt sich kaum sagen. Es gibt keine offizielle Einteilung wie bei Schulterklappen. Nur Gerüchte. Zwar gilt das Trikot des »Dolomiti Superbike« allgemein als eine der ranghöchsten Auszeichnungen, doch basieren solche Hitparaden meist einzig und allein auf Urteilen der Fachpresse. Man weiß ja, wie so etwas entsteht: Ein untrainierter Redakteur nimmt naiv die All-inclusive-Einladung des Veranstalters an, in der besonders auf das erstklassige Vier-Sterne-Hotel mit Wellness-Bereich und hellen Zimmern hingewiesen wird, fährt sich beim leider ebenfalls inklusiven Selbstversuch ins Reich der Schmerzen und erklärt das Rennen dann anschließend zum härtesten der Welt. Die anderen Veranstaltungen besucht er lieber nicht mehr, er ist ja nicht bekloppt. Und so bleibt der Ruf des betreffenden Marathons über Jahre bestehen.

Ich habe nur ein einziges Finisher-Trikot, nämlich das vom Küstenklassiker auf Mallorca. Also keins. Schlimmer noch: Mir ist ganz schlecht vor Aufregung. Andi scheint völlig cool. Ich beobachte jede seiner Regungen aus den Augenwinkeln. »Schauspieler«, denke ich, »verdammter Schauspieler«. Plötzlich regnet es Armlinge, Leggins und Windjacken. Der Moderator hat kaum den Hinweis »five minutes to start« zu Ende gesprochen, da reißen sich alle wie auf Kommando jedes überflüssige Kleidungsstück vom Leib. Das Zeug wird einfach über den Absperrzaun gefeuert. Zu Verwandten, Betreuern oder Unbeteiligten aus Versehen an den Kopf.

Mich drückt gehörig die Blase. Doch der Moderator hat bereits die obligatorische AC/DC-CD eingelegt, um dem Countdown eine dramatische Note zu verleihen. Eine beliebte Gemeinheit. Man stelle sich vor, ein Zahnarzt würde den Beginn der Wurzelbehandlung mit »Highway to Hell« vertonen. Aber immerhin läuft kein Hitparaden-Scheiß. Das letzte Lied vor dem Start summt man nämlich immer die ganze Zeit vor sich hin. Bei meiner letzten Marathon-Teilnahme lief »Marmor, Stein und Eisen bricht« von Drafi Deutscher. »Nicht nur Marmor, Stein und Eisen«, dachte ich das ganze Rennen.

Ein Schuss. Ein Ruck. Überall Schuhplatten-Geklacker. Es geht los. Ellenbogen rumpeln gegeneinander. Weiter vorne sogar zwei Fahrer, weshalb nun alle hektisch in die Bremsen steigen. Gummi radiert über den Asphalt. Die beiden Pechvögel werden mit Worten bombardiert, wegen denen Kinder normalerweise zwei Wochen Stubenarrest bekommen. Ehrgeiz duldet kein Missgeschick. Schon gar nicht das der anderen. Keiner für alle, jeder für sich. Also weg da, Platz da, zur Seite, ihr Penner. Noch ist es flach, der erste Berg zwei Kilometer entfernt. In dieser Phase gilt es, sich in den diversen Windschatten kräftemäßig so weit wie es geht durchzumogeln, was einfacher klingt, als es ist. Die Meute rast auf eine Weise los, die ich als gereizt bezeichnen würde. Ich muss aufs große Kettenblatt schalten, was ich sonst nur bergab tue. Trotzdem sind alle anderen schneller. Die Spitze ist nicht mehr zu sehen. Nur das Geknatter der Führungsmotorräder hallt noch dünn durch die Häuserschlucht.

»Hey«, schreit es von hinten. »Hey« bin offenbar ich. Und ich, der »Hey«, soll gefälligst woanders parken. Eine sogenannte Staffel zieht vorbei. Ich will in deren Windschatten, pralle aber an bunt beschrifteten Vereinstrikotärmeln ab. Hinterrad lutschen ist nicht, da sind die Jungs an der Spitze des dritten Drittels konsequent. Ich bin mittendrin im Pulk der Hobby-Profis. Bei manchen passt die Trikotaufschrift nicht zu der auf dem Bike. Bei anderen schon. Doch bekommen die dafür keine monatlichen Überweisungen vom präsentierten Unternehmen, sondern nur »20 Prozent auf alles«. Sonntagshelden! Meine Beine hängen an mir herunter wie Fremd-körper. 450 Watt! Mindestens! Dabei ist es noch komplett flach. Wenn das so weitergeht, schaffe ich es nicht mal bis zur ersten Verpflegung. In den Kurven zerschellt Übermotivation an Bordsteinkanten. Ich suche den Pulk aus den Augenwinkeln nach Andi ab. Doch der ist nicht mehr zu sehen. Zumindest nicht vor mir. Meine Chance. Vielleicht die letzte Chance. Ich kann ja hinterher sagen, dass ich ihn vor mir vermutet habe und einholen wollte.

Der Berg beginnt und damit das Geschreie. Der Kollektivgeist nimmt proportional mit der Wegbreite ab. Nur noch zwei Fahrer passen neben-einander. Wenn man die Nervensägen auf der eigentlich nicht vorhandenen Mittelspur mitrechnet, allerhöchstens drei. Die Hitparade der gebrüllten Wörter wird von »Scheiße« und »Arschloch« angeführt. Verbale Lichthu-pe, bei derartiger Platzverknappung einerseits verständlich. Andererseits aber auch nervig. Mir gehen Schreihälse und Angeschriene gleichermaßen auf den Keks. Die Schreihälse, weil sie den ohnehin enormen Stresspegel im Fahrerfeld durch ihr Geseiere zusätzlich erhöhen. Die Angeschrienen, weil sie einem ständig im Weg stehen und einen gleichmäßigen Rhythmus unmöglich machen.

Marathonstrecken sind hierarchisches Niemandsland. Sozialer Status interessiert nicht. Jeder ist gleich und die Besseren ohnehin schon außer Rufweite. Was im Berufsleben den sofortigen Rausschmiss nach sich ziehen würde, wird beim Marathon hemmungslos ausgelebt: Mit dem Fäkalsalat entledigen sich viele des Sperrmülls ihres Alltags. Stolpern über die aerobe Schwelle zigtausend Jahre zurück in präsoziale Verhaltensmuster. Das Bike wird zur Keule. Wer überholt wird, gilt als erlegt. Mit zunehmender Atem-not wird das Krakeele ohnehin weniger. Irgendwann ist nur noch Gekeuche zu hören. Wenn sie schließlich entkräftet zurückfallen, noch nicht einmal mehr das.

Der schotterige Weg schlängelt sich gleichmäßig nach oben. Noch hal-ten sich die fahrtechnischen Tücken in Grenzen. Wenn es überhaupt welche gibt, dann die langsamen Fahrer, die man durch den tiefen Schotter links oder rechts neben der blockierten Ideallinie akrobatisch überholen muss. Die ersten Tempo-Opfer werden nach hinten durchgereicht. Einer trägt das Finisher-Trikot des Cristalp-Marathons. Er hatte es mit dem Training also schon mal ernster genommen. Meine Sünden der letzten Jahre flüchten durch allen Poren. Aus meinem Helm läuft der Körpersaft, als hätte mir jemand sämtliches Weißbier der letzten Jahre über den Kopf gekippt. Ich drehe mich immer wieder nach Andi um und suche den Pulk nach seinem neonorangefarbenen Helm ab. Nichts.

Vor mir kurbelt die Führende der vor uns gestarteten Damen. Sie macht nicht den Eindruck, als würde sie wie ich jeden Abend in die Naschdose greifen. Kräftige Muskelfasern spannen gegen dünne Haut. Der Tritt ist rund, der Blick konzentriert. Wahrscheinlich geht sie nachher noch drei Stunden Rennradfahren. »Super Biene, sieht locker aus«, ruft das fachkundige Publikum am Wegesrand. Das kann man von mir gerade nicht behaupten. Doch Biene ist nun mal eine Frau. Also muss ich da vorbei. Emanzipation ja, aber nicht beim Marathon. Ein aus Urzeiten stammender Alpha-Instinkt entfacht auf der Rennstrecke längst überwunden geglaubte Geschlechterkampfmuster, ob man will oder nicht. Ich kenne Fahrer, die im Ziel die Ergebnisliste zuallererst nach schnelleren Damen absuchen. Werden sie fündig, ist die Laune dahin.

Rational ist das schwer zu erklären, denn natürlich haben Frauen wie Biene hart für ihre Form trainiert, auf Cheesewürger-Orgien bei »Mc Igitt« verzichtet, jeden Abend vorbildlich die Muskeln gedehnt und zeitig mit der Nachtruhe begonnen. Die Frauenparanoia steckt tief drin in den männlichen Genen. Mutierte Egobausteine aus der Zeit, als Männer noch todesmutig Mammuts jagen mussten und Frauen nur die Beilage pflückten. Grill, Baumarkt und Autositz sind seit jeher die größten Kraftorte der Männer. Und seit Erfindung des Mountainbikes auch wieder der Wald. Mit den Überholmanövern heben sie das Bein und markieren ihr Revier. Ein gekeuchtes: »Frauen an den Herd, den Schrubber, den Wickeltisch!« Nicht weiter wild, auch nicht persönlich gemeint. Ist eben so und spätestens im Ziel auch wieder vergessen. Der verzweifelte Versuch, an Biene vorbeizuziehen, gibt mir den Rest. Die Atmung ist flach. Die Beine brennen. Meine Verfassung ist gezeichnet von Mangel – an Kraft, Haltung, Luft und Lust. Die Salzsocken wirken nicht. Vielleicht würde ich ohne sie aber auch schon im Graben liegen. Wahrscheinlich. Positiv denken. Ich probiere es kurz mit Wiegetritt. Doch der Wille bleibt stärker als der Pedaldruck. Eigentlich hatte ich damit gerechnet, mich am letzten Anstieg so beschissen zu fühlen.

Ich muss Biene ziehen lassen. Auf der Abfahrt probiere ich es noch einmal. Die Geschwindigkeit püriert die Baumkulisse zu einem grünen Farbbrei, in den Kurven riecht es nach verglühtem Bremsbelag. Crash oder Glorie. Weder noch. Der nächste Anstieg zwingt mich zum endgültigen Abbruch des Angriffs.

In jeder der Korkenzieherkurven schaue ich nach unten. Nach meinem Verfolger. Nach Andi. Nichts zu sehen. Ist er vielleicht doch vor mir? Vielleicht habe ich ihn im Startwust nur übersehen. An der ersten Verpflegungsstation geht es zu wie in einem Westberliner Gemüseladen kurz nach dem Mauerfall. Bananen gehen gut. Ich rolle an den Elektrolytmix-Kanister, reiße meine Wasserflasche auf und schaue ohnmächtig dem dünnen Strahl zu, der aus dem viel zu kleinen Ventil rinnt. Nebenan geht es schneller. Die Bottiche sind voller, weshalb mehr Druck auf den Hähnen ist. Zapfhahn-Lotterie. Wer Pech hat, verliert entscheidende Plätze und die Jungs hinter mir wohl genau deshalb die Geduld. Ich soll aus dem Knick kommen und vor allem meine Karre woanders hinstellen. Andi ist immer noch nicht zu sehen. Und weiter.

Auf der Abfahrt muss ich mich im hysterischen Ton belehren lassen, dass »links« rechts heißt. Also, dass das Kommando »links« keine Anweisung an mich, sondern die vom Überholenden gewählte Spur bedeutet. Muss man ja erst mal wissen. Ich bin so fertig, dass ich nicht mal mehr meinen Namen unverwackelt schreiben könnte. Die Flucht vor Andi und die Jagd nach Biene haben mir schwer zugesetzt. Ich bereue jeden King-Size-Schlemmer-Riegel der letzten Jahre und nehme mir vor, künftig asketisch zu leben. Kein Bier. Keine Süßigkeiten. Kein Weißbrot. Nur noch Bio und Wasser. Bis zum Ziel der mittleren Runde sind es noch fünf Kilometer. Für die eigentlich anvisierte lange Runde müsste ich den kompletten Kringel noch mal fahren. 60 Kilometer und 1700 Höhenmeter. Ich würde ja gerne, bange aber um meine Würde. Wie stehe ich da, wenn ich mich dann von unterwegs abholen lassen muss? Wenn ich mit meinem Profi-Outfit erschöpft an einer Reihenhaustür klingeln müsste, um nach der Busverbindung zurück zum Startort und ein paar Euro für die Fahrkarte zu fragen? Denn Geld habe ich keines dabei. Nicht einmal ein Messer für einen ordentlichen Reifenschlitzer, um die Schande als Panne tarnen zu können. Also lieber abbiegen.

Vor mir fährt Biene, der ich im Endspurt sogar noch ein paar Meter abnehme. Ein Teilerfolg. Anhalten geht grad noch, beim Absteigen bekomme ich allerdings einen bösen Krampf. Der Zielbereich ist schon deutlich gefüllt. Aber das war nicht anders zu erwarten. Der Moderator kündigt Biene an. Die biegt auf die lange Runde, was meiner Leistung eine hässliche Delle verpasst.

Ich ziehe die verschlammte Flasche aus dem Halter, nuckle geschafft dran und zucke zusammen. Jemand klopft mir auf die Schulter. Andi! Mir wird heißkalt. Er war *doch* vor mir!

»Na, Meester, Kette gerissen?«, fragt Andi und lacht dreckig.

»Wieso?«, erwidere ich verunsichert.

»Hast ja lange gebraucht.«

Warum zum Teufel ist der schon da, grüble ich, sage aber:

»Super war es! Nee, echt, richtig geil. Bin einfach mein Tempo gefahren. Wahnsinns Landschaft oder?«

»Ging so«, sagt Andi.

»Und bei dir?«, will ich wissen.

»Ach, Kacke. Mir ist am Start jemand in die Schaltung gefahren. Schaltauge abgebrochen. Da ging gar nichts mehr«, platzt es aus Andi heraus.

»Echt? Das ist ja ärgerlich!«, täusche ich Mitgefühl an und würde am liebsten vor Freude in die Luft springen. Andi war also NICHT vor mir. Da ist es, dieses süße Gefühl des Erfolgs, von dem ich die ganzen Monate geträumt habe. Auch wenn es in Wirklichkeit nicht mal ansatzweise einer ist. Weder über Andi noch über Biene, noch nicht mal über die Strecke.

Ein Finisher-Shirt gibt es nicht. Diese Sache glaubt der Veranstalter wohl mit dem untragbar gemusterten Trikotteil aus dem »wertvollen Startpaket« abgegolten.

Wir packen zusammen. Andi wirkt geknickt, auch wenn er versucht, es zu überspielen. Irgendwie tut er mir leid. Aber es gibt Schlimmeres, als einen Marathon aufgeben zu müssen. Obwohl mir gerade nicht einfällt, was. Zwar habe ich die Norm selbst nicht erfüllt, das aber immerhin ein wenig glanzvoller.

Im Autobahnraststättenrestaurant ist ein *Fernfahrerteller* im Angebot.

Stumm kauen wir am zähen, mit Letscho überfluteten Grillfleisch und versuchen das Gepiepse der Glücksspielautomaten zu überhören. Bedrückend still ist es. Ich würde so gerne mit Andi über das Rennen reden, über Corinna oder wenigstens das »Killers«-Album von Iron Maiden. Doch das Wochenende hat einfach schon zu viele Antworten gegeben. Es gibt nichts zu sagen.

Ein paar Tage später. Mit süßlich duftendem Mandelblüten-Aromaöl verschmierte Hände glitschen über meinen Rücken. Vom Nacken über die Schulterblätter mit ein paar kleinen Kreisbewegungen bis runter zum Po und wieder zurück. Es sind Himbeerchens Hände, die meine geschundenen Muskeln kneten. Seit wir uns kennen, verwöhnen wir uns gegenseitig mit Entspannungsmassagen, die meist auch den ungezügelten Teil unserer Beziehung einleiten. Ich genieße diese rezeptfreien Massagen, die nach einem festen Ritual ablaufen. Die Vorhänge im Schlafzimmer sind zugezogen. Auf dem Boden flackern ein paar Teelichter. Aus dem CD-Player wabert als Soundteppich »100th Window« von *Massive Attack*. Doch die Stille ist lauter. Es sind diese Friede-Freude-Eierkuchen-Momente, die Alltagsstress und gelegentliche Meinungsverschiedenheiten umgehend neutralisieren.

Doch seit mich der Cristalp auf Trab hält, haben sich die Massagen vom ursprünglich erotischen zum physiotherapeutischen Erlebnis entwickelt. Jede Minute Freizeit ist mit Training vollgestopft, jede Entspannung von Schweiß ertränkt. Das Tagesmanagement müllt mir den Kopf bis zum Anschlag zu. Himbeerchen fragt mich schon gar nicht mehr, wann ich aus dem Büro, sondern nur noch, wann ich vom Radfahren komme. Stehe ich bei Dämmerung endlich vermoddert in der Tür, kümmert sie sich rührend um meine Regeneration. Lässt die Wanne ein, bringt mir Tee und belegte Schnittchen und zieht mich nach dem Abtrocknen sofort ins Schlafzimmer, in dem schon die Teelichter flackern und die Massage-Attack-CD läuft. Ihre Sehnsucht nach Zärtlichkeit fällt immer öfter meiner Müdigkeit zum Opfer. Wie eigentlich alles, was mir nicht absolut lebensnotwendig erscheint. Kneipenbesuche gibt es nicht mehr. Nötige Klamotteneinkäufe erledige ich beim Frühstück zeitsparend per Versandkatalog, Papierkram nur noch im Falle einer freundlichen Zahlungserinnerung, aufgetragene Haushaltsaufgaben mit mehrtägiger Verzögerung. Sobald man sich für eine Sache entscheidet, entscheidet man sich ein Stück weit gegen eine andere. Das ist so, auch wenn man es oft nicht wahrhaben will.

Himbeerchen erträgt das alles verständnisvoll. Noch. Denn ich spüre, wie meine einseitige Ausrichtung auf den Sport subtil an unserer Beziehung nagt. Keine großen Sachen. Aber man merkt eben, wenn sich die Stimmung ändert. Wenn sich Himbeerchen am Wochenende mit ihren Mädels zum Ausgehen verabredet, fragt sie mich zum Beispiel gar nicht mehr, ob ich mitkommen will. Ich habe mich zum Außenseiter geschwitzt. Was mich ziemlich unter Druck setzt. Auf gar keinen Fall möchte ich Himbeerchen verlieren. Zum einen, weil ich sie liebe. Zum anderen, weil sie eine dieser seltenen Frauen ist, die sich nicht für Eigenheimstandorte interessieren, für Multifunktionsküchengeräte oder einen Cluburlaub in Hurghada. Ich muss aufpassen, dass ich ihre Toleranz nicht überstrapaziere.

Andererseits handelt es sich ja um einen Ausnahmezustand. Auf dem Zielstrich des Cristalp werde ich wieder der aufmerksame Liebhaber sein, der Schnittblumen kauft, Kinokarten reserviert, Tim-Mälzer-Rezepte nachkocht, das Bad wischt, den Müll *unaufgefordert* runterbringt, nicht murrend spazieren geht, Schweinereien mit Kajalstift an den Spiegel schreibt, das ist mal klar.

Himbeerchens Knetkreise werden langsamer. Gleich wird sie sich über mich beugen, mit ihrer Zunge mein Ohr kitzeln und hauchend fragen, ob ich mich umdrehen wolle. Will ich – und zwar zum Schlafen. Ich bin hundemüde. 40 Kilometer bin ich vorhin gefahren, wellig und mit Singletrail, die letzten fünf Kilometer volle Pulle ein Kraftintervall, weil sich der überholte Fullsuspension-Heini nicht abschütteln lassen wollte. Meine Beine sind bleischwer, die Augenlider rutschen über die Pupille. Ich bin zu schlapp für Sex. Außerdem ist es schon 21 Uhr.

Das Handy bimmelt mich polyphon aus dem Halbschlaf. Es liegt in der Küche, weswegen ich hektisch aufspringen und durch die Wohnung flitzen muss. Ich hasse diese Konstellation – ich im Bett, das lärmende Handy woanders.

»Hallo?!«

»Hey, hier ist Thomas, kannst auch Tom sagen. Andi hat mir deine Nummer gegeben, ist ein alter Kumpel von mir. Ich will die Transalp fahren und suche noch einen Partner.«

Ich verstehe nicht ganz. Partnerschaft? Ich? Mit diesem Thomas beziehungsweise Tom?

»Was willst du fahren?«

»Die BIKE Transalp. Schon mal gehört?«

»Dieses sauharte Etappenrennen über die Alpen? Habe ich mal was drüber gelesen«, bleibe ich skeptisch.

»Genau das Ding. Mitte Juli. Zwei Fahrer, ein Team. Jedenfalls habe ich da einen Startplatz, aber noch keinen Partner. Hast du Bock? Andi meinte, du hättest richtig Druck auf der Kurbel.«

»Ach ja? Und wieso fährt Andi nicht mit?«

»Der hat doch schon seinen ganzen Urlaub aufgebraucht, weil er ständig zum Training in die Berge fährt. Wegen diesem Cristalp-Dingens. Letztens war ich mit ihm eine Woche in Bozen. Der Andi ist voll krass geworden. Früher hat der nur gesoffen und jetzt isst er nur noch Babynahrung«, lacht Tom.

»Wir sprechen schon vom selben Andi?«

»Logo, und ne Magnetmatratze hat er sich gekauft. Da schläft er abends immer drauf, angeschlossen an die Steckdose. Das bringt irgendwelche Pole im Körper ins Gleichgewicht, die beim Training durcheinanderkommen. Keine Ahnung, wegen der Regeneration oder so. War schweineteuer das Ding.«

»Wie bitte?«, frieren mir die Gesichtszüge ein. Andi hat mich die ganze Zeit vereiert. Das darf doch nicht wahr sein!

»Ups! Hätte ich das jetzt nicht verraten dürfen?« Betretene Stille. Ich spüre meine Halsschlagader anschwellen. Andi poliert seine Form heimlich in den Alpen auf und erzählt mir, sein Chef, der ach so böse Ausbeuter, würde ihm keine Freizeit zum Radfahren lassen und seine Beziehung zerstören. Magnetmatratze. Das Wort muss man sich mal auf der Zunge zergehen lassen. MAG-NET-MA-TRAT-ZE! Da schläft er drauf und lässt sich umpolen. Und ich fahre naiv mit Salzsocken durch die Gegend. Andi, die miese Sau!

»Ich weiß nicht. Ist das nicht ein Rennen für Profis?«, gebe ich dem Phantom am anderen Ende der Leitung zu bedenken.

»Quatsch, da fahren auch Normalos mit. Ich bin ja auch kein Profi«, behauptet der Anrufer.

Ich bin völlig überfahren von dem Angebot. Ein Etappenrennen! Über die Alpen! Und *ich* bin als Teampartner interessant! Weil ich für meinen *Kurbeldruck* berühmt bin!»Los, Tom, erzähl weiter«, denke ich. Das wäre für mich doch die Gelegenheit, Urlaub mit wettkampfnahem Training zu verbinden und meinen Formrückstand gegenüber Andi mit einem Schlag wettzumachen. Eine Woche Sonne, Berge, Training. Effektiver als vier Wochen Feierabendhetzerei durch den Wald. Leider Mitte Juli, genau im Zeitraum des geplanten Toskana-Urlaubs. Himbeerchen wird mir die Hölle heiß machen, aber richtig. Doch ich muss zusagen. JETZT! Sonst fragt dieser Tom einen anderen.

»Klingt gut. Warum nicht? Aber nur, wenn wir locker fahren«, stelle ich als Bedingung.

»Logisch, ich will auch nur locker rollen«, freut sich Tom.

Damit ist die Sache gebongt. Wir verabreden uns für den nächsten Tag, um die restlichen Details zu klären.

»Wer war das denn so spät?«, fragt Himbeerchen, als ich mich zurück ins Bett plumpsen lasse.

»Ach, so ein Kumpel von Andi. Der wollte nur was wegen irgend so einem Rennen wissen«, murmle ich und puste die Teelichter aus.

Mit einer Mischung aus Stolz und schlechtem Gewissen schlafe ich ein. Himbeerchen drückt sich ganz eng an mich. Morgen muss ich es ihr beichten. Das mit der Toskana wird nichts. Hoffentlich schmeißt sie mich nicht raus.

&

# 8.

# Die Treppe rauf
# nach Mexiko

✑

Das Leben ist Verführung. Ständig locken neue Wege und Mittel. Nichts kann man trinken, nichts essen, nichts anziehen, hören, lesen oder der Wohnungseinrichtung zufügen, ohne vorher das riesige Angebot des Marktes begutachtet, geprüft, verglichen, nach persönlichen Bedürfnissen, qualitativen Eigenschaften und Preis-Leistungs-Verhältnis selektiert zu haben. Besonders gedrängt präsentieren sich die Wucherungen der Optionsgesellschaft in Elektromarktregalen: Lockenwickler, Bügeleisen, Nasenhaarentferner – alles in hundertfachen Variationen, Farben, Rabattmodellen. Wie angenehm erscheint dagegen die Currywurstgastronomie, deren Konzept ja bereits unentschlossenes Abwägen ausschließt. Mit Pommes oder ohne? Bierchen dazu oder Schnäpschen? Einpacken oder hier essen? Das bekommt man gerade noch so hin.

Auch ich muss mich dringend der Optionsflut stellen. Nicht der von Lockenwicklern oder Pommes, sondern den unzähligen Konzepten, mit denen man den Cristalp-Irrsinn besser auf die Reihe bekommt. Wege gibt es viele. Der einfachste wäre: nach Ernährungspyramide essen, nach Trainingsplan trainieren, nach der Tagesschau schlafen. Geht aber nicht. Ich habe einen Job, eine Freundin und eine Tochter, jeden Tag aber nur 24 Stun-

den zur Verfügung. Rechnet man von denen acht Stunden Schlaf, ebenso viele Stunden Gelderwerb, die gesetzlich vorgeschriebene Mittagspause, die unvermeidliche Stunde Anfahrtsweg sowie aufgerundet noch eine für dringende Bedürfnisse ab, bleiben exakt fünf Stunden. Fünf Stunden, die mir für Beziehung, Elternpflicht und Leistungssport bleiben. Kleinigkeiten wie Einkaufen und Teeaufbrühen noch gar nicht mitgerechnet.

Fünf Stunden brutto also. Wer schon mal einen Lohnzettel gesehen hat, weiß um die erhebliche Differenz von Brutto und Netto. Ich habe mein Leben nach Pausen durchsucht. Pausen, die ich mit Körpertuning ausfüllen könnte. Pausen, die sich in Abläufen verstecken. Zwischen Handlungen. Oder überhaupt: in Pausen. Doch solche Pausen gibt es nicht mehr. Jede Lücke ist gefüllt wie ein Supermarktparkplatz vor Karfreitag. Der letzte Kinofilm, den ich gesehen habe, steht im Elektromarkt schon als DVD bei den Sonderangeboten. Im Streben nach perfekter Vorbereitung habe ich sogar schon manche Abläufe übereinandergeschichtet, in ein und dieselbe Spanne gestopft. Oder im Managerdeutsch: in ein und dasselbe Zeitfenster. 8.30 Uhr bis 9 Uhr zum Beispiel: Arbeitsweg und Radtraining – geichzeitig. 12 bis 13 Uhr: Mittagspause, Snack (aus der Trikottasche) und kompakte Trainingsrunde – gleichzeitig. 20 bis 21.30 Uhr: Fernsehen, Stretching, mit Himbeerchen unterhalten, Biketeile im Internet bestellen und Telefonate erledigen – gleichzeitig. 23 bis 7 Uhr: Schlaf, Regeneration, Privatsphäre – gleichzeitig. Dabei müsste ich dringend die Schlagzahl erhöhen. Die Marathonpremiere offenbarte gewaltige Defizite.

Die Cristalp-Uhr tickt. Zudem setzt mich die anstehende »BIKE Transalp« unter Druck, deren Teilnahme ich Tom leichtfertig am Telefon zugesagt habe. Und von der ich bis jetzt eigentlich nur Schreckensmeldungen gehört habe. Was, wenn ich das nicht schaffe? Wenn sich mein Körper als zu schwach erweist? Wenn Tom nach Hause fahren muss, weil ich nicht mehr kann? Kann passieren. Darf aber nicht passieren. Also muss ETWAS passieren. Nur was? Mehr trainieren? Keine Zeit. Mehr Zeit? Ohne grundlegende Änderung der Lebensstruktur undenkbar. Schneller fahren bei gleicher Zeitinvestition? Vielleicht sogar ohne mehr Training? Schon besser.

Im Internet findet man tatsächlich erstaunlich viele Dinge, die genau das versprechen. Suchbegriffe: »Effektiv, Training, Marathon«. Enter. Schon ist man wieder mittendrin im Wust der Optionen. 73 201 Treffer. Neben gut gemeinten Expertentipps, gequirlter Gedankenschorle und immer Gleichem auch Unglaubliches. *Elektrodioden*, die beim Fernsehen die Muskeln stärken. Hinlegen, auflegen, anlegen – mich, die Dioden, den Strom. Fertig. Oder Andis *Magnetmatte*, die, unter einem ausgelegt, tatsächlich die Regeneration beschleunigen soll, weiß der Teufel, wie. Oder *Hypoxid-Masken*, die, beim Einkauf, Spazierengehen oder Jogging getragen, die Sauerstoffaufnahme im Blut erhöhen sollen, was sich dann auf dem Rad durch maximalen Pedaldruck auswirkt. Ich habe mal gelesen, dass sich die Profis für diesen Effekt wochenlang in Höhenlagen wie Mexiko oder Äthiopien schinden. Die körpereigene Verbrennungsanlage wird an die dünne Luft gewöhnt und mutiert dann daheim unter Normalbedingungen zu einer Art Formel 1-Motor mit quasi mehr Hubraum. Nun also auch für den Alltag. Höhentraining im Flachen. Mit »Flussrate 200 Liter/Minute und $O_2$ Level 21 bis acht Prozent ab 800 Euro inklusive Mehrwertsteuer«. Was immer das bedeutet, es klingt vielversprechend. Aber auch ziemlich abstrakt. Was werden die Nachbarn denken, wenn ich mit Atemmaske den Müll rausbringe? Und wie ist das dann beim Trinken? Beim Telefonieren? Oder erst beim Küssen?

Ich klicke weiter und lande im virtuellen Österreich. Oder besser: auf der Internetseite von Reinhold Gruber. Blau unterlegt, flackert die Lösung all meiner Probleme auf. Weltneuheit! Patentiert! Doping fürs Fahrrad! Ein winziger Motor mit ausgeklügelter Getriebekonstruktion, der anstelle des Innenlagers ins Tretlagergehäuse gesteckt wird. Durch dünne Kabel im Rahmen unsichtbar verbunden mit einem kompakten Hochleistungs-Akku in der Satteltasche. Und einem winzigen Ein- und Aus-Knopf am Lenker. Wird der gedrückt, reißen zusätzliche 120 Watt an der Kurbel, also fast ein Drittel mehr als ohne das Wunderwerk. Addiert mit meinem Leistungstestwert bedeutet das: Armstrong-Bereich. Dafür müsste ich jahrelang bei Wasser und Haferflocken auf Malle schwitzen. Kabelhaft!

Ich klicke und staune. Der Antrieb funktioniert nicht wie bei einem Moped, also Gas geben und Nasebohren. Eher wie eine unsichtbare Hand, die einen sanft auf den Berg schiebt. Treten muss man wie gewohnt, nur eben mit weniger Schweiß auf der Stirn. Ist der Motor ausgeschaltet, soll sich das Bike wie jedes andere fahren. Das perfekte Teil also, um gelegentliche Schwächephasen zu überbrücken. Und vor allem: völlig diskret. Leider aber noch im Prototypen-Stadium.

Ich wähle die unter »Kontakt« angegebene Nummer und gebe mich als freier Journalist aus. Freier Journalist funktioniert immer. Besonders gut bei Konzerten, um sich ohne finanziellen Einsatz am Kassenpersonal vorbeizumogeln. Freier Journalist klingt nach Geschichtenmacher, Autor, Edelfeder und großer weiter Welt, bedeutet in den meisten Fällen aber genau das Gegenteil: kleines Apartment, gesperrtes Konto, viel Arbeit, keine Veröffentlichungsgarantie. So ist man fein raus: Man nutzt die Möglichkeiten. Und wenn nichts gedruckt wird, ist eben die Redaktion schuld. Geschoben wegen brandaktuellem Unglück, Skandal, Teppichluder, Klimawandel, was auch immer.

»Eine Geschichte über den Motor?«, forscht eine schnörkellose Ingenieursstimme misstrauisch am anderen Ende der Leitung: »Woher kennen Sie den denn?«

»Habe ich gerade im Internet gesehen. Super interessant. Das *muss* man doch unbedingt mal vorstellen. Aber, klar, da braucht man schon einen Fahrtest, damit das glaubwürdig rüberkommt. Gerade bei *solch* einem *unglaublichen* Produkt«, schleime ich und versuche dabei einen seriösen Ton unterzulegen. Bloß nicht zu nett, bloß nicht zu arrogant. Bloß geradeaus zum Ziel.

»Und wenn ich Ihnen Bilder schicke? Ich habe letztens ein paar prima Fotos gemacht. Die kann man sogar freistellen.« Ich will nichts freistellen. Ich will freie Fahrt.

»Nee, nee, das ist ja der Knackpunkt. Das glaubt ja niemand, dass das funktionieren soll. Ein Motor, den man nicht sieht. Da lachen die mich ja aus in der Redaktion.«

Damit habe ich wohl an Grubers Erfinderehre gekratzt.

»Verstehe. Wenn es kein richtiger Test ist, sondern nur um einen Fahreindruck geht, hmmm«, wiegt er Risiko und kostenlose PR-Chance ab: »Sie wissen ja, der Antrieb ist noch nicht hundertprozentig serienreif. Aber warum nicht?«, hallt es aus der Ohrmuschel zurück.

Ich könnte ihm zwar genau sagen, warum nicht. Schließlich will ich mit dem Motor einen Marathon fahren. Doch das behalte ich erst mal für mich.

Es dauert eine Weile, bis ich Gruber final weichgeredet habe. Kurzer Fahreindruck, ein paar Fotos, tolle Werbung, genau für die Zielgruppe, ganz unkompliziert, ganz flott, das typische Allzweck-Blabla. Eigentlich hätte er es ja lieber, gibt Gruber zu, wenn ich mit ihm zusammen in Innsbruck eine Runde fahren würde, hoch auf seinen Lieblingsberg, wo die Aussicht ganz wunderbar sei, aber er hätte Hochzeitstag und da sei das Wochenende schon verplant. Ich glaube ein gequältes »leider« zwischen den Zeilen zu hören und bestärke ihn in seiner Ehegattenpflicht. Also gut, gibt sich Gruber daraufhin geschlagen. Ich sei übrigens der erste Journalist, der den Motor fahren dürfe. Wir verabreden uns für Samstagmittag auf einem Parkplatz bei Innsbruck. Ich kann es kaum fassen: An diesem Wochenende findet tatsächlich unweit entfernt ein Marathon statt. Und ich werde aufs Podium rasen. Per Internet-Datenmaske melde ich mich an. Die Bestätigung rauscht zeitnah in mein E-Mail-Postfach. Ich bin dabei.

Eine halbe Stunde vor dem Termin erreiche ich den Parkplatz. Nervös verrenke ich mir den Hals: Ist es der Herr in dem grünen Kombi, der mit der Zigarette oder der schamlos in die Hecke pinkelnde? Minutengenau zur vereinbarten Zeit rollt ein weißer Kleintransporter in die Parkmarkierung neben mir. Darin sitzt er. Reinhold Gruber. Groß, schlank, weiße Haare. Typ Bergsportler, Grünteetrinker, Outdoor-Schläfer. Einer, der immer ein Klappmesser dabei hat, um einen Apfel zu vierteln, eine Salami zu häuten oder ein Vollkornbrot zu tranchieren.

»Grüß Gott! Und, schon lange da?«, fragt das Superhirn und hüpft schwungvoll vom Fahrersitz.

»Nee, gerade eben erst angekommen«, erwidere ich hoch gespannt.

Wir gehen wortlos um den Kleintransporter. Der Moment ist zu feierlich, um ihn mit Worten zu verwässern. Gruber zieht die Heckklappe auf, die blickdichte Wolldecke vom Kofferrauminhalt und diesen vorsichtig nach draußen. Voilà! Mir war klar, dass man den Motor nicht sieht, darum bin ich ja hier. Doch jetzt, wo die angeblich spektakuläre Weltneuheit vor mir steht, wirkt sie blass, enttäuschend, irritierend belanglos: ein rotes, stinknormales Mountainbike. Ein schmuckloses Mirdochegal-Hardtail der mittleren Preisklasse. Federgabel, Seilzugbremsen, Shimano-Kurbeln. Auffällig unauffällig. Einzig sichtbarer Hinweis auf technischen Fortschritt ist ein winziger roter Druckschalter im rechten Lenkerhörnchen, der allerdings auch eine Abdeckung sein könnte. Kabel sehe ich keine, von denen für Bremse und Schaltung mal abgesehen. Ich hebe das Rad prüfend hoch. Normalgewicht. Der Sattel ist zu tief. Ich stelle ihn hoch, schwinge mich drauf, rolle ein paar Meter hin und her, merke immer noch nichts, drücke den roten Knopf und krache fast in einen geparkten Reisebus. Raubkatzenartig beschleunigt das Rad nach vorn. Panisch ziehe ich die Bremshebel und gehe dabei fast über den Lenker. Meine Güte, das Ding ist eine Rakete! Gruber hält mir lachend einen Zettel und einen Kugelschreiber hin: Testfahrt auf eigenes Risiko. Sonntag um 18 Uhr, bittet er, solle ich ihm das Rad wieder hier übergeben. Wenn möglich komplett. Dann notiert er noch meine Ausweisdaten und hüpft eilig zurück auf den Fahrersitz.

Ich biege auf die Autobahn und vergesse, das Radio einzuschalten, weil ich ständig in den Rückspiegel schauen muss, um das Rad auf der umgeklappten Rückbank zu betrachten. Ich werde Profis abhängen. Schon morgen. Einfach so. Normalerweise zielt das Mischkonzept bei Marathonveranstaltungen auf den Ego-Effekt der Hobbyfahrer. Man fährt ein Rennen mit echten Profis, hat kontrollierten Umgang mit den Bestien, die man sich sonst nicht mal trauen würde anzusprechen. Man kann überall herumerzählen, sich mit rauen, eisernen, gefährlichen Typen angelegt zu haben, bekommt die Quittung für den ungleichen Kampf aber zum Glück auf einer gesonderten Ergebnisliste präsentiert. Schade! Denn morgen würde mein Name ganz oben auf der Profiliste stehen. Vielleicht werden mir sogar Team-Manager ihre Visitenkarten zustecken, oder die Presse will Interviews. Ich spüre eine gewaltige Aufregung in mir. Nicht auf diese unangenehm ehrgeizige Art. Sondern auf schelmische. Wann hat man noch einmal die Chance auf solch eine Show?

Am nächsten Morgen. »Startblock B bitte aufrücken, sonst haben nicht alle Fahrer Platz«, ruft der Moderator durchs Mikrofon, woraufhin sich nun die Luft um mich herum extrem verdichtet. Ich stehe Schulter an Schulter mit der Konkurrenz. Die inhalierte Morgenluft dampft als Kondenswolken zurück in den halbwachen Tag. Niemand schöpft Verdacht. 48 Kilometer und 1100 Höhenmeter trennen mich noch vom Sensationserfolg. Sicherheitshalber werde ich nur die kleine Runde fahren.

Chancengleichheit ist oberstes Gebot. Deshalb habe ich gestern Abend am Tresen noch meinen Beitrag fürs Fairplay geleistet. Habe extra zwei Weißbier getrunken. Und mir anschließend noch ein pampiges Tiramisu hinterhergestopft. Schließlich sollen die Profis heute nicht zu sehr an meinem Hinterrad leiden. Um den Beschiss zu kennzeichnen, habe ich mit Edding »Keine Konkurrenz! 1000 Watt!« auf die Startnummer geschrieben. Nicht dass ich noch wegen Sportbetrugs zu einer mehrjährigen Startsperre verdonnert werde.

Das Klackern der Pedalplatten mischt sich in die ersten Akkorde von »Highway to Hell«. »One minute to the start«, ruft der Mikromann. Mein rechter Daumen streichelt den roten Turboknopf am Lenkerhörnchen. Helme werden final zurechtgerückt, Trikotkragen ordentlich nach oben gezupft. Dann fällt der Schuss. Die AC/DC-Gitarren sägen. Pedalplatten klicken, Schaltungen klacken, Reifen summen. Bis zum ersten Anstieg sind es noch ein paar Kilometer. Die Kette liegt rechts, die Beine wirbeln. Der Computer registriert 55 Sachen. Doch von der Spitze trennen mich schon geschätzte 100 Meter. Es wird gedrängelt wie beim Winterschlussverkauf. Gebrüllte Vulgärwörter mischen sich vor jeder Kurve in das Radieren der Reifen. Ab und an zerschellt der Spiegel eines geparkten Autos an einem ausgestellten Ellenbogen. Wie das eben so ist in der Frühphase eines Marathons.

Der Motor ist noch aus. Ich muss Strom sparen, denn die kalkulierte Akkuleistung reicht nicht für die gesamte Strecke. Geschätzte zweieinhalb Stunden werde ich unterwegs sein, habe also gerade genug Power bis zum höchsten Streckenpunkt. Jemand knufft mich in die Seite. »1000 Watt? Wo denn, in der Hose?«, ruft ein Franke. »Nee, unterm Arsch«, schreie ich gegen den Fahrtwind. Der Typ versteht nicht ganz. Die Asphaltstraße stemmt sich merklich in den Berg. Mein Daumen lauert am roten Knopf. Attacke! Der Motor heult auf, summt schrill wie ein Zahnarztbohrer. Ich merke erst einmal nicht viel, sprinte aber mit 25 Sachen in die Steigung. Bei 60 Kurbelumdrehungen pro Minute liegen 100 Prozent Leistung an. Würde ich schneller treten, würde die Wirkung verpuffen. Dann wären die Beine der helfenden Kraft voraus. Ich suche hektisch nach der optimalen Drehzahl, denn die Oberschenkel werden langsam dick, obwohl sich die Anzahl der Überholvorgänge in Grenzen hält. Der Motor summt zwar unüberhörbar, trotzdem bin ich nicht ganz sicher, ob er tatsächlich funktioniert. Was, wenn das Ding auf den Placeboeffekt zielt? Es soll ja Leute geben, die von alkoholfreiem Bier beschwippst werden und schweinische Lieder singen, wenn das verräterische Null-Prozent-Etikett vorher entfernt wurde.

Zum Test schalte ich den Motor kurz aus. Keine gute Idee. Die Muskeln schwellen noch mehr an, der Puls klopft an die aerobe Schwelle, ich werde spürbar langsamer und sogar von mehreren Fahrern überholt. Der Berg bäumt sich auf wie ein Ungeheuer. Ich schalte umgehend wieder ein. Das Aufheulen des Motors ist eine Erlösung. Er summt das Ungeheuer zurück in den Halbschlaf. Kein Zweifel, das Ding funktioniert. Zwei Kilometer Anstieg sind geschafft. Ich bin Teil der langen, bunten, gequälten Bikerschlange, die sich Serpentine um Serpentine nach oben schraubt. Ich halte mit im Pulk der rasierten Waden, mehr aber nicht. Meine Siegambition kann ich wohl vergessen. Auch die geplanten Kurvendrifts bergauf. Die 200 Watt sind ein unsichtbarer Teamkollege, der mich merklich schiebt. Meinen genussorientierten Lebensstil der letzten Jahre kann aber auch er nicht vergolden. Ich bleibe der Schwachpunkt im System. »Hey, deine Bremse schleift«, kreischt es von hinten. Der Typ meint das Summen. »Besseres Training«, japse ich zurück. Keiner im Feld vermutet einen Motor. Wahrscheinlich, weil ich so sehr schwitze.

Der Anstieg zieht sich ewig hin. Ich bin etwas schneller als sonst. Dafür fühle ich mich aber auch fertiger als sonst. Im Grunde genommen völlig fertig. Der Motor hat mich zu deutlicher Überschreitung des Tempolimits verleitet. Nun geht mir auch noch der *richtige* Strom aus. Der Motor hievt mich noch an ein paar Profi-Damen aus dem ersten Startblock vorbei, dann fängt er an zu stottern. Das gute Stück hat den Lithium-Block leer gesaugt. Herr Gruber hatte ihn extra noch in die Satteltasche gepfriemelt, weil es sich angeblich um einen besonders leistungsfähigen Prototypen handelt. Hektisch drücke ich den roten Knopf, denn der Druck auf den Pedalen lässt grad sehr zu wünschen übrig. Nichts passiert. Die Damen von eben rollen wieder an mir vorbei. Der Berg ist wieder erwacht. Nur noch sieben Kilometer pro Stunde registriert der Computer, vor der Akku-Havarie waren es drei mehr. Jeder Tritt tut weh, das Frühstück steht Oberkante Unterkiefer. Die zwei Halben von gestern melden sich. Und das Tiramisu. Ich morse verzweifelt auf dem Knopf herum. Vielleicht ist es ja doch nur ein Wackelkontakt. Plötzlich stottert sich der Motor wieder in Gang. Also nach links auf die Überholspur, wenigstens wieder an der Frau vor mir vorbei. Die schielt genervt zu mir herüber, als ich mich im Zeitlupentempo an ihr vorbeizuschieben versuche. Erst an ihrer Hinterradachse vorbei, dann am Tretlager. An ihr leider nicht mehr ganz. Von einer Sekunde auf die andere stirbt das Summen ab, der Vortrieb, meine Moral. Ich muss ausklicken und mit dem Oberrohr zwischen den Beinen zurück auf die Ideallinie tippeln. Für den Schotter bin ich zu schlapp.

Mit letzter Kraft erreiche ich den höchsten Punkt. Jetzt nur noch runter. Meine Güte, bin ich erledigt, ich kann kaum in den Pedalen stehen. Die letzten Wellen geben mir den Rest. Dann: das Ziel. Auf den Rasenkanten liegen schon eine Menge Fahrer, die sich von ihren Lebenspartnerinnen mit Erfrischungsgetränken bedienen lassen. »Wie im Lazarett«, denke ich. Die Elite der Fitnessgesellschaft liegt selbstzerstört am Boden. Die Frauen, die noch hinter den Absperrgittern ihre Hälse nach ihren Liebsten recken, wedeln mir mit übergroßen Pappwinkhänden zu. War wohl nichts mit einem Podiumsplatz. Vielleicht Top 20? Wenigstens in meiner Altersklasse? Angeschlagen taumle ich mit steifen Beinen zur Ergebnislistenwand. Platz 44, über 25 Minuten hinter dem Sieger. Und der war im Gegensatz zu mir ohne Motor unterwegs. Zum Glück bin ich der Einzige, der das weiß.


Der Alltag hat mich schnell wieder unter seinen Fittichen. Hierhin, dorthin, dahin. Einkaufen, arbeiten, Dinge erledigen. Gehetzt von Terminen, Pflichten, dem Leben. So verblüffend die Ingenieurleistung von Herrn Gruber zweifellos ist, so wenig wird mir der Motor bei der Lösung meines Zeitproblems helfen können. Erstens ist er für einen diskreten Einsatz zu laut. Zweitens für richtige Marathonstrecken zu kurzatmig. Und drittens im Rennbetrieb Beschiss. Ich radle über Innenstadtradwege zu meiner beruflichen Wirkungsstätte. Vorbei an bunten Plakatwänden, auf denen unter anderem Günther Jauch die Vorteile eines Lotteriejahresloses anpreist. Mir würde es schon reichen, einmal durch seine Millionenpyramide zu marschieren. Dann würde ich nicht *entweder*, sondern A) sofort meinen Job kündigen, B) einen persönlichen Fitnesstrainer einstellen, C) im mollig warmen Kellergeschoss meiner Stadtrandvilla eine Radrennbahn für die winterlichen Grundlagenkilometer installieren und D) nur noch frisch gepresste Exotiksäfte trinken. An einer Ampelkreuzung wartend, lese ich die Werbeschilder an der Grundstückseinfahrt neben mir. »Klinik Château Ästetika – Kompetenz, Schönheit, Erfolg.« »Da könnte ich E) noch drei, vier Kilo meines nach wie vor vorhandenen Hüftspecks absaugen lassen«, denke ich und starre ungläubig auf das Schild darunter. »Höhentraining«, ist mit Straßenkegelsignalfarbe darauf gepinselt. Das mit den Masken? Ein Reisebüro für Äthiopien? Meines Problems Lösung? Die Uhr zeigt eine Stunde früher an, als die mit neun Uhr angegebene Öffnungszeit. Ich habe nichts zum Schreiben dabei und muss die angegebene Nummer auswendig lernen. Wie die Geheimzahl der EC-Karte, die nur vierstellig, aber trotzdem immer wieder schnell vergessen ist. Diese Nummer hier ist achtstellig, verlangt also nach einer ausgefeilten Eselsbrücke: zuerst die 44 wie meine Motor-Platzierung, das ist leicht, dann sechsmal die Neun, also für jedes veröffentlichte The-Smith-Album eine, auch gut zu merken, wobei die letzte Neun gerade Yoga turnt und Kopfstand übt, also eine Sechs ist. 44 999 996. Wenn ich zügig fahre, erreiche ich in etwa 15 Minuten den nächsten Stift. Der liegt im Büro.

Noch vier Minuten bis neun Uhr. Ungeduldig starre ich auf das Telefon. Mein Puls schlägt hochtourig. Vielleicht lachen die mich aus, wenn ich als Hobbysportler wegen Höhentraining anfrage. Wahrscheinlich betreuen die nur Profis, die ein Heidengeld dafür bezahlen. Summen, die ich in zehn Jahren nicht mal auf meinem Bausparkonto gesammelt habe. Sicher gleicht die Kundenkartei der Einladungsliste für die Wahl zum Sportler des Jahres. Leichtathletik-Weltrekordler oder Schwimm-Olympiasieger. Vielleicht sogar Andreas Klöden. Die haben ihre Geschäftsräume doch nicht umsonst im Schickimickiviertel der Stadt, wo der Quadratmeter 12,30 Euro Kaltmiete pro Monat kostet. Dazu noch zusammen mit einer Schönheitsklinik – Kompetenz, Schönheit, Erfolg. Und dann ich als Kassenpatient. Es piept. Es nimmt jemand ab. »Höhentrainingszentrum und Physiotherapie, hallo, was kann ich für Sie tun?«

»Hallo, ich bin Radrennfahrer und interessiere mich für Ihr Training«, bringe ich mein Anliegen auf den Punkt.

»Schön, dann kommen Sie doch vorbei. Wann geht es? Heute? 13 Uhr wäre noch frei«, kommt die Einladung prompt durchs Telekommunikationskabelnetz.

»Was kostet das denn, so ungefähr?«, versuche ich das finanzielle Risiko noch abzuschätzen, werde aber vertröstet.

»Das besprechen wir dann hier bei einer Tasse Kaffee.«

Wenn es kostenlos Kaffee gibt, ist normalerweise Vorsicht geboten. Den gibt es nämlich meist da, wo die Gewinnspanne zugunsten des Anbieters ausgelegt ist: in Kreditberatungsagenturen, Versicherungsbüros und Friseurläden mit 100-prozentigen Bio-Pflegeprodukten. Doch solche Details sind mir egal.

Mit einem vorgegaukelten Zahnarzttermin als Ausrede verlasse ich das Büro und strample zurück zur Grundstückseinfahrt mit den Signalfarbenschildern. Das gusseiserne, kunstvoll verschnörkelte Tor steht jetzt offen. Dahinter: eine großzügige Einfahrt. Dahinter: ein mit Natursteinen gepflasterter Parkplatz. Dahinter: eine Villa. Eine *richtige* Villa. Zwar keine wie aus der Dallas-Serie. Aber immerhin eine, wie ich sie mal in einer Boris-Becker-Homestory in so einer »Bild/Spiegel/Blatt der Frau«-Illustrierten gesehen habe (im Wartezimmer bei einem echten Zahnarzttermin), bevor ihm der Samenraub (»Bild«) in der Besenkammer (durch Angela Ermakova) einen dramatischen Finanzschwund (Scheidung und Unterhalt), den Auszug (aus der Villa) sowie eine erneute Geschichte (in der »Bild/Spiegel/Blatt der Frau«-Illustrierten) einbrachte.

Fünf Parkplätze gibt es im Hof. Zwei für die Kunden der Schönheitsklinik. Drei für die Besucher des Höhentrainings. Der Laden scheint gut zu laufen, nach der Stellplatzquote jedenfalls besser als die Silikonabfüllanlage. Ich schließe das Fahrrad mit einem Spiralkabelschloss an die kupferne Regenablaufrinne, gehe zur Tür mit der Klingelschildaufschrift »Höhentraining« und atme noch einmal tief durch. Nur nicht unsicher wirken. Ich klingle, er öffnet. Ein bestens gelaunter Mann, Typ Don Johnson. Kräftiger Händedruck, locker geföhnter Mittelscheitel, Cocktailhemd über Bundfaltenhose, die richtige Gesichtsbräune. Mit einladender Geste führt er zu einer puffroten Echtlederpolsterlandschaft. Ich versinke in einem Sessel beeindruckenden Ausmaßes. An den Wänden Kunst, im Radio Klassikmusik. Sehr behaglich für einen Dienstleister, der das Wort *Training* im Firmennamen trägt.

»Was können wir für Sie tun?«, fragt Herr Johnson nach hinten gelehnt, die Beine lässig übereinandergeschlagen, das Handy unentwegt in den Händen knetend.

»Formoptimierung«, gebe ich als Stichwort.

»Da sind Sie genau richtig«, lacht mein Gegenüber: »Ich hole mal den Raffael.«

»Hey, hallo!«, ruft jemand von der Balustrade im ersten Stock Richtung Echtlederpolsterlandschaft und federt die Treppe runter. Es ist Raffael, der Trainer. Händeschütteln, Begrüßungsfloskeln: Woher, wie das Befinden, Milch oder Zucker? Dann kommen Herr Johnson und Raffael zum Punkt.

Ob ich wüsste, was Höhentraining ist. Nicht? Also! Mexiko, die Olympischen Spiele 1968, Wettkampfstätten auf 2134 Meter Höhe, in den Wochen danach eine Flut an Weltrekorden, ach was, ein Gewitter! Wegen des niedrigen Sauerstoffgehalts in der Höhe und der genialen Anpassungsfähigkeit des Organismus, der umgehend mehr rote Blutkörperchen bilde, Hämoglobin, wie der Fachmann sage. Ein genialer Effekt, denn zurück in gewohnter Umgebung, könne das Blut dann mehr Sauerstoff transportieren, was unterm Strich einen niedrigeren Puls bei gleicher Leistung bringe oder mehr Leistung bei gleichem Puls, je nachdem wie man es gerne hätte. Unterm Strich also bessere Regeneration und deutlich mehr Ausdauerleistung. 15 Prozent plus nach einem Monat Training seien garantiert, beteuert Herr Johnson. Mindestens. 15 Einheiten je 80 Minuten würden reichen.

Ich verstehe, irgendwie aber auch nur Bahnhof. Was hat dieser Laden hier mit Mexiko zu tun, von dem Feigenkaktus auf der Fensterbank mal abgesehen?

»Mir nach«, sagt Herr Johnson, zu dem ich nun auch gerne du sagen könne, hallo, er sei der Harry.

Harry stapft die Treppe hoch, über die Raffael vorhin gefedert kam. Oben eine Glaswand. Dahinter ein Raum. Pistaziengrüne Wände. Parkettboden. Drei Ergometer. Simulatoren für Rudern, Laufen und Radfahren. Wie im Fitness-Studio. Im Raum riecht es synthetisch. Wie in einem Schuhregal. Etwas muffig, irgendwie trocken, leicht süßsäuerlich. Ein Gebläse brummt. Harry geht zu einem winzigen, gelb leuchtenden Digital-Display an der Wand, studiert die Zahlen und rührt eine feierliche Dieter-Thomas-Heck-Tonlage in seine Stimme:

»So, wir sind jetzt auf 3500 Meter Höhe.« 2500 Meter seien das Minimum, 6000 das Maximum. Dann beginne die Todeszone. Ich könne auch schlafen hier drin, wenn ich wolle. Letzte Woche hätten zwei Alpinisten übernachtet, um sich auf ihre Kilimandscharo-Expedition vorzubereiten. Alles kein Problem, Duschmöglichkeiten seien vorhanden.

Langsam begreife ich. Ich bin in einer Art Druckkammer. Keiner im üblichen Sinne, sondern nur eingenebelt von Luft mit weniger Sauerstoff. Mitten in den Alpen, während vor dem Fenster der Großstadtverkehr vorbeirauscht. Oben und gleichzeitig unten. Ich müsste nur ein paar Mal hier drin im Aquarium auf dem Ergometer strampeln, schon würde meine Leistung nach oben gehen. Nach oben fliegen. Explodieren! Mehr Pedaldruck nur durch Atmen. Fitness inhalieren. Hubraum aufbohren. So könnte man das nennen. Theoretisch müsste das doch eigentlich auch in einem Jugendherbergsschlafsaal mit geschlossenen Fenstern funktionieren. Dann lieber hier.

Was denn die Anti-Doping-Kommission dazu sage, will ich wissen. Da muss Harry lachen.

»Was sollen die da sagen? Ist doch nur Luft«, beteuert er.

Wenn das so ist, sollte man vielleicht noch mal den Preis von 39 Euro pro Einheit verhandeln. 39 Euro für ein paar Atemzüge Luft. Schlechte noch dazu.

Schon am nächsten Tag binde ich mein Fahrrad wieder an die Kupferregenrinne. Die Mission Gipfelsturm beginnt. Zunächst mit dem Eingangstest. Ich muss bei 100 Watt fünf Minuten lang 90 Umdrehungen strampeln. Dann mit 130 Watt, 160 Watt, 190 Watt und noch einmal fünf Minuten mit 220 Watt. Danach wird die Trainingsintensität festgelegt. Im Prinzip kein Problem, wäre das Ergometer nicht so ein furchtbares Ding aus dem Fitness-Studio, bei dem die Füße in Turnschuhen und diese in Gummiriemen stecken, die Blutbahnen im Po von einem mächtigen Schaumgummisattel-Geschwür abgequetscht werden, die Hände an einer seltsam gewundenen Multi-Positions-Lenkerstange nach Griffmöglichkeiten tasten. Wären echte Fahrräder so konstruiert, würde ich mir eine andere Sportart suchen. Das Gebläse brummt auf Hochtouren. Das gelbe Display zeigt 3075 Höhenmeter an. Mehr als das Gipfelschild am Stilfser Joch, dem höchsten Pass, auf dem ich je gewesen bin. Ich inhaliere tief. Nur rein in mich mit der guten, teuren Luft, die zwar riecht wie Turnhalle, aus mir aber einen Leistungsträger erster Güteklasse machen wird. Raffael steht neben mir, ein Klemmbrett mit dem Trainingserfassungsprotokoll in der Hand. Den Kugelschreiber hält er mit den Zähnen. Um den Hals baumelt eine Klammer mit Digitaldisplay, in die ich ständig meinen rechten Zeigefinger stecken muss. Der Mercedes unter den Sauerstoffsättigungsmessgeräten, wie Raffael stolz erklärt. Weil der Mercedes an einem viel zu kurzen Band baumelt, muss er sich jedes Mal meinem Finger entgegenbeugen, um die Messung durchzuführen. Zufrieden nickend, protokolliert er die erfassten Daten dann auf dem Klemmbrett. Ziemlich unspektakulär, dieses Höhentraining. Die eingestellte Belastung ist eigentlich keine, die Bergmassive sind pistazienfarbene Wände und die aus meinem Finger ermittelten Werte etwas, von dem ich noch nie gehört habe.

»Okay, der optimale Trainingsbereich ist bei 180 Watt und 3000 Höhenmetern. Da kommst du in eine Sättigung von 86 bis 88 Prozent«, teilt mir Raffael mit, während er irgendwelche Notizen in sein Protokoll kritzelt.

»Aha, und was bedeutet das?« hake ich nach.

»Sauerstoffsättigung?«

»Genau.«

Na, der Sauerstoffgehalt im Blut. Draußen könntest du dich auskotzen, wie du willst, bei 96 wäre Schluss. Hier können wir bis 82 gehen«, erklärt Raffael trainingswissenschaftlich, tippt die entsprechenden Watt- und Höhenwerte am Ergometer und Wanddisplay ein und lässt mich allein mit dem sonoren Lüftungsbrummen.

Ich kurble, bis die restlichen 60 Minuten abgelaufen sind, ziehe die Füße aus den Gummischlaufen und bin für heute genug des Sauerstoffs beraubt. Zum Abschied drückt mir Raffael noch mit dem Worten »Wiedersehen macht Freude« ein Buch in die Hand: »Trainer Bibliothek 27 – Höhentraining« von Ulrich Fuchs. Die Trainingsmethode scheint nicht ganz neu zu sein. Der Schinken ist mit Schwarz-Weiß-Fotos von inzwischen sicher längst Altersrente beziehenden DDR-Sportlern bebildert.

Ich trete ins Freie und nehme einen langen, sehr tiefen Atemzug. Die Luft schmeckt nicht anders als sonst auch. Die Radhose spannt nicht straffer.

Alles ist wie vorher, was ich in diesem zugespitzten Moment der Erwartung sehr enttäuschend finde. Ein bisschen mehr Power könnte ich schon spüren, wenn ich schon zwischen Frühstück und Arbeit auf dem Stilfser Joch gewesen bin.

Ich kette mein Rad von der Regenrinne, biege auf den Radweg und schalte auf das große Kettenblatt. Die Beine sind wie Gummi. Ich kann kaum mithalten im Tross der Studenten, die mit ihren angepinselten Klappermöhren in die Uni strampeln und gestern wahrscheinlich noch bis in die Nacht in irgendwelchen Kneipen gelungert haben. Mir ist leicht schwummerig. Schlimmer noch, ständig muss ich gähnen. Raffael hatte mich vorgewarnt. Nach der ersten Einheit könnte ich mich müde fühlen. Schließlich müsse sich der Körper erst an die Bergluft gewöhnen. Die Trägheit zieht sich durch den ganzen Tag. Abends wanke ich von der Haustür direkt zum Sofa. Die Fernbedienung scheint mit Beton ausgegossen. Bei einer dieser inflationären Casting-Shows schlafe ich ein, was seine Ursache natürlich nicht zwingend allein im Höhentraining haben muss.

Ich kurble jetzt täglich meine Einheiten ab. Das Training ist öde. Treten, Finger in die Klammer stecken, treten, Finger in die Klammer stecken. Betreutes Rollefahren. Eine ständige Wiederholung eines einzigen, stupiden Ablaufs. Raffael notiert die Werte, verlässt den Raum, um nach ein paar Minuten wieder reinzukommen und nach meinem Befinden zu fragen. »Alles okay?« »Alles okay«, antworte ich. Den Rest der Zeit beobachte ich meine auf und ab stampfenden Beine. Mal als Schatten auf dem Parkettboden. Mal als verzerrtes Spiegelbild in der Glaswand vor mir. Mal als Ausschnitt in der Schweißlache unter mir. Die Psyche will unterhalten werden. Da ist die kleinste Perspektivenänderung willkommen.

Um die intellektuelle Öde beim Rollekurbeln zu überbrücken, bitte ich Raffael, den Flatscreen-Fernseher zu aktivieren, der wegen des engen Raumes nur Zentimeter vor und gleichzeitig über mir hängt. Ich muss den Kopf ganz in den Nacken legen, um etwas zu sehen. Hören kann ich leider auch so. Gerade läuft ein amerikanisches Hip-Hop-Video auf MTV, das klingt, als würden zwei Tonspuren parallel laufen. Spur Nummer eins: ein hupender Gebrauchtwagen mit defekter Zylinderkopfdichtung. Spur Nummer zwei: eine Maurerbrigade beim Nach-Hause-Torkeln von einem Richtfest mit

All-you-can-sauf-Büffet. Populäre Jugendmusik ist eine einzige Resterampe, in der tausendmal Dagewesenes immer wieder in anderen Därmen neu verwurstet wird. Eine ständige, in Nuancen veränderte Endlosschleife.

Die folgende Klingeltonwerbung sägt nicht weniger an den Nerven. Trotzdem, Fernsehen ist beim Rollentraining das einzig wirksame Mittel gegen Durchdrehen. Man kann treten, so schnell man will, die digitale Countdown-Uhr läuft einfach immer stur in Zeitlupe. Es gibt keinen anderen Sport, bei dem die Kluft zwischen eingespeister Kraft und zurückgelegtem Weg größer klafft. Imitationsradeln ist Bewegung ohne Bewegung. Energieraubender Stillstand. Und dann der Schweiß. Erst schimmert er nur schüchtern auf Stirn und Handrücken. Dann fließt er aus den Poren, tränkt die Klamotten, das Handtuch, sogar die Schuhe; läuft in die Augen, in die Socken, auf den Boden. Eine Transpirationssauerei, die zu allem Übel auch noch die Nerven aufweicht. Mit jeder der zähen Rollesekunden schwindet der Anspruch ans Unterhaltungsprogramm. Irgendwann ist es zweitrangig, was die Zeit wegflimmert. Hauptsache, es lenkt ab. »Date my Mom« heißt die nun folgende Sendung für die frühdebile Clearasil-Zielgruppe. Das Konzept ist simpel, der Inhalt noch nicht einmal das. Ein frisch pubertierter Lackaffe in zu großer Hose geht auf Balz, indem er sich mit drei Müttern trifft, um sich anschließend für eine ihrer Töchter zu entscheiden, die er selbst allerdings noch nie gesehen hat.

Die Fingerklammer zwickt mich ins richtige Leben zurück. Sauerstoffsättigung 86 Prozent. Zeit abgelaufen. Bis morgen dann.


Der Frühling bläht sich immer farbenprächtiger seinem Finale entgegen. Seit Wochen ist bestes Radfahrwetter. Draußen, in der richtigen Sphäre. Andi schickt mir täglich schwärmerische Kurzberichte seiner absolvierten Touren per SMS. Mein Training spielt sich fast ausschließlich mit Frotteehandtuch über der Schulter in der muffigen Pistazienkammer ab. Kein Fahrtwind weht mir um die Nase, sondern nur die Eisluft aus der Klimaanlage. Zwar könnte ich laut Raffael in den Höhenblock problemlos meine normalen Einheiten einbetten, also zusätzlich auch draußen schwitzen. Doch dafür fehlt mir nach wie vor die Zeit. Die, die ich habe, will ich so effizient wie möglich nutzen. Deshalb ja das Ganze. Mit Anfahrtsweg, Umziehen und Duschen kostet mich jede Einheit knapp drei Stunden, so viel wie eine 50 Kilometer lange Mountainbike-Tour. Zwar gibt mir das Höhentraining das stolze Gefühl von Professionalität. Doch ich bin mir über den tatsächlichen Sinn nicht ganz im Klaren. Ich passe meinen Körper der Äthiopischen Hochebene an und esse hinterher gebratene Maultaschen mit Zitronen-Butter-Soße. Oder Fischstäbchen-Burger mit Senf-Sahne-Dressing. Oder mit was mich Himbeerchen abends sonst noch so verwöhnt, trotz Toskana-Reinfall. Ich harke, obwohl ich eigentlich erst mal pflügen sollte. Versuche zu vergolden, was noch nicht mal fertig modelliert ist. Dabei sollte ich vor dem Fein-Tuning vielleicht lieber erst mal meine Ernährung umstellen. Apfelecken statt Schweinsohren naschen und beim Videoabend stilles Mineralwasser statt Rotwein trinken. Bei den wenigen Frischlufteinheiten, die ich organisiert bekomme, merke ich jedenfalls noch keine Leistungsexplosion. Die Berge beißen sich gewohnt hungrig in meine Waden. Wenn auch zunehmend schwächer. Denn das regelmäßige Training zeigt langsam seine Wirkung, so oder so.

Drei Wochen nach meiner ersten Höheneinheit ist nun endlich der Tag der Entscheidung. Zwei Stunden noch bis zum Abschlusstest, der die Rendite von investierter Kraft, Zeit und Finanzmitteln misst. Angewidert pressen die Zähne die Milch aus den aufgequollenen Haferflocken. Ich esse sie immer mit viel Milch, damit der trockene Körnerkram überhaupt durch die Speiseröhre rutscht. Manchmal schnipsele ich noch Bananenstücke dazu oder rühre Fruchtjoghurt unter, um die Geschmacksnerven abzulenken. Doch das lasse ich heute mal lieber sein, damit das Abschlussergebnis nicht von äußeren Faktoren verzerrt wird. Ich soll genau so in den Test gehen wie in die Eingangsprüfung. Nachtruhe. Frühstück. Anfahrt. Alles wenn möglich identisch. Soweit ich mich erinnern kann, habe ich damals eine Schüssel Haferflocken mit Milch gefrühstückt, zwar mit einem gestrichenen Teelöffel Zucker vermengt, aber ohne Schnipselbanane und Joghurt. Also noch einmal genau diese Mixtur, auch wenn es übel schmeckt. Ich will ja nicht 15-mal in der Höhenkammer geschwitzt haben, damit ich nun durch unmittelbare Inkonsequenz den Notenschnitt versaue. Schon aus Motivationssicht wäre es wichtig, dass ich den Quantensprung schwarz auf weiß dokumentiert bekomme. Als Beleg, dass sich der Verzicht auf Fahrtwind, Grasduft und Moddersprenkel gelohnt hat.

Die Schreibunterlage mit dem Testprotokoll klemmt zwischen Raffaels Fingerkuppen und Armbeuge, der Kugelschreiber wie immer zwischen den Zähnen. Das Digitaldisplay an der Pistazienwand zeigt 3021 Meter Höhe. Ich kurble, Raffael notiert. Jeweils im Fünf-Minuten-Takt: 100 Watt, 130, 160, 190, 220. Dazwischen eine Minute Pause, um die Erholungswerte zu erfassen.

»Sieht doch gut aus«, diagnostiziert Raffael.

»Wie gut denn?«, will ich wissen. Der Moment ächzt unter der Erwartung.

»Kann ich noch nicht sagen.«

»Nur mal so grob, komm!«

»Hm, also die Belastungswerte sind zwischen drei und elf Schlägen niedriger«, verrät Raffael, vertröstet mich aber bis zur Auswertung. Ich könne ja schon mal duschen gehen.

Tatsächlich: Die aktuelle Zickzackkurve auf dem Auswertungsdiagramm liegt sichtbar unter der des Eingangstests. Welche Leistungssteigerung sich daraus mit Blick auf den Cristalp ergibt, sagt der Test aber leider nicht aus. Er wurde ja schließlich jeweils in identisch simulierter Höhe durchgeführt. Nüchtern gesehen, zeigen die Kurven nichts anderes, als die Reaktion meines Körpers auf 15-mal Rolle fahren. Die Laboruntersuchung beim Hausarzt am nächsten Tag bringt ebenfalls keinen Beleg dafür, dass sich der Hubraum im Blut messbar vergrößert hat: Der entscheidende Wert, das Hämoglobin, zeigt sich nahezu unverändert. Hätte ich vielleicht noch tiefer einatmen oder wie die Kilimandscharo-Alpinisten in der Villa schlafen sollen? Enttäuscht entschließe ich mich, das Training wieder auf Normalhöhe zu verlagern, nämlich in den Wald. Der Effekt des Höhentrainings ist mir zu theoretisch. Zumindest in meinem speziellen Fall.

»30 Prozent mehr Leistung«, schreit ein Pappneonschild, als ich Tage später meine wöchentliche Zeitungslektüre an einer Tankstelle kaufe. Der Hinweispfeil lenkt meine Blicke zu einer Palette silber-blauer Dosen, über deren Öffnung Inhalationstrichter gestülpt sind. Wie ferngesteuert folgt meine Hand dem Pfeil zur Neuheit – »nur hier, nur jetzt zum Sondereinführungsangebot, 6,90 Euro, Go X«. Medizinischer Sauerstoff,

99,5 Prozent pure Energie, ein Atemzug, 30 Prozent mehr Power verspricht der Dosenaufdruck. Ich gehe Richtung Kasse und stoppe nach ein paar Schritten. Wachsen einem von Red Bull etwa Flügel? Füllen die in Capri die Sonne in Tüten ab? Macht Haribo wirklich alle Kinder froh? Und Erwachsene ebenso?

Ich stelle die Dose zurück ins Regal.

Man muss ja nicht jeden Quatsch mitmachen.

# 9.

# ♔llein zu zweit

Er klatscht tatsächlich mit. Schlägt die Handflächen über dem Kopf zusammen. Immer wieder. Und grölt synchron zur eingelegten AC/DC-CD: »Highway to Hell!« Er, Tom, Kumpel meines Kumpels Andi. Der mich per Handy als Team-Partner für die »BIKE Transalp« angeheuert hat. Von dem ich bisher nicht mehr wusste, als dass er aus Pforzheim kommt; seit der gestrigen gemeinsamen Autofahrt zum Startort aber, dass er aus Trainingsgründen gerne an Profi-Straßenrennen teilnimmt. Und dass er dabei das letzte Mal von einem Unbekannten versägt wurde. Von einem gewissen Ralph Berner. Ob ich den Namen schon mal gehört hätte, hatte er mich gefragt, was ich zunächst für einen Scherz hielt. Immerhin war Berner Olympiateilnehmer, sechsmal Deutscher Mountainbike-Meister und zweimal Gesamt-Zweiter der Transalp. Jenes Rennens, an dessen Start ich jetzt als Team-Partner von Tom stehe, der sich zu »Highway to Hell« in Fahrt klatscht. Und der so durchtrainiert, wohl gelaunt und erfolgsverwöhnt aussieht, dass ich kotzen könnte. Jetzt will der Moderator auch noch alle Hände sehen – »Hallo Transalp! One minute to the start!«

»BIKE Transalp«, das Team-Abenteuer. Oder besser: der Wahnsinn über die Alpen. 660 Kilometer und 22 500 Höhenmeter in acht Tagen vom bay-

erischen Voralpenland an den Gardasee. Durch Staub, über Schotter, unter knalliger Sonne. Ein Mythos, dessen Reiz sich beim Studium der in Internet und Fachpublikationen reichlich verbreiteten Erfahrungsberichte zunächst nur schwer erschließt. Die Essenz all dieser nämlich: Schürfwunden, Entkräftung, mentale Grabenkämpfe, Psychoterror, dünner Stuhl, Berge von Schmutzwäsche, Nasenbluten – alles 100 Prozent wahrscheinlich. Selbst die Begrüßung auf der offiziellen Internetseite klingt wie eine Ausladung: »Nur die Härtesten kommen durch!«

Offenbar gibt es nichts Schöneres. Denn noch schwieriger als das Ziel ist der Start zu erreichen. Vergangenes Jahr dauerte der Tumult um die 550 offerierten Team-Plätze gerade mal zehn Minuten. Nicht etwa, weil sie gratis waren. Ganz im Gegenteil. Der Startpreis orientiert sich am Kurs von Ölaktien. Die »BIKE Transalp« funktioniert entgegen allen gesellschaftlichen Trends. Sie ist das umjubelte Gegenmodell von Wellness, Spartrieb und Schönheitswahn. Diesmal fiel der Startschuss auf der Online-Anmelde-Datenbank zehntelsekundengenau am 10. Januar um 12 Uhr mittags. Bei über 8000 Zugriffen schmierten daraufhin erst der Server und dann die Nervenkostüme aller Beteiligten ab. Tom hatte eine DSL-Leitung, extra Urlaub genommen, ziemliches Glück und ich bei seinem Anruf keine Ahnung, also Pech. Durch den Team-Modus bin ich dem Muskelmann nun auf Gedeih und Verderb ausgeliefert. Denn was alle Selbsterfahrungsberichter ausdrücklich betonen, ich jedoch leider zu spät gelesen habe: Training ist wichtig. Die Wahl des Team-Partners entscheidend. Die gemeinsame Startnummer besiegelt einen untrennbaren Bund vom Start bis zur Ziellinie. Zwei bedeutet eins. Wie ein Paar Socken. Starsky & Hutch. Ping und Pong.

Es geht hoch. Ein kurzer, steiler Anstieg nur, nicht mal 30 Kilometer nach dem Start. Das Fahrerfeld ist bereits in winzige Grüppchen zerfallen oder besser gesagt: auseinandergefleddert. Tom drückt kraftvoll auf die Pedale, beißt das Plastikventil seiner Wasserflasche auf und beschleunigt nuckelnd. Das also ist seine Interpretation von »locker rollen«. Ich muss schleunigst *entschleunigen*, wenn ich nicht als Reanimierungsfall am Streckenrand zurückbleiben will. Die Rückmeldungen meines Körpers geben allen Grund zur Sorge. Dicke Beine, aerobe Schwelle, leicht verschwommene Wahrnehmung. »Los, Meister, Kette rechts!«, schreit Tom aggressiv. Er will an Team

355 vorbei, der Staubwolke vor uns. Dabei drückt das Powergel schon von unten gegen meine Schluckmuskeln. Wenn das so weitergeht, bin ich erledigt. Langsamer? Tom würde meinen Einbruch umgehend mobilfunkend über irgendeine Verteilerliste verbreiten, zu der sicher auch Andi gehört, schließlich saßen die beiden in Pforzheim zusammen auf der Schulbank. Also hinterher, solange es geht. Gefühlte Stunden verbringe ich so in Toms Achselhöhle.

Eine Verpflegungsstelle, die Tom links liegen lässt. Ein kurzer Zacken, den er ohne Druckabfall überrollt. Dann erhebt sich der Schotterteppich zu einem 1000 Meter hohen Anstieg, dem ersten Scharfrichter des Rennens. Von hinten beobachte ich jede von Toms Regungen. Wird sein Tritt unrund? Hat er nicht grad »puh« gestöhnt und besorgt die Serpentinen über sich gescannt? Tatsächlich. Er wird langsamer. Ein bisschen nur. Aber eben langsamer. Und hat sich da nicht eben ein gefluchtes »Scheißdreck« ins Krachen seiner Drehschaltgriffe gemischt? Die Kette läuft auf dem größten Ritzel – im Fachjargon auch »Rettungsring« genannt. Ich schiebe mich im Wiegetritt auf gleiche Höhe, um seine Reaktion zu testen.

»Geil hier«, sage ich und schaue gespielt entspannt in die Berglandschaft. Bei derartigen Demoralisierungsversuchen ist es wichtig, kurze Sätze zu benutzen, besser noch Wortgruppen. Kein Komma, keine Nebensätze. Maximal drei, vier gepresste Worte. Die Atmung würde andernfalls eine flüssige Aussprache unmöglich machen und die Anstrengung verraten.

Tom blickt stur auf sein Vorderrad und würgt unruhig an der Kurbel. Also doch. Wenn er jetzt das Reich der Schmerzen betritt, wird er morgen sicher das Gas rausnehmen. Meine einzige Chance, diese Woche in Würde zu überstehen. Also treten, pressen, hoch, vor Tom über die Rampe. Ein paar Kehren lang versucht er noch dranzubleiben. Dann muss er reißen lassen. Die Pulsanzeige meines Radcomputers blinkt warnend: roter Bereich! Aber das habe ich auch so längst bemerkt. Der Schotter wird derart grob, dass sich das Zeug wie Kugellager unter den Reifen windet. »Geht schon«, ruft ein Zuschauer. »Auf dem Zahnfleisch«, denke ich. Andere Fahrer schieben ihren Partner. Ich flüchte vor meinem. Wenn er jetzt noch einmal aufschließt, kann ich einpacken. Dann sind die Rollen endgültig verteilt. Er der Käpt'n. Ich der Bremser. Er der Tempomacher. Ich das Tempo-Opfer. Doch die Konterattacke bleibt aus. Die Distanz hat Tom zum schwarzen Punkt schrumpfen lassen. Die Steigung zieht noch einmal an. Das Vorderrad bäumt sich auf, die Sattelspitze bohrt sich unangenehm in meinen Hintern. Also absteigen, über das Geröll stolpern, nur weiter. Ich bin am Limit und irgendwann am Gipfel. Schnell die Jacke anziehen, durchatmen, mit den Handschuhen den Schweiß wegwischen. Tom darf nicht ahnen, wie sehr ich mich für den Vorsprung quälen musste.

»Hey, super«, lobe ich, als er kurz darauf schiebend und hinter *zwei* Frauen-Teams den Kulminationspunkt erreicht.

»Verfickte Schuhplatten, die Schrauben drücken«, flucht Tom genervt. Mehr Worte verlieren wir nicht über *den Vorfall*. Auf Platz 31 hecheln wir schließlich von Ballermannmusik vertont ins Etappenziel. Nicht übel. Genau genommen die beste Marathonplatzierung meines Lebens. Doch das Team-Gefühl haben wir erst mal ordentlich abgehängt.

Fünf Kilometer sind es vom Zielort bis zu unserer Pension »Waldesruh«. Worauf die Namensidee basiert, wird uns schnell klar, immerhin sind wir genau darauf unterwegs – eine fiese Rampe, die uns ziemlich viele Höhenmeter Richtung Nowhere führt. »Ortsrand« stand im Prospekt. Eine starke Pauschalisierung, denn weder der Ort noch dessen Rand ist auch nur annähernd in Sichtweite. Schweißglasiert kämpfen wir uns nach oben, während Tom pausenlos die Qualität der von mir durchgeführten Buchung infrage stellt.

»Mann, Mann, Mann, ich will nur duschen und nicht auf eine verdammte Expedition gehen«, motzt er. Auch meine Laune schwindet gerade rapide. Nach so einer Etappe ist jeder zusätzliche Höhenmeter einer zu viel. Das nächste Mal werden mir auffällig idyllische Pensionsnamen eine Warnung sein. Ist doch klar, dass sich eine Pension »Waldesruh« nicht im Ortskern, sondern logischerweise stark exponiert davon befindet. Ebenso Herbergen mit ähnlich verdächtigen Namen wie »Gipfelblick« oder »Almhof«. »Hotel Central« oder »Ratskeller«, das klingt nach Fußgängerzone, Dorfbrunnen und damit nach entspannten Waden.

Die Wirtin heißt Christine, schüttelt mit ihrer rauen Kartoffelschälhand die unseren. Die vorausgeschickten Reisetaschen seien schon oben auf dem Zimmer. Man fühlt sich mütterlich umsorgt. Die Einrichtung ist entsprechend: Schirmlämpchen, Holzkomplettvertäfelung, blau-weiß karierte Raufaserbettwäsche. Aber gemütlich. Ich darf zuerst in die Duschkabine, weil Tom seinen Reisetascheninhalt vom ausgelaufenen Schraubensicherungskleber befreien muss. Mit der Zufriedenheit eines Siegers seife ich das Schweiß-Staub-Gemisch der Etappe in den Abfluss. Anschließende Resttagesgestaltung: Keime aus dem Trinkrucksack spülen, Nudelberge essen, Magnesiumtablette auflösen und ab ins Bett. Da liegen wir nun am Samstag zur besten Ausgehzeit im Doppelbett, starren an die gemaserte Holztafeldecke und inhalieren den Duftcocktail von Toms ausgelaufener Schraubensicherung, meiner aufgetragenen Muskel-Relax-Salbe und den im ganzen Zimmer verstreuten, säuerlich muffelnden Klamotten. »Wir müssten dringend über unsere Mannschaftstaktik für morgen reden«, denke ich, denke aber nicht dran, den Anfang zu machen. Schließlich war *ich* Erster am Berg. Also! Und überhaupt: Wer ist dieser Tom eigentlich? Wir kennen uns gar nicht und sollten vielleicht mal ein paar persönliche Eckdaten über uns austauschen: Lieblingsessen zum Beispiel, Familienstand, Freizeitinteressen, Musikpräferenzen, so was in der Richtung. Immerhin leben wir momentan in einer Beziehung, wenn auch nur einer frist- und zweckgebundenen.

»Ist schon heftig, das Rennen«, beginnt Tom schließlich die Unterhaltung, nachdem er eine halbe Stunde lang das fuchsschwanzsägeblattähnliche Höhenprofil des morgigen Tages im Roadbook betrachtet hat.

»Sind doch nur noch sieben Tage«, antworte ich, besorgt aufs Höhenprofil schielend. Meine Beine brummen noch ganz schön.

»Eben«, stöhnt Tom und wirft das Roadbook angewidert auf seine Reisetasche.

»Wir müssen ruhiger fahren, sonst explodieren wir nach der Hälfte der Woche«, versuche ich meinen Schachzug vom Anstieg zu Ende zu führen. Ent- statt beschleunigen. Ich kann doch nicht zugeben, dass ich morgen wahrscheinlich so oder so fertig sein werde, weil ich mich heute in den Keller gefahren habe. Die Beine gehen ja noch. Aber meine Bronchien! Auf jeden Atemzug reagieren sie zickig mit Hustenreiz. Hoffentlich wird daraus keine Lungenentzündung.

»Kräftemäßig ging es bei mir super. Ich konnte nur nicht richtig treten, weil die beschissenen Schrauben gedrückt haben«, probiert nun Tom seinerseits einen Demoralisierungsversuch. Drückende Schrauben, dass ich nicht lache. In der ersten Rennhälfte hat ihn das doch auch nicht gestört.

»Nee, echt jetzt, bis zur fünften Etappe sollten wir schön gleichmäßig fahren. Dann können wir immer noch angreifen. Das haben die Typen in ihren Internetberichten auch geschrieben. Ab dem fünften Tag geht es eigentlich erst richtig los«, bleibe ich am Ball, nebenbei eine SMS an Himbeerchen tippend: »Tom versägt, geil! Fehlst mir. Meld mich morgen. Frivoler Such-dir-aus-wohin-Knutscher!« Eigentlich schmerzt der Rücken noch übler als Beine und Bronchien, meine Güte, war das ein Tag.

Tom scheint nachzudenken. Für ein paar Sekunden ist es still. Nur Topfklappern und eine schräg gepfiffene Version von »Yellow Submarine« schneiden aus der Pensionsküche unter uns durch die Nacht. Von wegen Waldesruh.

»Sag mal, was würdest du eigentlich machen, wenn ich aussteigen muss? Also nur so theoretisch«, tastet Tom das Potenzial an Teamgeist ab.

»Tja, dann fahre ich alleine weiter, und zwar schön ruhig.«

»Und warum machst du das jetzt nicht?«

»Wieso? *Du* hast doch Druck gemacht«, echauffiere ich mich gespielt naiv.

»Ist halt so bei mir. Wenn ich einen vor mir sehe, will ich vorbei. Vor allem bei Frauen. Hey, da waren echt Frauen vor uns, so was habe ich noch nie erlebt. Es gibt nur eines, was noch schlimmer ist.« Tom dreht seinen Kopf zu mir rüber: »Typen mit unrasierten Beinen. Das geht gar nicht.« Ach ja, und übrigens fände er es ziemlich *gaylordmäßig*, dass meine Beine nur bis zur Rennhose rasiere.

»Der hat Probleme«, denke ich. Wir einigen uns auf einen Kompromiss: gleichmäßig über die Berge, zumindest erst einmal bis zur fünften Etappe. Und wenn Wadenteddys oder Damen vor uns auftauchen, dann in jedem Fall vorbei.

Der nächste Tag beginnt vor sechs Uhr. Wir sitzen rennfertig im Frühstücksraum. Draußen ist Halbdunkel. Weil die Pensionswirtin noch nicht wach ist, drinnen ebenfalls. An diesem Scheideweg von Tag und Nacht ist uns nach allem zumute, nur nicht nach Radfahren. Ich nuckle lustlos an einer Flasche »Carbopower Lemon – Hypotonisch mit Natrium und Vitamin

B1« und hoffe, dass von den »1617 Kilojoule pro 100 Gramm« möglichst viele auf meine Beine überspringen. Das Pensions-Buffet ist nach kostenoptimierenden Kriterien zusammengestellt. Tom hat sich mehrere Packungen »Pumpernickel – der korngesunde Frühstücksgenuss« und Aludöschen »Hausmacherleberwurst – natürlich aus Österreich« auf den Teller geladen. Ich streiche No-Name-Nussnougatcreme auf gut ausgehärtete Semmelhälften.

Frühstück ist der mit Abstand unangenehmste Teil des Leistungssportlerdaseins. Man würgt sich zwischen Aufstehen und Aufwachen voll, bis man keine Luft mehr bekommt, aber einen Kotzreiz, muss beim Treppensteigen zurück zum Hotelzimmer ständig aufstoßen und spätestens am Start dringend aufs Klo, was in der Praxis aber schon am Anti-Rutsch-Konzept der Trägerhose scheitert. Am Tisch neben uns fleht ein Typ mit T-Mobile-Trikot seinen Team-Partner an, dass der doch heute bitteschön mal ein bisschen piano machen soll und nicht wieder so einen Stress auf den Abfahrten, weil: »Hinten scheißt die Ente!« Anziehsachen aus dem Merchandising-Angebot von Profiteams kommen in der Hitparade der schlimmsten Modesünden gleich nach Stretchjeans. Der Träger will mit den erkauften Insignien Professionalität vorgaukeln, macht sich aber nur zu einer doofen Coverversion.

Bis zum Start ist es noch über eine halbe Stunde hin, als wir im Transalp-Epizentrum einrollen. Trotzdem drängelt sich das Gros der Aspiranten schon mit Schulterkontakt um die Pole-Position. Die Fußgängerzone ist mit Flatterband in drei Startboxen aufgeteilt. Ganz vorne A für die Leistungsträger der jeweiligen Wertungsklassen, in der Mitte B für den Durchschnitt und ganz hinten, außerhalb der Lautsprecherreichweite, C für den Grund des Karenzzeit-Paragrafen, das letzte Drittel. Wie bereits gestern überbrückt der Moderator die Zeit bis zum finalen »Highway to Hell« mit einer CD der Gute-Laune-Terroristen Venga Boys. Wahrscheinlich ist sie GEMA-frei. Ansonsten dürfte es ja eigentlich keine Argumente dafür geben, in den unendlichen Weiten der Unterhaltungsindustrie ausgerechnet in der gleichen halbgaren Technobrühe zu rühren wie die mit Kulturamtszuschüssen bezahlten Plattenaufleger bei Kinderfaschings in städtischen Turnhallen. Alternativen gäbe es Millionen. »Hello again« von Howard

Carpendale zum Beispiel. Zwar auch nicht schöner, aber immerhin passend zum Etappenmotto der Veranstaltung. Oder, in Anspielung auf das Team-Konzept, Marianne Rosenbergs »Er gehört zu mir«.

Wir ordnen uns in unserer Startbox ein, werden von einem Listenschreiber abgehakt und von den Teams ringsum skeptisch auf die wichtigsten Parameter abgecheckt: rasierte Beine, ja oder nein? Sponsoren auf den Trikots nur Zierde oder tatsächlich Erstatter der Reisekosten? Bike gesponsert, gekauft oder nur leihweise zur Verfügung gestellt? Ich scanne zurück. Details verraten viel. Eine Luftpumpe zum Beispiel. Wer Zeit hat, den Schlauch mit Hunderten Hüben statt einem einzigen Druckluftkartuschendreh zu befüllen, dürfte keine ernsthaften Ambitionen auf eine Top-Platzierung haben. Fahrer, die beim Anbringen ihrer Startnummer die mit Riegeln gefüllten Trikottaschen ungeschickt zunadeln, sind entweder komplett unerfahren oder in Kürze vom Hungerast geplagt. Meist beides.

Tom verrenkt sich wie ein Yogaturner. Ich wie ein Mädchen, bei dem der Limonadendurst wieder mal größer war als Blasenvolumen und Toilettendichte. Obwohl ich auf dem Weg zum Start zweimal in die Büsche gepieselt habe, muss ich die Umgebung schon wieder nach einer unbebauten Grünfläche absuchen. Es ist die große Kunst bei einem Marathon, die Flüssigkeitsspeicher optimal zu befüllen, ohne dabei den Harndrang in Gang zu setzen. Ist der erst mal aktiviert, wird man zum Auslaufmodell, was sich im Gewusel am ersten Berg dann als großes Problem herausstellt. In Innenstadtgassen wie diesen hier allerdings auch. Hier heißen die Pensionen nämlich nicht Waldesruh, sondern Erika und Rita. Und deren Namensgeberinnen sehen es sicher ungern, wenn ihre pastellfarbig getünchten Hausfassaden besprenkelt werden. Andere Fahrer sind da pragmatisch und düngen die umstehenden Blumenkübel. Da, eine Hecke! Beeilung, ehe noch Spaziergänger vorbeikommen und angewidert den Kopf schütteln. Ihn kurz schütteln, damit sich keine Fleckenzwerge im Schritt einnisten. Dann muss man die Folgen des Wildpinkelns für alle sichtbar mit sich herumtragen. Nass-Stelle statt Nasszelle. Muss ja nicht sein.

Um zu meinem Bike zu gelangen, muss ich über unzählige Vorder- und Hinterräder klettern und jedes Mal »Sorry« sagen. Ein Banane essender Typ im zu engen XL-Trikot fragt mich, anstatt zu rücken, ob's noch geht. Eben nicht, Biotonne.

»Okay, viel Glück«, wünscht mir Tom und klopft mir auf die Schultern. Die AC/DC-Hymne fängt schon an zu sägen. »Dir auch. Und immer ruhig«, bohre ich ihm noch rasch ins Gewissen, während die Sinfonie der einklackenden Schuhplatten durch die Gasse hallt.

Der Startschuss mischt sich in das Knattern der Führungsmotorräder. Rasseln rasseln, Gitarren sägen. »Highway to Hell! I'm on the Highway to Hell!« Da bin ich mit Bon Scott nicht unbedingt einer Meinung. Manchmal werden Grölphrasen nämlich schneller Realität als einem lieb ist, was man ja am bereits beerdigten Sangesmeister selbst sieht. Es geht los.

Der erste Anstieg ist ein steiles, aber gleichmäßig zu fahrendes Schotterband. Tom und ich haben uns in die zweispurige Fahrerschlange eingereiht. Überholen geht nur außen vorbei, wo der Schotter tief und die Erfolgsaussicht flach ist. Also verzichten fast alle Fahrer darauf. Die, die es trotzdem probieren, brechen ihre Bemühungen ziemlich zeitnah mit gefluchten Fäkalwörtern oder auf der Hüfte liegend ab. Tausende Gedanken schwirren durch meinen Kopf. Ist das Ziehen am Wadenansatz Vorbote für nahende Muskelkrämpfe, die mich unter den amüsierten Blicken der Konkurrenz im Tagesverlauf zur Aufgabe zwingen könnten? Wie komme ich in dem Fall überhaupt nach Hause? Mit dem Zug? Dem Bus? Per Anhalter? Mit *den* verschwitzten Klamotten?

Ich zucke zusammen. Von hinten spritzt mir jemand mit seiner Wasserflasche in die Hacken. Es ist das eigenwillige Begrüßungsritual von Jörg aus München, den ich vor Jahren mal bei einem Mountainbike-Festival kennengelernt habe. Trotz magerer Erfolgsquote und wild bewucherter Beine genießt Jörg in der Szene ähnlichen Promistatus wie Ralph Berner. Der Beginn seiner Popularität lässt sich genau datieren. Nämlich auf den Moment, als ihn ein Magazin freundlich untertrieben »Purist« nannte, weil er bei der ersten Transalp auf einem Ritchey mit Starrgabel und ohne Lenkergriffe über die Trails gepoltert war. 1998 war das.

»Hey«, ruft Jörg, die Hände immer noch an blankes Titan gekrallt, inzwischen aber mit Federgabel, »alles fit im Schritt?« »Da schon«, keuche ich zurück. Dann sprudelt der ganze Wahnsinn aus ihm heraus, der sich im Laufe seiner Transalp-Teilnahmen zu einer dezent gestörten Wahrnehmung verdichtet hat. Gestern, in der Massenunterkunft, erzählt er flüssig bei zwölf Prozent Steigung, hätten sein Kumpel, der Richard, und ein Typ aus Irland derart asynchron geschnarcht, dass er sich raus auf die Tartanbahn legen musste, was aber immer noch besser sei als im Hotel, wegen dem Feeling. Okay, wenn nachher in der letzten Wochenphase alle Mitschläfer Blähungen vom Pulverfressen hätten, wäre das schon krass. Egal! Überhaupt! Transalp! Wahnsinn! Jedes Jahr sage er sich, nie wieder die Scheiße, tja, und dann tue er sie sich wieder an, die Scheiße, das neunte Mal jetzt schon, immer ohne Lenkergriffe, obwohl er ja nach dem fiesen Sturz beim zweiten Start nie mehr diese Scheiße mitfahren wollte, wo der ganze Daumen und die Kniescheibe aufgefetzt gewesen seien, was fies geeitert hätte, nee, echt, diesmal noch und dann nie wieder, höchstens einmal noch wegen dem Jubiläum, aber dann! Dann gibt Jörg Gas und wühlt sich durch den Schotter links an der keuchenden Meute vorbei.

Bei dem ganzen Gerede habe ich gar nicht gemerkt, wie zügig wir uns die Serpentinen hochgeschraubt haben. Der höchste Punkt ist schon zu sehen. Vielleicht sollte ich mir eine MP3-Datei mit Jörgs Geschichten aufnehmen und bei jedem Anstieg anhören, das lenkt ab. Tom und ich erreichen zeitgleich den von glücklichen Kühen bevölkerten Bergrücken. Das teaminterne Räderwerk läuft diesmal geschmiert. Der nächste Pass ist Pillepalle. Der darauf folgende schon eine Nummer zackiger. Das war es auch schon fast für heute. Wenn ich mir überlege, wie schwer ich mich mit meinem Marathon-Comeback vor wenigen Wochen getan habe. Die verbleibenden 20 Kilometer erscheinen im Roadbook-Format harmlos, stellen sich aber als gemeine Kraftsauger heraus. Hoch, runter, Asphalt, Pfad, immer im Wechsel. Leider befinden sich noch einige Fahrer mit unrasierten Beinen vor uns, was Tom in einen dauerhaften Angriffsmodus versetzt. In Zeitfahrhaltung beiße ich mich an seinem Hinterrad fest und durchleide an den kurzen Stichen körperliche Tiefpunkte.
Zwei Russen, die sich einen erbitterten Zweikampf mit uns liefern, wollen wissen, wie weit es noch ist. Als ich die verbleibende Reststrecke auf zehn Kilometer schätze, stellen sie die Gegenwehr umgehend ein. So schnell lässt sich Motivation pürieren. Tatsächlich sind es nur noch zwei Kilometer.

Eine Fluchtgruppe ist weg. Das kann ARD-Radsport-Experte Rolf Aldag zwar auch nicht ändern, zumindest aber irgendwie finden. »Rolf, was hast du auf deinem Analysebrett für uns vorbereitet?«, fragt der Tour-de-France-Kommentator. Tja, analysiert Herr Aldag messerscharf, es sei schon erstaunlich, welche Leistungen die Fahrer nach sechs Stunden Renndauer noch abrufen könnten.

Fernseher mit SAT-Anschluss ist das wichtigste Ausstattungskriterium für ein Hotelzimmer. Zumindest in dieser einen Woche im Jahr, in der sich Tour und Transalp überschneiden. Wer da abgeschnitten von der Außenwelt in Hotelzimmern ohne Glotze oder wie Ritchey-Jörg auf der Tartanbahn liegt, muss sich das Tagesergebnis später mühsam in der Fußgängerzone erfragen. Es gibt nichts Besseres, als geduscht, geschafft, hingelegt und Erdnüsse aus der Minibar kauend seinen Kollegen in Frankreich zuzuschauen, die so schnell die Pässe hinauffrasen, wie man selbst vorhin die Downhills runter, was im Fernsehen auch gerade für regen Gesprächsstoff sorgt. Zugeschaltet sind Spezialisten aus der Pharmabranche und Pressesprecher der Justiz.

Vom Bett aus kann ich durch die offene Balkontür in ein Zimmer von »Gidi's Hof« gegenüber schauen. Auf der Tagesdecke liegt ein Transalp-Fahrer seit einer halben Stunde in kompletter Montur regungslos, was mich an die Schlüsselszene in Hitchcocks »Das Fenster zum Hof« erinnert. Der Tatverdächtige steht geduscht auf dem Balkon und spricht mürrisch den Rennverlauf ins Mobiltelefon. Unter ihm pulsiert das Heer der Halbtoten durch alle Gassen.

Es ist kurz nach 18 Uhr. Wir gehen zur Nudelparty ins Kulturzentrum. Natürlich zusammen, wie all die anderen Pärchen mit ihren um die sonnenverbrannten Hälse gehängten Teilnehmerausweisen. An der Après-Bar neben dem Zielbogen genehmigen sich die sichtlich abgekämpften »MTB-Freunde Hildesheim« gerade ein Weißbier und machen nicht den Eindruck, als wollten sie das Wort »Freunde« länger im Vereinslogo tragen. Ziemlich mineralarm schauen sie aus der Wäsche und beim Umbau des Ziel- in den Start-Bereich zu. An einem Postkartenstand bestaunen wir die großartige Landschaft, durch die wir heute gefahren sind.

Im Kulturzentrum gibt es »Salat der Saison« vom Buffet, wahlweise eine Flasche »Almdudler g'spritzt« oder »Quellwasser, still«. Und Nudeln in der Grundausstattung. Der Geschmack erinnert an Pommes mit Ketchup und Mayo, ohne Pommes und Majo. An der langen, mit Papiertischdecken tapezierten Esstafel bekommen wir schnell Kontakt. Ich lerne das Wort »Carboloading« und dabei das Ehepaar Susanne und Friedhelm aus einem Ort namens Ofterdingen kennen. Mehr als 4000 Kilometer haben die beiden für das Rennen trainiert und Teamtrikots mit der Aufschrift »Weißbier statt EPO« gedruckt, um »zu sehen, was geht«. Zu sehen, was steht, wäre aber auch schon gut.

»Schade, dass man von der geilen Landschaft nichts sieht. Wenn das Blut in den Augen steht, hat man da einfach keinen Blick«, bedauert Friedhelm und bedankt sich für meinen Tipp mit dem Postkartenständer.

Die nächsten Etappen verlaufen nach dem bekannten Schema. Wir reden kaum. Wir fahren einfach. Beide dauerhaft im roten Bereich. Beide gelegentliche Schwächephasen mit scheinheiligen Ausreden tarnend, von wegen falsch eingestellter Sattel und so. Dabei liegen wir abends nebeneinander im Bett, schenken uns beim Frühstück gegenseitig Orangensaft ein und vertrauen uns sogar langsam kleine Geheimnisse an. So weiß ich inzwischen über Tom, dass er beim Training am liebsten Harry-Potter-Hörbüchern lauscht. Und welche anatomischen Vorzüge seine Traumfrau hat. Er weiß von mir, dass ich gerne Schweinsohren nasche. Und dass ich mir letztens fast das neue Coldplay-Album gekauft hätte, was ich aus Angst um meinen Ruf bisher *niemandem* verraten habe, nicht mal Himbeerchen. Nur der Zustand unserer Beine bleibt eitel Tabuthema. Männer sind eben so.

Eine Transalp Challenge ist Stress nonstop. Sechs Uhr morgens aufstehen, Müslipampe reinwürgen, umziehen, Tasche packen, die Benutzerreihenfolge beim anstehenden Toilettengang diskutieren, beim Gelärme der Venga Boys auf den Start warten, stundenlang über die Berge schinden, im Ziel so tun, als wäre nichts gewesen, die Autogrammwünsche von offensichtlich fachunkundigen Kindern erfüllen, während die Etappensieger unbeachtet danebensitzen, Rad säubern, Hotelzimmer zumüllen, Nudelparty suchen, Schlaf finden. Jeden Tag die gleichen Fragen: Wo sind wir eigentlich? Wo geografisch? Wo in der Zeitrechnung? Ein einziges Bergopus. Der Tag ist zu einem einzigen Konzentrat geworden: viel Strecke in kurzer Zeit, großes Chaos in winzigen Hotelzimmern, tausend Abläufe komprimiert auf wenige Stunden. Selbst die Mahlzeiten sind pulverkomprimiert. Tom hat inzwischen verboten, die Bettdecke nach 21 Uhr zu lüften, und im Gegenzug einen Verzicht auf seinen Lieblingsanfeuerungsruf »Kette rechts« angeboten, durch den ich mich gerade in Etappenendphasen enorm unter Druck gesetzt fühle. Der Alltag mit seinen Terminen, Rechnungen und Konsumzwängen scheint Lichtjahre weg. Hier geht es um wesentlich wichtigere Dinge: wie viele Powergels mitnehmen? Beine einölen oder nicht? Armlinge oder ärmellos? Und vor allem: Wieso hat Team 34 gestern sechs Minuten auf uns gutgemacht, obwohl der Große von den beiden unrasierte Beine hat und Socken vom Herrenausstatter?

Inzwischen interessieren wir uns tatsächlich auch für die Form der Gegner. Eigentlich sind es immer die gleichen Teams, mit denen wir die Anstiege im gnadenlosen Kampf um Sekunden hochhecheln. Team 288 zum Beispiel, Maik und Mike, der Polizist aus Leipzig und der BMW-Hinterachsenentwickler aus München. Über 8000 Kilometer hat Mike für das Rennen trainiert und dafür einen Deal mit Freundin Babsi geschlossen: bis zur Transalp alle Freizeit der Körperertüchtigung statt amourösem Körperkontakt. Aber dann! Oder Team 130, Roland, der kleine, strubbelhaarige Bauingenieur, und Dirk, der große, ultrakurz rasierte Grafiker. Im letzten Jahr waren sie als »Team Mega Bike« dabei, haben sich nun aber selbstbewusst in »Team Giga Bike« umgetauft, weil sie noch mehr trainiert haben. Was über 50 Teams aber nicht davon abhält, schneller zu sein.

Morgen ist die Königsetappe, hat der Streckenchef beim Briefing auf der Nudelpartybühne gedroht. Dabei sieht das Höhenprofil gar nicht danach aus. Nur zwei Zacken und dann 60 Kilometer ziemlich gerade. Jedoch immerhin fast 3000 Höhenmeter auf 120 Kilometern. Es ist 20 Uhr. Ich liege mit geputzten Zähnen neben Tom auf dem Hotelbett und grüble, wie ich die restlichen vier Tage überstehen soll. Mein Körper ist ausgebrannt, ebenso der Wille. Die Augenhöhlen liegen tief. Beim Pinkeln und Zähneputzen stütze ich mich inzwischen geschafft mit einer Hand an den Fliesen ab. Weißer Zungenbelag kündigt den nahende K.o. des Immunsystems an. Eine »Ibuprofen«-Tablette könnte helfen, morgen, kurz vor dem Start. Doch so weit kommt es noch. Ich und Doping. Wahrscheinlich würden sie mich ins Glas pieseln lassen, erwischen, an den Ohren durch die Boulevardpresse schleifen und lebenslang sperren. Dann könnte ich den Cristalp vergessen und müsste mein Leben lang mit dem Schandmal des Betrugs leben. Das Handybimmeln reißt mich aus den Gedanken: Himbeerchen, mein derzeit einziger Kontakt zur realen Welt.

»Na, wie geht es meinem Bärchen?«, haucht sie besorgt.

»Super«, behaupte ich mit fester Stimme, schließlich liegt Tom neben mir.

Ich bin Himbeerchen so dankbar. Dass sie nicht die beleidigte Freundin gibt, sondern mit mir mitfiebert, ist für mich der schönste Liebesbeweis. Für diese Woche war der Toskana-Urlaub geplant, doch darüber verliert sie bei den Anrufen kein Wort. Wie jeden Abend tauschen wir vor den obligatorischen Zuneigungsbekundungen erst einmal unsere Tageshöhepunkte aus. Bei mir: klebrigen Flascheninhalt an der Verpflegungsstelle wegen Rempler von Nummer 216 über die Hand geschüttet, das zweite Gel erst am dritten Pass gegessen, im Ziel die rasselnde Gangschaltung nachgestellt. Bei ihr: fast zu spät zur Arbeit gekommen, über den Kollegen Marek geärgert, der das Kreuzworträtsel in der neuen »Gala« ausgefüllt hat, dazu noch falsch. Dann, vorhin, im Plus-Markt zwei Treueherzen bekommen, anschließend Balkonpflanzen gegossen. »So schnell kann man sich auseinanderleben«, denke ich. Balkonpflanzen! Wo doch morgen zwei Pässe, zahlreiche Konkurrenten und die Launen der Natur zu bezwingen sind! In welcher Welt lebt sie eigentlich?

Diese Venga Boys rauben mir noch den letzten Nerv. Zum Glück ist es schon »one minute to the start« und Zeit für das alltägliche »Highway to Hell«. Ich bin lediglich vom Hotel zum Start gerollt und fühle mich erbärmlich. Rasieren und sonstige kosmetische Bemühungen habe ich seit Tagen zugunsten der Regenerationszeit aufgegeben. Die Wangen sind eingefallen. Ich sollte dringend Urlaub machen, dabei habe ich gerade welchen. Ich bereise die Wahrzeichen der Südtiroler Tourismusindustrie, schaue aber die ganze Zeit nur in den inneren Spiegel: Wie geht es mir, wie im Vergleich zu gestern, wie, wenn ich ein bisschen Tempo rausnehme, wie, wenn ich an Steilstücken im Wiegetritt fahre?

Gleich muss ich wieder mit diesen Verrückten über die Berge hecheln. Warum eigentlich? Mein bisher übermächtiges Saisonziel Cristalp ist durch den ganzen Höhenmeter-Wahnsinn kastriert worden. Die Kluft von *Haben* und *Wollen* ist eingeebnet. Cristalp: viele Höhenmeter, eine Schiebepassage. Das habe ich hier jeden Tag. Zudem wird sich wohl auch der eigentlich anvisierte Trainingseffekt in Grenzen halten, so ausgelutscht, wie ich mich fühle. Auf das Podest kommen wir ebenfalls nicht mehr. Die Jungs ganz vorne haben Stunden Vorsprung, da offenbar Hydraulikkolben in den Beinen. Und die Landschaft mogelt sich am Tunnelblick vorbei. Egal, nicht nachdenken, immer mit der Meute mit, jetzt eben auf den nächsten Berg, für dessen Begehung in Wanderführern festes Schuhwerk empfohlen wird.

Samstag. Sieben Tage liegen hinter uns: die Etappe mit den meisten Kilometern, die mit dem höchsten Gipfel, der längsten Schiebepassage, dem schönsten Singletrail. Und ein sogenannter Ruhetag mit 2411 fiesen Höhenmetern. Der war gestern. Das Gute daran: Die Schinderei ist heute Abend vorbei. Das Schlechte: Mit meiner Power ist es das schon seit Tagen. »Meine Beine fühlen sich richtig gut an«, resümiert Tom auf der Treppe vom Frühstücksraum zurück zum Hotelzimmer. Ich hoffe meinen Beinen zuliebe auf einen Bluff. Zumal Tom für heute die große Schlussoffensive angekündigt hat. Wir stehen auf Platz 43 der Ergebnisliste. Das derzeitige Führungsduo hat sich unglaubliche sieben Stunden von uns abgesetzt. Platz 42 wäre theoretisch noch drin. Das erscheint Außenstehenden vielleicht kleinkariert, uns aber als Mission. Erstens wegen der schlimmen Herrenausstattersocken von Team 34 vor uns. Zweitens, weil die Seite eins der Ergebnisliste nur 42 Spalten hat. Derzeit sind wir zwar die Ersten, aber nur auf Seite zwei. Dann lieber Letzte, aber auf Seite eins.

Nur noch einmal Venga Boys, einmal »Highway to Hell«, einmal hektisch in die Büsche strullen. Es geht zum Gardasee. Dazwischen: 96 Kilometer und sportliche 2654 Höhenmeter. Die gegnerischen Herrenausstattersocken aktivieren bei Tom noch einmal alle Kräfte. Wie im Rausch kurbelt er die Rampen hoch, würdigt die erste Verpflegungsstelle keines Blickes und schreit mir das erste Zwischenergebnis der Bemühung zu: »Der eine von

Nummer 34 kackt voll ab.« Ich leider auch. Der erste Pass ist mit Hängen und Würgen geschafft. Jetzt noch die finale Rampe. Gebimmel wie beim Almauftrieb. Doch es ist nur die Babsi vom Mike, die die Fahrer mit einer riesigen Kuhglocke anfeuert. Tom presst wie beim Start der ersten Etappe. Ich muss abreißen lassen wie er unlängst bei Ralph Berner. Was für ein Ausscheidungsrennen.

Oben auf dem Pass das allerletzte Mal Iso-Plörre an der allerletzten Verpflegung vor der allerletzten Abfahrt. Der Strahl rinnt aus dem Bottich in meine Flasche, als ich nach rechts schaue und zusammenzucke. Neben mir steht Team 34 und raunt: »Hey! How are you?« Kanadier aus Whistler, dem Mekka des risikoorientierten Bergabfahrens, auch das noch. Den Kampf im Downhill können wir uns schenken. Ein Sturz, ein Bremsenkollaps und eine weggerüttelte Trinkflasche später erreichen wir endlich den Strand des Gardasees. Rasseln. Jubel. Ibiza-Bumm-Bumm-Gewummer der Venga Boys. Das Piepen der Lichtschranke gibt uns unsere Eigenständigkeit zurück. Ein komisches, leeres, irgendwie trauriges Gefühl. Wie nach einem guten Konzert, wenn das Licht angeht.

Wer die Venga-Boys-CD im Gardasee versenkt, dem schenke ich meine Finisher-Medaille.

# 10.

# Im Sog der Nacht

&

Die Banalität ist erschreckend brutal. Vor wenigen Tagen habe ich mit den Launen der Natur und gegen gestählte Athleten gekämpft. Habe mich von Pulverkonzentraten ernährt, um nicht vor die Hunde zu gehen. Wege befahren, welche als solche nicht erkennbar waren. Mir auf diesen bergab bei 40 »Sachen« freihändig fahrend die Windjacke angezogen, um keinen Schnupfen zu bekommen und gleichzeitig keine Sekunde auf die Gegner zu verlieren. Mich gequält, bis zum Verlust der Muttersprache. Gelebt, um zu überleben. Nun will die Bäckerin 2,20 Euro für die Morgensemmeln von mir, aber bitte passend. Der Briefkasten offenbart mein 08/15-Dasein noch schonungsloser. Darin lediglich: zwei Briefe mit Klarsichtadressfeld, in denen neben zahlreichen anderen »Leistungen« auch gleich noch das Porto zu meinen Lasten berechnet wird. Weiterhin das Bonbonpapier eines Nachbarkindes und – ebenfalls gratis – ein Stadtteilanzeiger, aus dessen aufgeblähtem Bauch ein beachtlicher Stapel Werbematerial auf die Treppenhausfliesen rieselt. Darunter schon wieder Günther Jauch – »107x die Gelegenheit für Sie, Millionär zu werden! 53,73 Prozent mathematisch gesicherte Treffer-Chance!« Die Trefferquote in die Papiertonne ist höher, 100 Prozent.

Ich hatte mir die Tage nach der überstandenen »BIKE Transalp« irgendwie glänzender vorgestellt. Ruhmreicher. Mit mehr Rambazamba verziert. Doch die Welt dreht sich einfach normal weiter, als wäre nichts geschehen. Der Briefkasten quillt nicht über. In der Wohnung liegen, stehen, befinden sich dieselben Sachen, Dinge, Gegenstände an genau derselben Stelle wie vorher. Auf der Straße blicken mich die Leute weder bewundernd an, noch bleiben sie stehen, um mit ihren Handykameras aufgeregt Bilder von mir zu knipsen. Selbst der »Bild«-Zeitung ist die neue Jeans von Victoria Beckham wichtiger.

Jeder Ruhm braucht seine Bühne. Doch während sich die »Finisher« im Internet-Forum der Transalp-Homepage gegenseitig auf die virtuellen Schultern klopfen, interessiert die größte körperliche Leistung *meines Lebens* in der *normalen, allgemeinen* Version keine Sau. Jeder Versuch, mein eigenes Denkmal wenigstens bei Bekanntengesprächen in Szene zu setzen, wird durch Ahnungslosigkeit im Keim erstickt: »Transalp was? Ach übrigens, du musst dir unbedingt mal unsere neue Flurgarderobe anschauen.« So in der Richtung. Ich bin nicht nur keine Nachricht, sondern nicht mal der Rede wert. Immer mehr wird mir klar, dass ich inzwischen in meinem ganz eigenen Kosmos lebe. Einem Kosmos, für den Schweiß die einzige Eintrittskarte ist. Und der sich paradoxerweise nur mit denen teilen lässt, gegen die man kämpft. Mit denen, die schuld sind an meinen Augenringen, den blauen Flecken, der Müdigkeit in meinem Körper.

Dieser Kosmos hat meine Lebensstruktur verändert. Sogar meine Reflexe. Will ich nach dem Wohnungsschlüssel greifen, sucht meine Hand intuitiv am Rücken nach der Trikottasche, selbst wenn ich zivil gekleidet bin. Gehe ich im Park mit Himbeerchen spazieren, tastet mein Auge den Weg nach der Ideallinie ab. Sitze ich vor dem Fernseher, komme ich mir unnütz und disziplinlos vor. Dafür dauert dieser Zustand nie besonders lange. Mein Biorhythmus ist auf Nachtruhe 21 Uhr programmiert. Ich lebe nur noch nach Plan.

Aus sportlicher Sicht mag das hervorragend sein. Generell aber spüre ich einige Mankos. Was sagt denn ein Platz Sowieso aus, wenn doch alle am Start unter unterschiedlichen Lebensumständen trainieren? Wie soll man seinen Erfolg nach außen hin kommunizieren? Wenn berufstätige, in Beziehungen stehende Väter wie ich gegen studierende Singles und/oder Rohkostesser antreten oder gegen sogenannte Profis, die als Mamasöhnchen bei ihren Eltern leben, weder ihre Wäsche selbst waschen noch den Einkauf erledigen, um den ganzen Tag auf dem Rad zu sitzen? Wieso gibt es keine differenzierteren Wertungsklassen? Dann könnte man wenigstens sagen, man ist der Soundsobeste in der Kategorie »Vollberufstätig mit Nachwuchs unter sechs Jahren« oder der Soundsovielte in der Klasse »Schlemmerorientierte Spätfrühstücker«. Sollten die Statuten-Fuzzis beim Bund Deutscher Radfahrer vielleicht mal diskutieren. Sonst reglementieren die ja auch immer alles.

Die Grenzen verschwimmen. Was ist normal, was unnormal? Ist es normal, sich gierig mit ungesundem Esskram vollzustopfen, um dann die »Fit for Fun« wegen der neuen Super-Power-zehn-Tages-Wunder-Futtertipps gut zu finden? Oder lieber jeden Morgen den Geschmacksnerven zum Ärger auf matschigen Haferflocken zu kauen, nur weil sie den vermeintlich optimalen Masse-Energie-Quotienten liefern? Ist es normal, am Wochenende stundenlang durch Einkaufspassagen zu *bummeln*, um die dann verbleibende Zeit bis zum 20.15-Film gelangweilt in vollgeredeten Gastronomie-Mastanlagen zu überbrücken? Oder sich stattdessen fünf Stunden lang mit »G1« und »Kraft-am-Berg-Intervallen« zu knechten, um dann für künftige Abenteuer präpariert, aber zu fertig für Außerhausgänge, Wohnungsputz und Sex auf die »Superkompensation« zu warten?

Normal ist relativ. Und relativ super erscheint mir inzwischen wieder mein vergangenes Leben, als meine Freizeit noch diesen Begriff verdient hatte und eben freie Zeit war. Als ich auch mal *nicht* Radfahren gehen und stattdessen Gerichtsshows gucken konnte oder solchen Blödsinn. Als ich nicht ständig Himbeerchen gegenüber dieses schlechte Gewissen haben musste, weil ich schon wieder den ganzen Abend, das ganze Wochenende, die ganze Woche nur in Radsportmission unterwegs war. Zwar beteuert Himbeerchen ständig, dass sie für mein Projekt Verständnis hat. Aber so ganz nehme ich es ihr nicht ab. Das Wort Toskana jedenfalls traue ich in ihrer Gegenwart nicht mehr auszusprechen. Letztens kam eine dieser Kochshows, in der es um toskanische Küche ging. Da bin ich regelrecht zusammengezuckt. Ist meine süße Tochter zu Besuch, ist Radfahren zumindest in dieser Zeit tabu. Aber selbst da habe ich schon überlegt, wenn Himbeerchen zwei Stunden aufpassen würde, ob ich dann nicht – lieber nicht.

Ein Monat ist es noch Zeit bis zum Cristalp, meinem ursprünglichen großen Ziel, das seinen Schrecken durch die Transalp voll und ganz verloren
hat. Wozu also noch der Stress? Mir kommt es ohnehin vor, als würde ich
nur noch von Banane zu Banane hetzen. Von der Banane beim Frühstück zu
der im Trikot, zu der an der Verpflegungsstation, zu der an der nächsten
Verpflegungsstation, zu der beim nächsten Frühstück und so weiter. Jeder
Tag ist Mittwoch. Oder Montag. Oder Samstag. Man weiß es nicht. Schluss
damit. Ich will keine Bananen mehr. Ich will Bananensplit, Latte machia-
to, Vanillepudding, Hack und Schweinsohren sowieso. Ich will nach vorn
gebeugt in kalorienreiche Dinge beißen, die auf meine Schuhspitzen kle-
ckern. Ich will springen, tanzen, saufen, ohne dass mich um acht Uhr morgens dieses fürchterliche »Highway to Hell« zur nächsten Banane treibt.
Ich will: lange aufbleiben und lange liegen bleiben.

Kurzum: LEBEN!

Der »Stadtanzeiger« soufliert die Möglichkeiten:

»Forever vogelwuid – Kabarett, wie Otto Waalkes auf LSD« – zu abstrakt. »Die crazy, loco, verrückteste Party der Stadt mit DJ Big Papi« – zu
crazy. »Emergency Room – Afterworkparty für medizinische Berufe« – zu
thematisch. »Beatschaukel«, »Katzenpuff-Party«, »Schlagersahne«, »Knä-
ckepop und Disco 3000«, »Brunftzeit – House, Elektro, Remixes« – der Finger gleitet im Schweinsgalopp über die »Kulturtipps im Überblick – 3000
Termine«.

Die Balzrufe der Partygesellschaft füllen eng bedruckt die Seiten. Ich
entscheide mich für die »Smashing Bones Night«, die live gespielten »New
York Hardcore Punkrock« verspricht und sechs Musikformationen zum
Preis von einer. Andi ist dabei, hat er per SMS bestätigt. Denis, ein Arbeits-
kollege mit Faible für Stromgitarrenmusik, will auch kommen. Na also!


Wenn schubsen, rempeln, treten geduldet, gewollt und gefördert wird,
und das nicht »Wrestling« oder »Rabattaktion« heißt, nennt man das
Pogo. Pogo ist der Foxtrott des Punkrock. Man tritt in den irre wogenden
Pulk und bekommt auch schon einen versetzt – auf den Fuß, in den Hintern, irgendwohin auf jeden Fall. Der Rest ergibt sich. Man tanzt in die
Höhe und legt dabei gleichzeitig viel seitlichen Weg zurück. Jugendtanz,
frei interpretiert.

Vom Einlasspersonal abgetastet, abkassiert und abgestempelt, betreten wir die »Tumult« genannte Vergnügungshalle, in der sich die Überbleibsel der Punkrevolution, oder vielmehr deren Sprösslinge, ausgelassen in den Abend alkoholieren. Ohrenbetäubender Lärm prügelt auf uns ein. Es spielt eine sogenannte Vorband. Der Sänger schreit hysterisch, als würden sie ihm gerade live das Bein absägen, doch die Sicht nach vorn ist von hüpfenden Körpern versperrt. Wir drängeln uns durch, weil uns brennend interessiert, was die mit diesem Kerl da auf der Bühne anstellen. Es ist eine Frau. Eine zierliche Frau. Eine zierliche Frau mit sehr vielen Tätowierungen, die mit einer Gewichtheberstimme unfreundliche Dinge in ihr Mikrofon brüllt. Dazu stampft sie trotzig auf die Bühne und fuchtelt mit den Armen. Wahrscheinlich aus Unmut, weil sie zwischen ihren Auftritten in einem Käfig mit Eisenspänen gehalten und mit Altöl gefüttert wird. »This is for you, Motherfuckers!«, schreit die Bestie, kickt mit dem Fuß einen vollen Becher Bier in die Massen und bekommt dafür Applaus. »Hammer, die Olle!«, kreischt mir ein Typ von hinten emotional erregt ins Ohr und dass »Walls of Jericho« ja wohl die Allergeilsten seien.

Ich habe eher Angst, dass mir die Olle noch einen scharfkantigen Gegenstand an den Kopf wirft, und so drängeln wir uns erst einmal wieder nach hinten zur »Rockbar«, wo das blutjunge Publikum keinerlei Berührungsängste mit den gesetzlich gerade so gestatteten Getränkeoptionen hat. Ich sondiere die Lage: Wir scheinen neben dem Barmann mit Abstand die Ältesten zu sein, und der ist allerhöchstens gerade mit der Schlosserlehre fertig. Ansonsten ist alles wie früher, als Punkkonzerte bei mir noch zum Wochenablauf gehörten wie Colt Sievers und Kinderzimmeraufräumen. Lichtblitze zucken durch Nikotinschwaden. Die Bässe verlassen druckvoll die Boxentürme. Die Magenwände vibrieren. Herrlich! Punkrock ist eine der wenigen Konstanten, die sich bis heute durch mein Leben ziehen. Der erste je gehörte Punkrocksong war das Bommerlunder-Lied der Toten Hosen. Ich sah das Video im Fernsehen bei der damals angesagten ARD-Musikclipsendung »Formel Eins«. Wir saßen gerade am Abendbrottisch, als Moderator Peter Illmann die »schlechteste Band der Welt« ankündigte. Dann grölten fünf merkwürdig gekleidete Typen die Inhaltsliste ihres Picknickkorbes in immer schnellerem Tempo runter, bis am Ende nur noch ein lustiger Kauderwelsch zu verstehen war. Videoclip nannte sich das. Mein

Vater schüttelte verständnislos den Kopf und wünschte sich die gute alte Beatles-Zeit zurück. Diese Fossile aus der Vorzeit der Musik!

Als Jugendlicher ist es aus Gründen der Identität enorm wichtig, sich einer Stilrichtung zuzuordnen. Das war früher noch einfacher als heute. Es gab nämlich nur drei. Heavy Metal kam angesichts der damit verbundenen Vokuhila-Frisur und der unvermeidlichen, im Schritt kneifenden Stretchjeans nicht infrage. Als Popper musste man sich jeden Morgen einen vorhangähnlichen Seitenscheitel mit Haarlack modellieren und die ganze Zeit Depeche Mode hören, was auch nicht lustiger war. Punker konnten so aussehen, wie sie wollten, und galten dazu noch als cool. Cool! Mit meinem damals besten Kumpel Heiko Scholz träumte ich von einer großen Musikerkarriere als Punkrocker. Heiko, der eigentlich nur »Scholle« genannt wurde, hatte von der Musik-AG seiner Schule leihweise eine schwarze E-Gitarre und einen Verstärker bekommen. Ich kam als Sänger an Bord. Unsere Band hieß »Die umzingelten Untertassen«, der Proberaum war Scholles winzig kleines Kinderzimmer im Neubaugebiet Nord/West.

Leider beherrschte Scholle nur zwei Griffe. Ich nur einen einzigen Refrain. Also schrie ich stundenlang zu seinem Geschrammel: »Wir sind die Anarchisten, wir werden euch vernichten! Wir sind die Anarchisten, wir werden euch vernichten! Wir sind die Anarchisten, wir werden euch vernichten!«, bis Frau Scholz ihren mit Lockenwicklern verzwirbelten Kopf zur Tür hineinsteckte und mit freundlich befehlender Mutterstimme sagte: »So, Kinder, aufräumen! Hände waschen und dann ab zum Essen.« Damals hatte Punkrock noch etwas Aufmüpfiges. Es war die Zeit, als die Hitparade von der Ersten Allgemeinen Verunsicherung angeführt wurde, Smiley-Hosenträger Mode und Cowboy-Stiefel groß im Kommen waren. Die Zeit, als Twix noch Raider hieß.

Ich fand es beneidenswert, wie locker Frau Scholz mit uns revolutionären Punks umging, die der ganzen Spießergesellschaft mit ihrer Musik kräftig in den Arsch latschten. Meine Eltern waren da weniger verständnisvoll. Punk war für sie igittigitt. Mein Vater nennt heute noch Leute, die ihm suspekt erscheinen, »Tote Hosen«. Von wegen. Die Resozialisierungsquote von Punks, zumindest in meinem Bekanntenumfeld, beträgt rückblickend genau 100 Prozent. Scholle zahlt inzwischen ein Einfamilienhaus ab und chauffiert den Nachwuchs im Mittelklassekombi. Ich trage Lycrastrumpfhosen und kaue Haferflocken. Und Denis investiert sein Geld auch nicht mehr in Tattoos, sondern in altersvorsorgende Dinge wie Ölheizung, Einbauküche und Carport. Überhaupt ist Punk heutzutage zum Motto verkümmert. Versicherungsvertreter pomaden sich freche Irokesen-Stietze. Lustige-Laune-Moderatoren spielen im Frühstücksradio Schauma-Punk von Green Day. Und selbst hier, beim amtlichen Punkkonzert, nur maschinell zerfetzte Markenjeans und Nietengürtel von H & M. Früher wollte Punk die Welt verändern, dann hat man es aber doch beim Hüpfen belassen.

»Was willst'n trinken?« schreit mir Andi ins Ohr. Er hat es bis an die Bar geschafft.

»Bierchen«, schreie ich zurück. Denis neben mir nickt bestätigend und philosophiert über den Niedergang der 77er-Punkrevolution in London und die Gemeinsamkeiten dieser mit dem New Yorker Hardcore der Gegenwart, welcher ja nur deshalb so groß werden konnte, weil die Pop-Industrie den Revoluzzern von einst die Fäuste amputierte, indem sie die kommerziell vermarktbaren Bestandteile ihrer Musik separierte, verramschte und verquirlte, New Wave draus machte und den Rest zurück in den Untergrund schickte, was nun wiederum der Enkelgeneration den Weg durch den Popsumpf ebnete und Green Day zu Millionären machte. Ach so.

Ich kann mir gerade nichts Schöneres vorstellen, als jetzt genau hier an diesem Ort zu stehen. Und weil Andi dabei ist, muss ich mir auch keine Sorgen machen, dass ich aus trainingswissenschaftlicher Sicht ihm gegenüber ins Hintertreffen gerate.

»Okay«, schreie ich Andi ins Ohr und nehme einen tiefen Rockerschluck: »Dann hängen wir mal die Bremsen aus und legen die Kette auf die Achse!«

»Von mir aus, aber ich trinke alkoholfrei«, bremst Andi meinen Schlachtruf. Er habe nämlich jetzt sechseinhalb Liter Lungenvolumen, das hätten sie beim Leistungstest gemessen, und außerdem habe er eigentlich komplett auf Leitungswasser umgestellt, damit bald eine Sechs vorne auf der Waage stehe. Ich warte auf den auflösenden Lacher, der das Ganze als Persiflage auf die Triathlonszene enttarnt. Doch der kommt nicht. Seit er Corinna vergrätzt hat, wirkt er punktuell fixiert. Ein bisschen macht es mir Angst. Früher war Andi die treibende Kraft, wenn es um die Aufrechterhaltung von Jugendritualen ging. Ihm habe ich es mit zu verdanken, dass ich nicht ins selbe, spießige Abseits geraten bin wie der Rest unserer Alterskollegen. Doch seit der Sache mit dem Cristalp wirkt Andi verändert. Ernst. Entschlossen. Hart sich selbst gegenüber. Seit Wochen nimmt er nichts zu sich, was nicht direkt der Verbesserung seiner Trainingsform dient. Kein Fleisch. Keinen Alkohol. Auch keinen Zucker. Richtig abgemagert sieht er aus. Die Augenhöhlen liegen tief, und um sie herum ist die Form seiner Radbrille von der Sonne eingebrannt. Wahrscheinlich sitzt er jeden Tag im Sattel. Es ist nicht mehr der Andi, den ich kenne. Alles dreht sich ausschließlich um die Optimierung seines Körpers. So als würde sein ganzes Leben vom Cristalp abhängen. Ständig will er wissen, was ich trainiert habe, mit welchem Schnitt ich gefahren bin und was ich wiege. Mich setzt das einerseits unter Druck, andererseits macht es mir in Momenten wie diesem ein schlechtes Gewissen. Dieses unablässige Hochziehen der Jeans, damit sie eine Sekunde später wieder runter auf die Hüftknochen sackt, nur um es mir ganz extraplakativ zu zeigen, wie schön schlank er doch geworden ist.

Soll er ruhig ins Kissen heulen. Genau genommen bin ich ja auch nicht besser.


Wir gehen vor zur Bühne und stellen uns nebeneinander in sicherem Abstand zur Pogo-Meute auf. Nicht dass noch einer gegen das Bierglas stolpert und uns die T-Shirts nass macht. Um uns herum wird es eng wie in der Startbox beim Marathon. Die Altöl-Frau hat fertig gewütet und macht die Bühne frei für eine in Szenekreisen hoch gelobte Band namens »Sick of it all«. Jeder versucht die beste Blickposition zu erwischen, ohne dabei in den Rammradius der Pogo-Tänzer zu geraten. Vor uns baut sich eine blickdichte Mauer von Nachwuchs-Punks auf, deren Klamottenoberteile von bestandenen Pogo-Prüfungen zeugen. Konzert-T-Shirts sind die Finisher-Trikots der Rockmusik. Einer war bei »Hatebreed«, einer bei »Social Distortion«, der daneben offenbar nur zur richtigen Zeit am richtigen Ort: »Sony Ericsson – das Walkman-Handy« steht auf dem Anziehteil. Bezahlt haben dürfte er für den Lappen ja wohl nicht. Dann geht es los. Pogo!

»Hier, halt mal bitte«, schreie ich gegen die Gitarrenbretter an und halte Denis mein Bierglas und meine Weitsichtbrille hin.

»Willst du da jetzt rein?« fragt Denis ungläubig. Er meint den Hexen-kessel und mein Alter.

Ich will nicht, ich *muss*! Ich trete ein paar Schritte vor und werde auch schon von den Hüpfenden nach links und rechts und schließlich auf den Boden gerissen. Eine Hand zieht mich wieder auf die Beine, ich springe und schreie, bekomme aber kaum noch ein Wort raus, denn der Puls klopft im aeroben Bereich. Ein Marathonstart ist ein Scheißdreck dagegen. Jemand springt mir auf den Zeh, dann geht es wieder kollektiv nach links, während mir ein Nietenarmband über die Wange kratzt. »Ich muss zur Verpflegungs-station«, denke ich noch, als ein sogenannter Stagediver auf meinem Kopf landet. Ein bei Rockkonzerten beliebtes, aber riskantes Manöver, denn man muss sich auf die Fanglust des Publikums verlassen. Die ist gerade nicht so groß, weshalb ich als Landeplatz herhalten muss. Fluchend humple ich zurück zu Denis.

Nach einer Stunde ist das Spektakel zu Ende. Am Merchandising-Stand kaufe ich mir noch ein Band-T-Shirt, weil meines klitschnass verschwitzt ist, beschütte den Neuerwerb Minuten später jedoch mit Bier, als bei der Zugabe ein Pogo-Hüpfer frontal gegen mich prallt. Dann ist auch schon wieder Zeit für den Abschied. Andi muss morgen zeitig raus, Denis heute noch zu Frau und Kind. Ich theoretisch nichts von beidem. Morgen habe ich frei. Himbeerchen ist in der Nachtschicht und mein Töchterchen bei ihrer Mama. Also weiter in die Nacht, die doch eben erst begonnen hat. Ein mit Veranstaltungspostern beklebter Bauzaun zeigt den Weg:

»Miami Vice Party Break – 5 Dancefloors, Arschbombencontest, Ferraris und Lamborghinis« steht auf einem Plakat, auf dem sich eine Bikini-Tussi lüstern die Lippen leckt.

Ebenenfall in knapper Bademode wirbt die Dame auf dem Nachbarplakat für ihren Amüsierschuppen, obwohl dort kein Arschbombencontest ange-kündigt ist, sondern nur: »The biggest Club in Town – Opening-Party«.

Gar nicht infrage kommt die daneben angepriesene, »Ü30 – Flirty Dan-cing« genannte Zusammenkunft. Obwohl für Leute wie mich konzipiert, schwingt beim Motto deutlich zu viel Abschied, Verzweiflung und Endzeit-stimmung mit. Hallo, ihr Bierbäuchigen und von Zellulite geplagten, will es sagen, kommt doch noch rasch auf einen Batida de Cocô, und tanzt Eins-zwei-Tipp zu Peter Schilling, bevor ihr demnächst mit dem Rollator durchs Altersheim ruckelt. Nichts für einen Transalp-Finisher.

Der Miami-Vice-Arschbombencontest klingt am besten, zumal sich die angegebene Adresse in Fußmarschweite befindet. Vorher muss ich aber noch schnell Platz machen für das nächste Bier, wobei ich versuche die Ü-Punkte des »Ü30«-Plakates zu treffen. Dann humple ich los und atme die sommerwarme Ausfallstraßenluft ein. Kein Zweifel: So schmeckt Freiheit!

20 Minuten später erreiche ich den Partytempel, der auf einem mächtigen Einkaufspark thront. »Tanzfabrik« blinkt in stolzer, roter Neonschrift darüber. Links und rechts davon ebenfalls rot blinkende Notenschlüssel, damit es auch wirklich jeder kapiert. Vor mir wird ein Pärchen abgewiesen, weil ihr Look entweder *noch nicht* oder *nicht mehr* angesagt ist. Ich reibe schnell Spucke auf meinen Wangenkratzer, damit dieser unsichtbar wird, halte meinen Arm tarnend über den Bierfleck auf dem Sick-of-it-all-Shirt, werde von zwei Karatehänden nach Waffen abgetastet und *darf* bezahlen. Die Eintrittskarte ist zwar alles andere als preisgünstig, kommt mir nach diesem Gewese jedoch wie eine Trophäe vor. Wie eine TÜV-Plakette, die meinen modischen, schicken, nachtlebentauglichen Gesamteindruck schmeichelnd bezeugt.

Ich folge der Kunstpalmenallee und lande in einer Art Zentralbereich, von dem aus Türen, Gänge und Treppen zu den »Dancefloors« führen, aus denen beeindruckende Bässe wummern. In einem von der Decke hängenden Käfig spielen zwei Bikinifrauen Paarungsszenen aus Tierfilmen nach. »Vögelkäfig«, denke ich, kaufe mir ein Bier, 0,33 Liter zu 4,50 Euro, und lasse mir an einem Airbrush-Tattoo-Stand kostenlos das Motiv Nummer 14 auf den Unterarm sprühen. Eine Meerjungfrau. Die Party kann losgehen. Nur wo, und vor allem: mit wem? Ich muss schleunigst in Kontakt kommen, denn als ratlos herumstehende Einzelperson wird man in derartigen Lokalitäten schnell einer Randgruppe zugeordnet, erst recht mit Meerjungfrau auf dem Unterarm.

Ich betrete, von Laserblitzen geblendet, die »House Area«, wie über dem Eingang steht. Full House ist nicht. Der Raum ist zwar groß wie ein Fußballfeld, aber gerade mal in Mannschaftsstärke gefüllt. Ein paar sperrhölzerne

Pelikanaufsteller und ein an die Wand projiziertes Tittenkalendermotiv sollen offenbar das Miami-Vice-Motto transportieren. Mit den angekündigten Ferraris und Lamborghinis sind Sonny Crockett und Tubbs wahrscheinlich gerade Mafiosi jagen. Zu sehen sind jedenfalls keine Kraftfahrzeuge. Also zur Bar. Die Bässe stampfen noch derber in den Magen als vorhin beim Konzert. Die Tanzfläche hat noch Potenzial. Ein einziger Typ steht darauf und tanzt, nein, zuckt. Auf dem Off haucht eine Stimme: »Feel the Passion!«, Uzz, Uzz, Uzz, »In your Mind!«. Dann faucht es aus gewaltigen Düsen, und der Zucktänzer wird von Nebelschwaden eingehüllt. Als die weg sind, zucken schon drei Körper auf dem »Dancefloor« und schütteln, was sie haben.

Die Diskothekenkultur hat sich sehr verändert. Als ich noch im jugendlichen Alter war und mir die Nächte bei Tanzveranstaltungen um die Ohren schlug, hätte ich mich niemals allein auf die Tanzfläche getraut. Das galt nämlich als höchst unschicklich. Während der Tanzreigen jedes mal bei Fancys »Lady of Ice« eins-zwei-tippelnd von den Mädels eröffnet wurde, galt es für die Jungs, spätestens bis zur NDW-Runde aufzutauen, wozu traditionell der Thekenbereich aufgesucht wurde. Denn nach Markus' Mitgrölhymne »Ich will Spaß, ich geb Gas!« begann die sogenannte Schmuserunde. Wer jetzt noch nüchtern und gehemmt war, hatte schlechte Karten. Man ging zur vorher ausgeguckten Dame, die hoffentlich Single oder zumindest ohne Freund da war, zog sie auf die Tanzfläche und drehte sich mit ihr im Zeitlupentempo situationsromantisch auf der Stelle, die Hände dabei zu allen Schandtaten bereit lauernd an ihrer Hüfte. Ganz Mutige ließen die Hände im Verlauf des Tanzes frech in die hinteren Taschen des Mädchens gleiten, was schon als Uiuiui galt.

Nun also einsames Zucken im Nebel zu Spinningmusik. Auch ich zucke zusammen. Von rechts legt sich ein Arm um meine Schulter. Erschrocken drehe ich meinen steifen Hals zur Seite.

»Hey, Chef, was bist'n du für'n schräger Vogel? Servus, ich bin der Ralf«, schreit mir ein Typ ins Ohr, der einen silbernen Metallkübel mit einer Wodkaflasche und zahlreichen Dosen stark koffeinhaltiger Limonade als Mischflüssigkeit im Arm hält. »Wir machen grad Party da drüben. Willst'n Wodka-Bull mittrinken? Wir bekommen den Eimer sonst nicht alle.« Der Kübelhalter ist angezogen, wie Otto es will. Das Tribal-T-Shirt lässt in seiner modischen Relevanz schon seit Jahren stark nach. Ein silberner Piercing-Spieß durchbohrt die Augenbraue, die schwabbeligen Arme sind nicht die eines Sportlers, die Baseballkappe hängt in der Vier-Uhr-Position schief-schräg. Wahrscheinlich benutzt er sogar das Wort »Tschüssikowski«. Ein Unbeteiligter in Sachen Liebe und Erfolg.

Doch was spielt das an so einem Ort wie diesem für eine Rolle? Besser mit diesem Ralf anstoßen, als hier dumm in der Gegend stehen und weitere 4,50 Euro in einen Schluck Bier zu investieren. Ich werde von Ralf an einen Tisch geführt, an dem seine Kumpels Ronnie und Torsten schon ungeduldig auf die Anlieferung der Getränke warten. Wie Ralf kurz zusammenfasst, gehören die drei zu einer Elektrofirma aus Dippoldiswalde, verlegen nächste Woche in einer Bonzenvilla Kabel und heute hoffentlich noch ein paar Rohre. Woraufhin plötzlich alle dreckig loslachen und »in diesem Sinne, rinn in die Rinne« rufen und nachschenken und noch lauter lachen und wieder nachschenken und fragen, ob der Klavierlack denn verdunste, der sei ja schon fast alle, weshalb Torsten sein speckig geschubbertes Lederportemonnaie aus der Gesäßtasche zieht, damit gönnerhaft in der Luft wedelt und die nächste Lieferung ankündigt. Endlich! Party! Ich humple angetüdelt auf den Dancefloor und beginne zu zucken. Ruckelnd. Roboterhaft. Irgendwie. Die Off-Stimme fordert: »Move! Your! Body!« und ich move! meinen! Body! Zur Toilette. Raus, am Goa-Dancefloor vorbei, rüber zum Trance-Dancefloor, dort die Treppe runter, die direkt in die Hölle zu führen scheint, so unerträglich laut wummern die Bässe aus dem Gabba-Dancefloor, neben dem sich das Klo befindet. Ich ecke grobmotorisch am Türpfeiler an, irre auf dem Rückweg orientierungslos durch die Dancefloors, die alle gleich aussehen, weiß jetzt, was sie meinen mit Großraumdisco, wähne mich im ziemlich leeren Goa-Dancefloor richtig, wo der DJ »Let's have a Party!« schreit, doch das sollen mal bitte schön die beiden anderen übernehmen, denn ich muss ja zum House-Dancefloor, so hieß der doch, oder? Ich komme an einem aufblasbaren PVC-Kinderbadebecken vorbei, in dem der Arschbombencontest ausgetragen wird, ziehe mir im Umkleidebereich das leihweise zur Verfügung gestellte Badehöschen an, mache einen Bauchklatscher, bekomme Applaus, sieben Punkte und einen Kugelschreiber mit der Aufschrift »Tanzfabrik«, mit dem ich mir ein Seemannskreuz auf den noch unbemalten, linken Unterarm male. Neben dem Airbrush-Tattoo-Stand treffe ich schließlich meine Elektrikerkumpels wieder.

»Chef, wo warst'n? Der Ronnie organisiert grad ein Taxi. Wir fahr'n noch in einen andern Laden. Kommste mit?« Torsten hat schon größere Probleme mit der Aussprache. Kann aber natürlich auch an seinem sächsischen Dialekt liegen.

Eigentlich würde ich gerne noch die Deutschrockrunde abwarten und »Eiszeit« singen, aber das spielen die hier garantiert nicht. Und so quetsche ich mich mit Torsten und Ronnie auf die Taxirückbank. Ralf erklärt dem Fahrer eindeutig zweideutig das Fahrziel: »Mädels und Mugge, Sie wissen schon.«

Der Fahrer weiß natürlich, ich nicht so richtig. Wir werden doch jetzt nicht in einen Puff oder so was fahren? Na so was! Doch da wischen die Hausfassaden schon als bunte Farbfetzen an uns vorbei. Ralf läuft inzwischen ununterbrochen ein wirres Gedankenpüree aus dem Mund: Eminem, Alus, Pimpern, Ramona, die blöde Sau, Stefan Raab, die rot-schwarze Koalition. Zum Glück spielen sie im Radio Bon Jovis Kuschelrock-Schlager »It's my Life!«, weshalb Ronnie vom Fahrer eine drastische Erhöhung der Lautstärke fordert und wir alle unsere Fäuste wie ein Mikrofon vor den Mund halten und lauthals den Refrain mitsingen, mitzusingen versuchen, denn die Aussprache gelingt nicht mehr geschliffen: »It's my Life, now or never!« Ronnie und Torsten haben die Scheiben runter geleiert, trommeln mit der Hand von außen aufs Dach – »now or never« – und überbrüllen den ganzen Chor: »IT'S MY LIFE!!!« Was eigentlich großer Quatsch ist. Karaoke-Krakeele im Taxi ist natürlich nicht das Leben, sondern nur die Pausentaste davon. Ich sitze breit dazwischen. Mann o Mann, von dem ganzen Gebechere ist mir dermaßen schlecht, dass ich nicht nach draußen gucken kann. Das Hirn hat allergrößte Probleme, die Bilder richtig zusammenzusetzen. Auch Ralf hat schlechten Empfang. Sein dusselig dauergrinsendes Gesicht sagt alles, also nichts: kein Ton, kein Bild. Ich ziehe das Handy aus der Hosentasche und tippe eine SMS an Andi:

»Lass uns den Cristalp mit unseren alten Karren fahren, ohne Federung! So wie die Helden früher. Wir sind doch keine Muttis! IT'S OUR LIFE! Punkrock forever!«


Das Taxi spuckt uns in ein Industriegebiet am Stadtrand. Bürozweckbauten, Lagerhallen und ein »Kochparadies – Ihr freundliches Musterküchenstudio-Fachgeschäft«. Mittendrin ein Flachbau. Über dessen Tür, schwüls-tig blinkend, die Inhaltsangabe: »Club Mätresse – Girls, Bubs, Tabledance«. Von Sound steht nichts. Ralf rüttelt trotzdem an der Tür. Vergeblich. Wo sich normalerweise die Klinke befindet, ist nur einen Knauf. Also wankt er mit einem unkontrollierten Ausfallschritt zum Klingelknopf. Eine wuchtige Dame öffnet in schwarzer Unterwäsche und mit Glitzerstein im Bauchnabel. Schön sieht sie aus – schön hässlich. Wie der Bulle von Tölz mit Birgit-Schrowange-Perücke. Ringerfigur mit Hausfrauenfrisur, ein Mensch gewordenes NUR. Das Leben hat deutlich im Gesicht gewütet. Selbst die Make-up-Spachtelmasse kann das nicht mehr verbergen. Ihre Spray-gestützten Haare hängen welk vom Kopf. Dazu verströmt sie diesen übersüßten Duft von Mode-Magazinen, die zu 60 Prozent aus parfümierten Aufreiß-Werbeseiten bestehen. Wenn das Blinkschild die mit dem Begriff »Girls« meint, dann hängt es schon sehr, sehr lange.

»Na, ihr Süßen. Ik bin die Tina. Ihr wollt ein bisschen Spaß haben, wa? Dann kommt doch rinn in die jute Stube«, brandenburgert sie. Und dann erotisch raunend zur mir: »Coole Tattoos! Wo hast'n die machen lassen? Ik hab och ne Rose. Kann ik dir ja denne ma zeigen.« Da ich trotz ihrer luftigen Kleidung keine Rose erkennen kann, frage ich mal lieber nicht nach. Außer-dem: Wieso och?

Überhaupt ist mir noch etwas unklar, was diese Tina mit »Spaß« meint. Darum geht es doch wohl generell, wenn man um diese Uhrzeit noch mun-ter und kein Taxifahrer, DJ oder Nachtwächter ist.

Der Gastronomiebereich befindet sich am Ende eines langen Ganges hin-ter einer Art Perlenvorhang. Der Raum ist nicht viel größer als das Wohn-zimmer einer kinderlosen, doppelverdienenden Lebensgemeinschaft. Vor-ne befindet sich eine Minibar, an den Wänden drei Kunstledersitzecken, in der Mitte ein 1x1 Meter kleines Podest, von dem aus eine verchromte Eisen-stange die Decke abstützt, oder was immer die da soll. Überall blinkende Lichtschläuche und mit Salzstangen gefüllte Whiskeygläser.

Ich greife mit der Faust einen Salzstangenstrauß. Das mit der Party wird wohl noch dauern.


Wir sind die Einzigen. Zumindest fast. In einer der Sitzecken sitzt ein Föhn-frisurmann, der seine rahmengenähten Segelschuhe auf den Tisch und seinen Bierhaltearm um eine ebenfalls sommerlich gekleidete Dame gelegt hat. Offensichtlich Tinas Kollegin. Den Zigarettenhaltearm hat der Föhnfrisurmann vor seinem Mund geparkt. Ununterbrochen saugt er an einer Kippe und starrt uns an. Bis auf die Nikotinabsauganlage ist es völlig still. Verunsichert setzen wir uns auf die Barhocker und blättern schüchtern in der Getränkekarte, in der Mixturen mit vielversprechenden Namen wie Sex on the Beach, Orgasmus und Blue High Heel angepriesen sind. Tina drückt den Play-Knopf der CD-Kompaktanlage. Falco singt sein »Out of the Dark« in die Stille, die damit keine mehr ist. Offenbar beginnt nun der Spaß. Tinas Kollegin hat sich aus der Umarmung geschält. Sie ist auf das Podest geklettert. Dort räkelt sie sich an der Eisenstange, was mich irgendwie an das Stangerutschen vom Sportunterricht erinnert. Würde sie ihre Pumps ausziehen, wäre sie schneller oben.

»Du, Holgi, darf ik mir noch nen Prosecco nehmen?« ruft Tina rüber zum Föhnfrisurmann. Der nickt, Tina schüttet. Erst ein Glas mit Blubberwein voll, dann dieses auf Ex aus. So revitalisiert wendet sie sich schließlich uns zu: »Na, Schnuckies, was darf ik euch Jutes tun?«

Oh Gott, hämmert es mir durch den Kopf, ich bin in der Unterwelt gelandet. Ich muss hier schleunigst wieder raus. Was soll ich Himbeerchen sagen, wenn sie mich morgen nach dem Abend fragt? Wollen die Tussis wirklich nur Stangerutschen? Was heißt hier eigentlich *nur*? Und kosten die Getränke in derartigen Etablissements nicht ein Vermögen? Ich und im Puff, unglaublich! Ist das überhaupt einer? Und wenn nicht, warum haben die hier nur Mieder an und Falco?

Noch nie in meinem Leben war ich in einer derart grotesken Mottokneipe. In so einer Lustgrotte, die den Kompost dessen verwaltet, was sich die große Liebe nennt. Wenn sich die Hoffnung auf dauerhaft erwidertes Herzklopfen trotz Cabrio und 50-Euro-Rasierwasser im Nichts aufgelöst hat, kann man sich in Streichelzoos wie diesem noch eine kurze Illusion seines Traumes erkaufen, der beim Hören von Kuschelrock-Samplern einst so romantisch keimte, irgendwann im Strudel des Lebens aber Schiffbruch erlitt. Wenn also weder Stolz noch Jagdtrieb mehr in einem wohnen, nimmt man den direkten Weg. Dann bestellt man sich einen dieser überteuerten Cocktails und darf als Gegenleistung in ein runzeliges Dekolleté glotzen. Was daran toll, ja sogar erotisch sein soll, würde ich gerne mal wissen.

Der Zähler läuft, und die vermeintliche Ware wird als Lust deklariert, während einem in Wirklichkeit genau das Gegenteil davon angedreht wird: abgeklärtes und blutleeres Getue, jede Geste nach Preistabelle berechnet, Mautverkehr. Wahrscheinlich nimmt diese Tina beim Küssen nicht mal die Kippe aus dem Mund. Ich kann mir nicht helfen, aber diese Szenerie wirkt einfach lächerlich. Dieser ganze rot beleuchtete, plüschige Scheiß, der einen als Verführer vorkommen lassen, tatsächlich aber nur vom Dienstleistungsstatus ablenken will. Alles ist einstudiert. Jedes Zwinkern, jede Worthülse. Und der Laden existiert! Nur weil Typen wie meine Elektrikerkumpels keinen blassen Schimmer davon haben, was Lust wirklich bedeutet. Lust, was für ein schillerndes, großes Wort! Viel zu schade, um es dieser Kaschemme als schön klingendes Synonym für den eigentlich gemeinten Begriff Verzweiflung zu überlassen. Von einem Berg ins Tal zu schauen, das ist Lust. Mit leeren Muskelakkus in der heißen Badewanne zu liegen, das ist Lust. Horizontale Verknotungen mit Himbeerchen, das ist Lust, und was für eine! Dreckig, schlammig und völlig erledigt unter einem Zielbogen durchzufahren aber auch. Mit dem Fingernagel an ein Carbon-Rohr zu klopfen und dem hellen Tock-Tock zu lauschen, das erst recht. Erotik endet doch nicht an der Bettkante. Arme, hormongesteuerte Idioten, die hier angesoffen um ein paar Stunden Aufmerksamkeit betteln müssen!

»Ich muss mal telefonieren«, entschuldige ich mich bei den Elektrojungs: »Ich gehe kurz raus, hier ist ja so ein Krach.«

Um kein Misstrauen zu erwecken, bestelle ich einmal Sex on the Beach und verlasse betont unaufgeregt den Raum. Raus auf den Kiesparkplatz, an der Hauswand leise entlangschleichend bis zum freundlichen Musterküchenstudio-Fachgeschäft, von dort aus im Joggingtempo paranoid zur Hauptstraße. Nicht dass Holgi mit seiner tiefergelegten S-Klasse die Verfolgung aufgenommen hat, um den Wucherpreis für den »Gernhaben am Strand«-Cocktail aus mir rauszuprügeln. In solchen Läden soll die Kassenführung ja äußerst penibel gehandhabt werden. Der Puls klopft, die Transpiration ist aktiviert. Irgendwann kommt ein Taxi und bringt mich zurück in die Normalität, nach Hause.

Ich bin zu aufgedreht, um gleich ins Bett zu gehen. Meine Spucke schmeckt abgestanden. Mein Kopf dröhnt. In meinen Ohren summen noch die Bässe vom House-Dancefloor. Der Genussfaktor des Nachtlebens wird doch vor allem schöngeredet. Viel Lärm um nichts. Ich pflücke eine Flasche Mineralwasser aus dem Kühlschrank und lasse mich erledigt aufs Sofa fallen. Ich habe keine Ahnung, wie spät es ist. Es muss sehr spät sein, denn die Moderatorin der Fernseh-Quizshow hat nur noch ihren rosa Schlüpfer an. Sie heißt Cayenne und ist völlig verzweifelt, weil sie Autonamen hören und für jeden 200 Euro bezahlen will.

»Hallo, ihr da draußen, ist denn da keiner?«, fleht sie scheinewedelnd in die Nacht, während ihre »Hotline« unablässig über die Mattscheibe blinkt.

»Doch, doch! Ich bin da«, denke ich und wähle die Nummer, um »Mitsubishi« zu sagen oder »Toyota«. Doch Cayenne geht nicht ran. Nur eine leblose Digitalstimme, die sich artig für meinen Anruf bedankt beziehungsweise meine 49 Cent für den Anruf aus dem deutschen Festnetz.

Ich dehne meine geschundenen Nackenmuskeln und schaue müde auf die Meerjungfrau auf meinem rechten Unterarm.

Wenn das hier das richtige Leben sein soll, dann kaue ich lieber bis an mein Lebensende Haferflocken. Aber echt.

# 11.

# Krämpfe fürs Glück

Verbier. Ein Kreisverkehr. Viele Blumenrabatten. Mehr Kneipen als Einwohner. Und am Ortsrand ein Parkplatz, auf dem sich eine Wohnmobil-Diktatorin über den Grillsmog in ihren sechs Quadratmetern Wohnzimmer, Küche, Bad beschwert. Die Schwaden stammen aus Andis Klappgrill, der zwischen den rollenden Bettenburgen aufgebaut und aus Gründen der Kostenoptimierung mit Ästen und den Werbeprospekten des Starterpakets befeuert ist. Fachmännisch pustet Andi ins glühende Geäst, entploppt eine Flasche »Cardinal, Lager Classics, 0,33 Liter« und setzt sich neben mich auf die Ladekante des Kleintransporters, den Andi für das Wochenende seinem Onkel abgequatscht hat. Hinter uns: die ausgerollten Isomatten im Fahrzeugrumpf. Vor uns: eine selbst für ZDF-Heimatfilme zu kitschige Alpenkulisse mit rosaroter Sonnenuntergangsdramatik. Zwischen uns: eine Tupperbox voller Hähnchenschenkel und marinierter Schweinehüftsteaks. Um uns herum: aufgeregte Ruhe.

»Na dann, Prösterchen«, sagt Andi.

»Auf den Radsport und das Reich der Schmerzen«, proste ich feierlich zurück, während die Wohnmobil-Frau angesäuert Fenster und Türen verbarrikadiert.

Da sitzen wir nun, lauschen der Unterhaltungsmusik aus dem Radio und kommen uns bedeutend vor. Hier also hat alles begonnen. Der Cristalp. Der Mythos darum. Der Marathonsport im Allgemeinen. Wir inhalieren und schweigen. Nun sind wir Teil davon. Ein erhabener Moment. Genau hier in Verbier brach im August 1990 eine Handvoll Durchgeknallter zum weltersten Mountainbike-Marathon auf. Zu 131 gehetzten Kilometern von Verbier nach Grimentz. Über fünf Pässe mit grausamen 5000 Höhenmetern. Und eine fürchterlich steile, infolge medialer Augenzeugenberichte zur Legende aufgeblähte Schlusspassage, die angeblich nur auf allen Vieren zu bezwingen war. Zu bezwingen *ist*. Denn morgen früh um halb sieben werden wir uns zusammen mit 2000 anderen Verrückten auf denselben steinigen Weg nach Grimentz machen.

Das ganze Jahr haben wir nur für diesen einen Tag gelebt, meinen Absturz im »Club Mätresse« mal außen vor gelassen. Es gibt viele Marathons, doch keiner ist von so sentimentalem Hauch umweht wie der Cristalp. Er ist das Original, jeder andere nur Plagiat. Doch von Pioniergeist ist auf unserem Parkplatz gerade nicht viel zu spüren. Kernige Athleten gucken streng aus bunten Ballonseideanzügen, überprüfen zum zehnten Mal den Luftdruck ihrer steril geputzten Bikes und ziehen sich kohlehydratgeladen zur Nachtruhe zurück. Eine Mischung aus Askese und Selbstzweifel treibt sie übertrieben früh ins Bett. Andi und ich sind die Einzigen, die grillen und Getränke aus Kronkorkenflaschen zu sich nehmen. Und nach 21 Uhr sogar die Einzigen, die überhaupt noch wach sind. Aber das war auch so geplant.

Nach meiner im »Tanzfabrik«-Suff geborenen SMS an Andi haben wir uns in einem Anflug von Realitätsverlust tatsächlich entschlossen, beim Cristalp der guten alten Zeit zu huldigen. Mit Camping, unverkrampften Ambitionen und Hausmannskost. Wie früher eben, als vor den Rennen auch mal Aspirin statt Müsli gefrühstückt wurde. Sogar die Materialwahl erfolgte standesgemäß. Andi hat sein 95er Fat Chance Yo Eddy entstaubt. Ich mein 93er Yeti A.R.C. mit starrer Gabel. Seit Jahren bin ich keinen Meter mehr damit gefahren. Dabei war dieses Rad einmal mein ganzer Stolz. Mit ihm habe ich meine erotische Neigung zu Fahrrädern entdeckt, zu Schweißraupen, so prickelnd fein wie die Gänsehaut auf Helmut Newtons Aktmodellen. Für

Rohre, dünnwandig wie Cola-Dosen. Und Steuerrohrlogos, amtlich wie Adelswappen. Damals war ein Mountainbike kein bloßer Gebrauchsgegenstand. Es war ein Statement. Ein gebrülltes JA für Leidenschaft, Qualität und Style. Zu einer Zeit, in der genau diese Begriffe durch Medientumore wie Glücksrad, DJ Bobo und Harry Wijnvoord kontaminiert wurden. Geiz war nicht geil, sondern genau das Gegenteil davon.

Ich erinnere mich an Plünderungen des elterlichen Kühlschranks, weil das eigene Konto wieder einmal wegen eines neuen Titan-Innenlagers leer geräumt war. Oder wegen bunter Alu-Tuningschrauben für das Schaltwerk, die farblich besser mit der Sattelstütze harmonierten, gleichzeitig neun Gramm Gewicht sparten, leider aber mein gesamtes Zivi-Monatsgehalt kosteten. Als *echter* Biker durchlitt man solche Hungerphasen gerne. Es ging bei den Anschaffungen auch nicht wirklich um Funktionsvorteile. Oft schränkte man die Performance mit den bunten Teilen sogar erheblich ein. Wer einmal versucht hat, bei winterlichen Temperaturen die Füße aus steif gefrorenen Onza-Klickpedalen zu bekommen, die mit Gummifedern statt mit welchen aus Stahl funktionierten (beziehungsweise unter null Grad deshalb eben nicht mehr), der weiß, wovon die Rede ist. Mit viel Glück war ein Baum in der Nähe, an dem man sich festhalten und aus den unlösbar verankerten Schuhen schlüpfen konnte. Musste man trotzdem haben, die Pedale, sie waren ja schließlich Kult. Man war aus Prinzip pleite. Und wenn das Bike bis zur letzten Schraube durchgezüchtet war, brachte man eben den Flaschenhalter zum Vergolder. Oder kaufte sich ein neues Bike.

Zum Glück konnte ich bei der Verwandtschaft unkompliziert Überbrückungskredite aufnehmen, wenn plötzlich wieder eine neue Eloxialfarbe im Kommen war und man von einem Tag auf den anderen sein ganzes Rad anpassen musste. Mountainbiken und Konsumrausch gingen Hand in Hand. Funktion war schön und gut, Image alles. Ein Blick auf das Unterrohr-Logo genügte, und man wusste Bescheid über den Besitzer: ungefähre Kilometerjahresleistung, Musikgeschmack, berufliche Position. Es gab viele Marken – aber nur zwei Lager: die Klein-Fahrer und die Yeti-Fahrer. Kleins waren penibel durchgestylt und wurden den Snobs zugeordnet. Die nüchtern bemalten Yetis den Draufgängern. Die Klein-Fahrer fanden Tinker Juarez gut, den spirelligelockten Star des Klein-Teams. Yeti-Fahrer waren natürlich unsterblich in Missy Giove verliebt, die draufgängerische Yeti-Downhillerin, die eine Piranha-Mumie namens Gonzo um den Hals trug. Laut Zeitungsinformationen fuhr sie nachts gerne nackt mit dem Skateboard durch die Gegend. Und das war ja schon mal ein guter Grund *für* Yeti zu sein.

Selbst wer kein Bike dieser beiden Marken fuhr (was eigentlich nur am unkooperativen Kreditverhalten der Familie liegen konnte), musste sich spätestens am Stammtisch bei der Frage nach der persönlichen Sympathie positionieren: Klein oder Yeti? Ein Grundsatz wie Salz oder Zucker. Beatles oder Stones. Zu oder offen. An oder aus. Liberal gab es nicht, in Mainz aber einen Tätowierer, der für lau arbeitete, wenn das gewünschte Motiv ein Yeti-Logo war. Klein-Fahrer dagegen hätten sich niemals tätowieren lassen. Die trugen ja dem Klischee nach mehlsackfarbene Popelinehosen und Wildlederschuhe mit Bommelfransen.

Mir fiel es unendlich schwer, mich festzulegen. Erst verschuldete ich mich für ein Klein Attitude in dem selbst für damalige Verhältnisse äußerst gewagten »Moonrise-Design«, dann für die Opposition: das Yeti A.R.C. in türkis-grauer Mir-doch-egal-Bepinselung. Mein Kumpel Enrico wechselte die Fronten in umgekehrter Reihenfolge, was wir uns wochenlang gegenseitig als Hochverrat vorwarfen.

Den Höhepunkt erreichte der Glaubenskrieg schließlich mit der Comic-Serie »Hammerheads – total verbaikt«, mit der das »Bike«-Magazin ab Mai 1993 die Markenreligion veräppelte. Der kautzige Grafiker Thor versuchte mit seinem schwarzen Yeti, Großstadt-Yuppie Joseph Piepenbrink-Hohenstein und seinem scheckheftgepflegten Klein Attitude mit vergoldeter XTR-Kette ein Schnippchen zu schlagen. Ich habe alle Hammerheads-Ausgaben archiviert und Monate meines Lebens mit der Lektüre dieser Hefte zugebracht. Jedes Detail war wichtig. Wieso grinst Gary Klein bei dessen Firmenreportage so dämlich in die Kamera? Und vor allem: Wieso kann er sich bei *dem* Umsatz keine schöneren Zahnplomben leisten? Und wer zum Teufel ist diese brünette Bikinischönheit aus der Bianchi-Werbung, die so herrlich sexistisch vom eigentlichen Produkt ablenkt?

Das waren Zeiten, früher, als noch gegrillt und lange aufgeblieben wurde. Apropos. Es *ist* Zeit, der Grill nämlich längst aus, die Hähnchenschenkel im Verdauungssystem und der kleine Zeiger schon hinter der 23. Allerhöchste Eisenbahn für die Nachtruhe.

Der Handy-Wecker piept uns um 4.55 Uhr aus dem Dämmerschlaf. Halb sieben ist Start, dezente Hektik deshalb geboten. Regen prasselt aufs Autodach. Der Rücken schmerzt von der viel zu dünnen Isomatte. Draußen sind es gefühlte null Grad. Es ist noch völlig finster. Ich will nicht, muss aber. Zunächst hinter die Büsche, dann schüsselweise Haferflocken in mich stopfen, im Regen umziehen. Schließlich mit Andi ab zum Start, wo es immer noch finster, aber jeder der Blöcke bereits bis auf den letzten Platz gefüllt ist. Nirgendwo ist eine Lücke zu erkennen. Wir müssen uns in C anstellen, wo manche Fahrer Wandersocken und pralle Rucksäcke tragen. Vorne können wir nicht mal mehr das Startbanner erkennen, nach hinten haben wir freie Sicht. Überholt werden können wir zumindest nicht. Das können nicht viele von sich sagen.

Trotzdem bin ich nicht sicher, ob das mit dem Yeti eine gute Idee war. Unter der wollig warmen Kuscheldecke des geregelten Alltags redet man sich ja schnell den größten Quatsch schön. Doch die ist jetzt weg. Ich stehe im Regen und 5000 mythenbehafteten Höhenmetern gegenüber. Zwar habe ich am Yeti nach seiner Bergung aus dem Keller alle Schrauben nachgezogen, wegen der zeitlichen Enge zwischen Schnapsidee und Umsetzung aber keinen Meter mehr damit zurückgelegt. Auf der Strecke vom Parkplatz zum Start sprangen mir nun fast die Bandscheiben heraus. Irgendwas ist passiert. Entweder bin ich geschrumpft, oder das Yeti ist gewachsen. Die Sitzposition ist wegen des damals üblichen, 150 Millimeter langen, sich waagerecht nach vorn stemmenden Vorbaus derart gestreckt, dass ich kaum an den Lenker reiche. In so einer Haltung warten normalerweise 50-Meter-Freistil-Schwimmer auf das Startsignal. Aber da muss ich jetzt durch, schließlich sind die Jungs damals auch so gefahren.

Unser Auftritt war als gereckter Mittelfinger gegen Leistungsdruck, Materialismus und Ellenbogen gedacht. Von den Fahrern aber werden wir nur mitleidig als Verirrte wahrgenommen. Wie zwei Vokuhilas mit Def-Leppard-Shirt auf der Loveparade. Alle haben aufgerüstet. Die Flaggschiffe der Werbeanzeigen, wohin man schaut. Teuer erkaufte Schreckenspuffer, mit denen die Besitzer die Frontlinie im Kampf mit der Natur so weit wie möglich von sich wegschieben wollen. Ein Typ rechts außen rempelt seinen Nachbarn an und zeigt mit dem Finger auf mein Yeti. Ich hörte das Wort »Boneshaker« und hämisches Gelächter. Kulturbanausen.

»Hey, Andi, ich würde es echt cool finden, wenn wir zusammen fahren«, gebe ich mich brüderlich, will aber damit eigentlich nur den Leistungsdruck von uns nehmen. Schließlich ist mir Andi bergab mit seiner Federgabel zweifellos überlegen. Um den Rückstand bergauf wettzumachen, müsste ich mich jedes Mal komplett verausgaben. Ein Lotteriespiel. Dann lieber die softe Variante, bei der ich ja immer noch auf einen Einbruch von Andi hoffen kann. Denn bei allem Pioniergeist ist eines völlig klar: Dieses Rennen ist unsere interne Meisterschaft.

»Schauen wir mal, wie es läuft bei mir. Du kannst auch vorfahren, wenn ich dir zu langsam bin«, stapelt Andi tief und klopft mir auffällig entschlossen auf die Schulter.

»Viel Glück!«


Es scheint loszugehen. Motorräder knattern, Ratschen ratschen, Klickpedale klicken. Nur nicht hier bei uns. Erst nach zehn Minuten werden auch wir mit der Meute aus Verbier gespült. Aus den Boxen dröhnt der musikalische Kontrast zu dem sonst üblichen »Highway to Hell«: »La Tortura« von Shakira, was aber im Grunde genommen weich gespült dasselbe meint. Es geht zunächst gemäßigt eine Asphaltstraße hinauf. Das Tempo ist aus Respekt vor der Distanz noch verhalten. Fußgänger würden es Schlendern nennen. Autofahrer Cruisen. Kegler eine ruhige Kugel.

Die Straßenlaternen leuchten den Weg durch die tief hängenden Regenwolken. Dicke Tropfen platschen vom Helm auf die Nase. Die Reifen besprenkeln den Hintern mit kaltem Pfützenwasser. Alles wäre angenehmer, als jetzt hier diesen Berg hoch zu kurbeln. Die fiese Sitzposition drückt die Atmung ab und den Nackenmuskeln das Blut. Ich will schalten, tippe aber auf der Lenkerunterseite ins Leere. Die Reflexe sind noch im Jetzt und müssen sich erst wieder an die Daumenhebel gewöhnen, die ja *auf* dem Lenker thronen und nicht getippt, sondern seitlich gedreht werden wollen.

Andi ist um einige Meter zurückgefallen. Er wirkt bemüht, tritt aber im Gegensatz zu den meisten anderen noch das mittlere Blatt. Monoton schlängeln wir uns so die 600 Höhenmeter zum ersten Gipfel hinauf. Das soll der berühmte Grand Raid Cristalp sein? Härte? Leiden? Verzweiflung? Da muss eine Verwechslung vorliegen. Ich gehe als Erster von uns beiden in die Schotterabfahrt. Da beginnt die Apokalypse. Das Gefälle beschleunigt mich auf eine noch nie erlebte Geschwindigkeit. Mein Kopf wird nach hinten gerissen, die Erde unter mir beginnt zu beben, die Kette peitscht auf die Hinterbaustrebe, mein Gehirn klatscht gegen die Schädeldecke, das Sichtfeld ist püriert. Angst und Panik fährt mir in die Glieder und die Konkurrenz mit einem Höllenspeed an mir vorbei. Ich bin nämlich gar nicht schnell. Nur ungefedert. Da, eine Kurve! Ich ziehe an den wuchtigen XT-Hebeln, bis die Blutzufuhr in den Händen kurzzeitig unterbrochen ist. Nichts passiert. Ungedrosselt bockt das Yeti auf den Abgrund zu. Scheiße, hämmert es mir durch den Kopf. Scheiße, das war es! Es, mein Leben. Die Finger krampfen sich um die Hebel, vier an jeder Seite. Mit der Schulter touchiere ich out of Control einen Fahrer, der daraufhin Mixer schreit oder so ähnlich.

Dann stellt sich im letzten Moment doch noch etwas Verzögerung ein, die Schuhsohlen stehen bereits als Wurfanker im Schotter. Das Nassbremsverhalten der Shimano-Cantilever galt in der Fachpresse schon damals als verbesserungswürdig. Wacklig eiere ich um die Kurve. Keiner ist langsamer. Noch nicht mal die Angstbremser mit den Wandersocken. Allerhöchstens 500 Streckenmeter Abfahrt habe ich bis jetzt geschafft. Oder besser gesagt, überlebt. Elf Kilometer sind es noch bis runter ins Tal. Von hinten rauscht Andi an mir vorbei. »Na, fühlst du dich wie Thor von den Hammerheads?«, spottet er. Der Fahrtwind reißt seine Worte in Fetzen. Nach zwei Kehren ist er nicht mehr zu sehen. Aber ich habe eh grad andere Probleme, nämlich ganz schön die Hosen voll. Wie konnte Marathon nur so ein Boom werden, wenn die Jungs damals doch ganz sicher den gleichen Horror erlebt haben? Und dabei galt das Yeti A.R.C. noch als innovative Speerspitze.

Und welches Problem hat eigentlich dieser Ritchey-Jörg von der Transalp, der ja ständig ohne Federgabel und Lenkergriffe unterwegs ist? Freiwillig! Irgendwann ist der Spuk fürs Erste vorbei. Die Schotterpiste wird zum Asphaltband. 120 Kilometer sind es von hier noch bis zum Ziel. Mit dem Yeti – was für eine beknackte Idee.

Die Aufholjagd am nächsten Berg zieht sich länger hin als gedacht. Erst kurz vor der zweiten Bergkuppe sehe ich Andis neongrelles Panasonic-

Trikot vor mir leuchten. Doch da geht es schon wieder in die nächste Abfahrt hinein. Und die bietet alles auf, wofür das Yeti schon in alten Tests der Fachpresse Punktabzüge kassierte: Stufen, Wurzeln, verblockte Steine. Also runter vom Rad und rennen, schieben, tragen, alles gleichzeitig. Zum Glück habe ich mein ursprüngliches Vorhaben verworfen, mit historischen Hakenpedalen anzutreten, in denen die Füße mit Lederriemen gleichzeitig ans Pedal an- und vom Blutkreislauf abgeschnürt sind. Endlich bäumt sich der Weg wieder steil auf. Ich drehe am linken Schalthebel, die Kette fällt willig aufs kleine Kettenblatt, kurz darauf aber mit lautem Scheppern auf die Tretlagerachse. Ich trete ins Leere und kontaktiere mit dem Schrittbereich schmerzhaft das Oberrohr. Die Leichtbau-Aluschräubchen des kleinen Kettenblatts sind kollabiert und aus dem Kurbelgewinde gerissen. Ich hatte sie aus Gewichtsgründen verbaut, kurz bevor ich das Yeti eingemottet habe. Mein Blutdruck fällt vor Fassungslosigkeit kurz ab, steigt dann aber sofort proportional zur Wut wieder an. Zum Glück machen die integrierten Kurbelabzieher in den stählernen Syncros-Kurbeln die Edelschrott-Demontage einfach. Nach wenigen Minuten liegt das kleine Kettenblatt im Rucksack und die Kette eben ab jetzt auf dem nächst größeren, dem mittleren. Allerdings war das damals mit 38 Zähnen fast so riesig wie die großen Scheiben heute. Mit schweren Tritten wühle ich mich durch den Schlamm. Hinten stehen retrobedingt nur acht Ritzel zur Verfügung, von denen das größte gerade mal 28 Zähne hat. Ich muss permanent im Wiegetritt fahren, um die Karre in Schwung zu halten.

Auf der nächsten Abfahrt zweigt die Strecke scharf nach rechts vom Asphalt auf einen Trail ab. Ein Metallgitter sperrt die Stelle für den Verkehr. Ich ziehe die XT-Hebel mit roher Gewalt, nähere mich der Gabelung, aber ohne spürbare Bremswirkung. Als ich sie erreiche, lege ich für eine Richtungsänderung noch deutlich zu viele Meter pro Sekunde zurück. Also geradeaus in das Gitter, das nun statt mir mit Mordsgetöse über den Asphalt schlittert. Der Streckenposten hat grad noch so Glück gehabt, meine Knie ziemlich etwas abbekommen und ich die Schnauze gestrichen voll.

Prüfend bewege ich alle Knochengelenke und taste die Zahnreihen mit der Zunge nach Lücken ab. Nichts passiert. Alles in Ordnung. Zumindest aus chirurgischer Sicht. Die Kette hat sich beim Crash im Hinterbau verkeilt. Und in sich verbogen, wie ich unmittelbar beim ersten Antritt feststelle, denn der Schrittbereich dengelt wieder im Leertritt aufs Oberrohr. Ich muss das beschädigte (Ketten)glied amputieren. Leider ist der gestutzte Strang nun zu kurz für die größten Ritzel und hebelt sich alle paar Kilometer an der Nietstelle auf. Unfassbar! Mein Jahreshöhepunkt, für den ich Freizeit, Sex und Erholung geopfert habe, entwickelt sich zu einer Farce. Zudem stellt sich vom ungefederten Gepolter langsam ein migräneartiger Kopfschmerz ein. Und auf dem Pass Eison zu allem Übel noch der gefürchtete Hungerast, weil die Verpflegungsstellen nährwertlosen Schlemmertheken nachempfunden sind. Neben Wasser und homöopathischen Obstschnipseln gibt es nur Eistee mit Pfirsich-Aroma und Naschriegel im Winzigformat. Mir ist so schwindelig, dass ich mich kaum noch im Sattel halten kann. Der Bankrott des Kohlehydratspeichers ist der Anfang vom Ende. Ist der Tank leer, fängt der Motor an zu stottern. Die Wahrnehmung ebenfalls, denn Kohlehydrate sind auch Energielieferant des Hirns. Das funkt nun ständig Fehlzündungen ins Nervensystem, was sich in grobmotorischen Bewegungen und Satzkonstruktionen bemerkbar macht. Was für ein beschissener Tag! Der Cristalp präsentiert mir die Rechnung für den großkotzigen Auftritt mit Oldtimer und Hähnchenschenkeln. Wenn ich mir diesen Irrsinn noch mal antun sollte, dann gefälligst demütig in Ballonseidetrainingsanzug und mit weich gefedertem Bike, so viel steht fest.

Ich entschließe mich, ruhig weiterzufahren. Andi ist wahrscheinlich schon lange an der finalen Schiebepassage. Und ich ohnehin längst im ambitionslosen Überlebensmodus. Hauptsache, ich komme nach Grimentz und auf die Finisher-Liste. Der Ruhm wird bleiben, die Schmach über den Rückstand vergehen, zumal ich eine plausible Ausrede habe.

Es ist kurz vor 14 Uhr, als ich über einen holperigen Singletrail das Örtchen Evolène erreiche. Siebeneinhalb Stunden sitze sich schon im Sattel. Ein Drittel und das schwerste Stück der Strecke liegen noch vor mir. Ich bin garantiert nicht Letzter. Trotzdem tragen die Streckenhelfer schon pfeifend die Absperrgitter weg. Den Grund erfahre ich ungefragt von einem Thomas, der wasserleichenblass und völlig am Ende zu mir aufschließt. Zur Förderung der Kommunikation steht der Vorname jedes Fahrers auf der Lenkernummer.

»Mann, war das knapp«, ruft Thomas mir aufgeregt zu.

»Was war knapp?«, frage ich ahnungslos zurück.

»Die Karenzzeit, was denn sonst? Fünf Minuten später und hier wäre dicht gewesen.«

Eng würde das werden, analysiert er die Lage, denn zwei Karenzzeiten müssten bis zur Tragepassage am Pas de Lona noch passiert werden. Die nächste exakt in einer Stunde in Eison, elf Kilometer und 500 Höhenmeter weiter. Die zweite eine Stunde und 15 Minuten später direkt vor der Trage-passage. Wer nicht pünktlich da sei, müsse umkehren und runter zu den Shuttle-Bussen fahren. Und bis zur Tragepassage sei es noch weit, *sehr* weit. Und steil. *Sehr* steil. Letztes Jahr sei es für ihn auch schon knapp geworden, *sehr* knapp. Da habe es oben am Pass geschneit.

Die Worte von Thomas bringen mich völlig aus der Fassung. Karenzzeit? Warum habe ich davon nichts gewusst? Wahrscheinlich, weil die Unterla-gen im Startpaket doch nicht nur dazu dienen, den Grill anzuheizen. Wenn ich heute Abend nicht als der größte Depp des Universums dastehen will, muss ich jetzt alles auf eine Karte setzen. Mit verzweifelter Wut würge ich die Kurbeln herum, Umdrehung für Umdrehung. Oberhalb der Kniekehlen melden sich die ersten Krampfvorboten. Drücke ich das Pedal nach unten, zucken die Muskeln zickig zusammen. Dehnen könnte helfen. Doch das geht während der Fahrt nicht, da ich beim kleinsten Trittaussetzer umkip-pen würde.

Ich schiebe mich an einem Fahrer vorbei, dessen Trikot mit der Erkennt-nis »pains have a name: 200 Kilometer/7000 Höhenmeter – Salzkammergut Trophy 2006« beschriftet ist. Seinem Gesichtsausdruck nach zu urteilen kann er die Koordinaten des heutigen Tages gleich mit dazuschreiben. Schlechter wird er beim zur Schau getragenen Spektakel auch nicht aus-gesehen haben. Ich kontrolliere im Zehnsekundentakt die Restzeit bis zur Karenz. Noch 25 Minuten. Ich müsste mal, kann aber nicht. Die Priorität ist klar: Die Abwasserentsorgung kann warten, der Sekundenzeiger wird das auf gar keinen Fall tun.

Ein paar Kehren über mir sind endlich die ersten Häuser von Eison zu sehen. Also die furztrockene, gequälte Kette rasch mit einer Bananen-schale schmieren. Dann in den Wiegetritt, linke Kurbel, rechte Kurbel.

Am Steilstück schieben, schieben, schieben. Die Sekunden verrinnen wie Zehntel, die Muskeln krampfen, die Flasche ist schon wieder leer. Das Piepen das Zeitmessteppichs bestätigt den Teilerfolg: sechs Minuten vor Karenzzeit. Die Obsttheke will zum Picknick verleiten. Bloß nicht stehen bleiben. Nur weiter.

Durch meinen Kopf funken die schlimmsten Horrorvisionen. Ich kann einfach nicht glauben, dass alles umsonst gewesen sein soll. Tausende Trainingskilometer. Die Schinderei auf Mallorca. Die entgangenen Kino-, Kuschel-, Kneipen-, Grill-, Lese-, Konzert-, Fernseh-, Koch-, Kumpeltreff-, Relaxabende. Was soll ich Himbeerchen erzählen, die ihre Bedürfnisse das ganze Jahr um meine Radmacke drum herumgebogen hat? Um als Folge nun ein psychisches Wrack moralisch aufrichten zu müssen?

Und dann erst die ganze Kumpel-, Kollegen-, Verwandtschaft, der ich in großspurigen Tönen von meinem großen Abenteuer erzählt habe, als wäre es bereits bestanden. Seit der Transalp hatte ich keine Sekunde daran gezweifelt, den Cristalp locker zu packen. Ich habe sogar extra eine Kamera im Rucksack, um mich auf dem legendären Pas de Lona mit Erfolgsdaumen ablichten zu lassen. Das Bild soll in einem goldenen, bereits gekauften Rahmen an die Küchenwand. Und nun kegelt mich die Karenzzeit aus dem Rennen, die zum Schutz vor der Selbstüberschätzung schlecht trainierter Fahrer in die Rennordnung aufgenommen wurde. Mich, den Finisher der Transalp! Das muss man sich mal vorstellen. Für ein derartiges Ereignis ist kein Speicherplatz auf meiner geistigen Festplatte vorgesehen.

Die Zeit scheint im Gegensatz zu mir zu rasen. Trotzdem komme ich gut voran. Bis sich, 20 Minuten vor Ultimatum, die Kette mit einem metallischen Klirren vom Antrieb verabschiedet. Wieder gerissen. Fluchend springe ich an den Streckenrand und schrecke zusammen. Im hohen Gras liegt regungslos ein Fahrer. Guido, wie die Startnummer informiert. Doch Guido genießt nur den Ausblick und streckt mir wortlos einen Kettennieter entgegen. Ich solle mich mal schön easy und geschmeidig machen, sagt er, der Berg würde schon nicht weglaufen. Der nicht, aber die Karenzzeit, entgegne ich, was Guido jedoch für ein Gerücht hält.

»Die lassen uns doch nicht hier hochstrampeln, um uns dann wieder runterzuschicken. Karenzzeit, so ein Quatsch. Die wird doch unten in Eison genommen«, sagt er ultraentspannt und lacht schrill auf.

»Er hat wohl gestern auch mit dem Startpaket gegrillt«, denke ich, bedanke mich für den Kettennieter und renne mit steifen Beinen weiter. In den Kniekehlen zucken bei jedem Anwinkeln ekelhafte Krämpfe. Oben im Hang kann ich die Verpflegungszelte schon erkennen. Fahren geht trotz geflickter Kette nicht mehr. Die Übersetzung ist zu groß oder die Steigung, je nachdem. Da, endlich, der Zeitmessteppich. Doch der bleibt stumm. Kein Piepen. Ich schiebe das Rad noch mal ein paar Meter zurück und wiederhole die Teppichüberquerung. Nichts. Der Pfad zum 2787 Meter hohen Gipfel des Pas de Lona ist mit Flatterband versperrt. Ein rot-weißer Keuschheitsgürtel, den die Streckenposten gerade großräumig vor die Zielgerade des Cristalp spannen. Kurz dahinter sehe ich noch die letzten Fahrer über die Steinfelder stolpern.

»Finito, finito«, sagt einer der Posten, schiebt den Ärmel seiner Multifunktionsjacke hoch und tippt auf seine Armbanduhr.

Die Digitalzahlen zeigen 16.23 Uhr. Acht Minuten zu spät. Acht Minuten! Nach zehn Stunden Quälerei, 112 Kilometern und über viereinhalbtausend Höhenmetern. Acht Minuten! Vor den letzten 300 Höhenmetern Schiebestrecke und der allerletzten Abfahrt. Im Schockzustand sinke ich zu Boden. Ich bin kein Finisher. Jetzt steht es fest. Definitiv. Unumstößlich. Ich habe versagt, es unterschätzt, zu leicht genommen. Den Cristalp, die Legende. Es musste ja so enden. Andi ist durch. Ich nicht. Die aufgeregte Diskussion zwischen Guido und dem Streckenposten erreicht mich nur noch blechern wie durch einen Filter. Ich sitze auf dem Scherbenhaufen meines Traums, werde im Gruppetto der Gescheiterten ins Tal rollen und mit dem Shuttle-Bus nach Grimentz. Hoffentlich hat der verdunkelte Scheiben. Mein letzter Kampf für heute gilt den Tränen. Doch nach ein paar Sekunden ist auch dieser verloren. Neben mir versucht Guido noch illegal die Absperrung zu überwinden, wird aber von einem Posten an der Jacke festgehalten und zurückgezerrt. Schluss, vorbei, nächstes Jahr wieder.

In der Gruppe geht es runter ins Tal. Denselben Weg, den wir uns gerade hochgeschunden haben. Was für ein Trauerspiel. Dabei hatte ich es fast geschafft. Doch *fast* ist eben nur die Relativierung des Versagens. Die Schönschreibung von Niederlage. Ein seelisches Trostpflaster. Elfmeter gegen die Latte. Milchkaffee ohne Milchschaum. Flirt ohne Kuss. Weltmeister der Herzen statt nach Toren. Fast, aber eben nicht ganz.

Es tut gut, die Enttäuschung mit den anderen aus der Gruppe zu teilen. Mit Christoph, der schon letztes Jahr den Zutritt zur Tragepassage verpasste und sich deshalb dieses Jahr trotz stressigen Jobs extra eine ganze Woche für ein Alpentrainingslager freigeschaufelt hat und es nun nächstes Jahr noch mal versuchen will, aber danach nie wieder, haha, lacht er sich selbst aus, denn man solle ja niemals nie sagen. Oder Fritz aus München, der im Zelt übernachtet hat und erst morgen zurückfährt, weil er nachher noch ein richtig edles Rotweintröpfchen trinken will und ein blutiges Steak schnabulieren. Und natürlich Guido, der aus verständlichen Gründen etwas zerknautscht auf seinem Cannondale sitzt. Meine Enttäuschung verfliegt. Was ist schon Schlimmes passiert? Ich habe ein paar Höhenmeter weniger in den Beinen. Na und? Ich war dabei! Ich *bin* dabei! Außerdem klebt der legendäre Cristalp-Aufkleber bereits auf meinem Oberrohr. Er wird nämlich nicht im Ziel, sondern vor dem Start beim Materialcheck als eine Art TÜV-Siegel vergeben. Aber das muss ich den Jungs daheim ja nicht verraten!

Der Bus bringt uns zunächst zum Ziel nach Grimentz. Nicht um uns Flop Ten vor den Top Ten vorzuführen, sondern weil dort die Busse zurück nach Verbier warten, wo die Autos derer parken, die ihre Freundin nicht als Überführungsfahrerin begeistern konnten. Also auch unseres. Die Fahrt über enge Bergstraßen zieht sich hin. Zwei Stunden lang müssen wir den französischen Schlagersender ertragen, den der Fahrer extra laut im Radio eingestellt hat. Leider auch das Geruchsambiente, das sich aus den durchtranspirierten Klamotten, dem brünftigen Rasierwasser des Busfahrers und den Blähwolken von uns allen zusammenmischt. Andi wartet bereits geduscht an der Bushaltestelle.

»Hey, was war los? Habe mir schon Sorgen gemacht«, ruft er und ist sichtlich erleichtert, mich munter zu sehen.

»Yeti-Desaster«, rufe ich zurück. Als Kenner historischer Fahrräder versteht er sofort. Auch ich bin froh, Andi gesund wieder zu sehen, auch wenn er einen etwas dehydrierten Eindruck macht. Er hat es also geschafft. Ein bisschen bewundere ich ihn.

Der Rücktransport zieht sich unendlich lange hin. Um die Langeweile zu überbrücken, hebe ich die bunten Veranstaltungshinweiszettel vom Boden auf, die überall im Bus verstreut sind. Wie Trinkgutscheine beim Kater-frühstück. Einer preist den »Giga Marathon« an – »The ultimate Race in the Alpes«. Ein anderer die »Crocodile Trophy« durch Australien – »The Worlds longest and hardest MTB-Adventure for Pros and Amateurs, 13 Sta-ges, 1400 Kilometer«. Komplett irrsinnig erscheint mir die Einladung zum »Naturaid – a new style of life«, bei dem man doch tatsächlich in einem Ritt und ohne Nachtruhe den Hohen Atlas in Marokko überqueren soll. Was sind das für Leute, die so etwas tun und vor allem noch Geld dafür bezahlen? New style of life. Da bin ich gerne altmodisch.

Kurz vor ein Uhr morgens steigen wir endlich aus dem richtigen in un-seren Kleinbus. Hungrig, ungeduscht, müde. Die Karre muss morgen früh um sieben Uhr wieder bei Andis Onkel sein, vollgetankt und gesäubert, weshalb wir die 590 Autobahnkilometer jetzt noch zurückgondeln müssen. Volles Programm eben.

Gegen vier Uhr morgens rollen wir über die Schweizer Grenze. Aus der Anlage plätschert »Atmosphere«, diese herrlich sentimentale New-Wave-Hymne von Joy Division, die Sänger Ian Curtis kurz vor seinem Selbstmord aufgenommen hat. Gerade kommt die Stelle, wo sich die Drums von Ste-phen Morris in die rieselnden Synthesizerklänge mischen. Vor uns: nur Asphalt, Mittelstreifen und das verbliebene bisschen Nacht. Hinter uns: die verschlammten Bikes und ein Tag, von dem wir noch unseren Enkeln erzählen werden.

»Ich muss ständig über heute nachdenken«, sagt Andi: »Das war ja wohl die total höllenkrasse Aktion überhaupt. Danke, dass ich das mit dir zusammen erleben durfte.«

Die Synthesizer rieseln. Durchs halboffene Fenster rauscht der Fahrt-wind. Ich muss zur Seite schauen, damit Andi die Träne nicht sieht, die mir vor Rührung über die Wange rollt.

Da ist es, dieses tiefe, zufriedene Gefühl, von dem ich das ganze Jahr geträumt habe. Es hat sich gelohnt. Alles. Jeder verdammte Kilometer. Jede Schippe Iso-Pulver. Jeder Atemzug im Höhensimulator. Scheiß auf die bescheuerte Urkunde.

## 12.

# Kreißsaal der Quatschideen

Wenn ein blendend gelaunter Zivilfahnder bei Tempo 140 auf sein Autodach klettert, von dort aus den neben ihm fahrenden Bus entert, in diesem eine Bombe entschärft, dem Schurken den Arm umdreht und gleichzeitig das Blondchen aus der ersten Sitzreihe auf einen Cocktail einlädt; wenn die immer gleichen C-Promi-Fressen unter dem Deckmantel angeblicher Comedy die Kanäle verstopfen; wenn der genetische Glücksfall Sonya Kraus ihre Busengebirge in die Kamera streckt und das Moderation nennt; wenn man das also alles bei vollem Bewusstsein miterlebt, dann ist Winterpause. Der Begriff ist leicht irreführend. Er stimmt vielleicht bei Ostsee-Hotels. Bei Campingplätzen. Oder Eisdielen. Bei Mountainbikern jedoch beschreibt er nur pauschal die Zeit nach dem letzten Zielstrich. Oder besser gesagt: die Leere nach diesem. Die Warteschleife, bis es wieder losgeht mit Saisonzielen, Joggingeinheiten, Diätplänen, Trainingslagern, Tuning-Einkäufen. Die motivationslose Zeitspanne eben, die meist vor der Glotze ausgesessen wird. Wann hat man schon sonst Zeit, sich dermaßen reichhaltig an telemedialer Grütze zu laben?

Meine Winterpause begann am Flatterband des Pas de Lona, Ende August. Das Jahresziel war abgehakt, kein neues in Sicht. Der Stress war zu

Ende, vorbei. Seitdem klebt die Zeit wie Zuckerwatte am Tag. Als sie noch dran abperlte wie an Uschi Obermaier und meine Freizeit von Training, Reisen und Rennen verschlungen wurde, wuchs die Liste der Dinge, die ich nach dem Cristalp-Marathon unbedingt nachholen wollte, stetig. Ich hatte diese nicht auf einem Zettel notiert, nur im Kopf abgespeichert. Es waren Kleinigkeiten, die ich so unheimlich vermisste, wenn ich mit dem Rad durch die Botanik kurbelte. Und die nun einmal keinen Platz hatten neben Beziehung und körperlichem Optimierungsstreben. Da wären:

– »Herr der Ringe«-DVDs gucken.

– Einmal lange mit Himbeerchen frühstücken, dabei Spiegeleier mit Schinkenwürfeln sowie Schweinsohren essen und die »Bild«-Zeitung lesen.

– Einmal in der Badewanne sitzen, dabei in deutlich überhöhter Lautstärke die »Appetite for Destruction«-CD von Guns n' Roses hören und ein Limoglas voll Wein trinken.

– Flohmarktbesuch.

– Wecker auf sechs Uhr stellen, bimmeln lassen, ausdrücken, freuen und dann bis neun Uhr schlafen.

– Einmal so viele Süßigkeiten essen (Schweinsohren!), bis ich mir den Finger in den Hals stecken will.

– Ans Küchenfenster stellen und rausschauen, ohne auf jemanden zu warten.

Auf den ersten Blick schien sich eine sehr lange Liste angesammelt zu haben, die mich bis zum Jahresende beschäftigen würde. Genau genommen war sie aber mit einem entsprechenden Management auch an einem einzigen Wochenende machbar. Ich hatte einfach das Gefühl für Freizeit verloren. Vor ein paar Wochen noch empfand ich es geradezu als Freizeitstress, in einer Woche mehr als einen Abendtermin zu realisieren. Dabei war ich vor meinem Sportlerdasein ein Meister im Terminjonglieren gewesen. Kino, Kneipe, Konzert, alles an einem Abend? Kein Problem. Doch man akklimatisiert sich ja schnell zurück ins Freizeitleben. Der Punkt mit den »Herr der Ringe«-DVDs hatte sich an einem vernieselten Samstag erledigt. Das »Bild«-Spiegelei-Schweinsohr-Frühstück gleich mit. Der Badewannenwein auch. Der Flohmarktbesuch am Sonntag danach. Die Ausbeute von vier Stunden Schnäppchensuche: eine CD »Rave Base Volume 5« für 1 Euro (ohne Feilschen!), ein Autospiegelskelett mit Leuchtaugen für 1,50 Euro (statt 3 Euro!), ein antikes Zukunfts-Magazin »HOBBY – Das Magazin der Technik« mit dem Titelthema »Kommt das farbige Fernsehen?« (zum Festpreis von 1 Euro), ein Viererpack R6-Batterien (für die Leuchtaugen des Autospiegelskeletts) sowie ein elektrischer Abnehmgürtel »Sauna Solution – das Original aus der TV-Werbung« für unverschämte, nicht handelbare zehn Euro.

Damit war schon mal der überwiegende Teil der Liste abgehakt und das Angebot an freier Zeit wieder größer als mein Bedarf. Meine Papa-Wochenenden liefen ja wie gewohnt: Prinz und Prinzessin spielen, Tiere angucken, malen, Bücher vorlesen, das Bommerlunder-Lied von den Toten Hosen singen und dazu wie von der Tarantel gestochen durch die Wohnung springen. Der Rest des Privatlebens war wenig einnehmend. Selbst der unordentlichste Haushalt ist in drei, vier Stündchen aufpoliert, obwohl da ja oft was anderes behauptet wird. Und auch die Beziehung mit Himbeerchen entpuppte sich als weniger zeitintensiv als noch vor Wochen gedacht. Im Prinzip läuft alles wie während der Saison, außer dass wir jetzt öfter knutschen, zusammen in der Badewanne planschen, auch mal über zukünftige Dinge reden und uns gegenseitig massieren. Ein wichtiges Mehr, keine Frage, das jedoch mehr über das Emotions- als über das Zeitbudget läuft.

Was also anstellen mit dieser Überportion Zeit, die sich in Abenden, Wochenenden und Feiertagen breitmacht? Inzwischen kommt es mir vor, als würde ich *nur noch* auf dem Sofa herumlümmeln und in Presseprodukten blättern. Sämtliche CDs habe ich nach Musikstil und Alphabet sortiert, was ein mehr als deutlicher Hinweis auf Zeitüberschuss ist. Sogar den Otto-Katalog habe ich schon zu lesen angefangen. Erstaunlich, wie zäh eine Stunde sein kann, wenn die Zeit nicht mehr der Gegner ist. Wie lange der Minutenzeiger braucht, um von einer Ziffer zur nächsten zu kriechen.

Gerade mal zwei Wochen ist die Schmach vom Pas de Lona her. Doch meine Liste ist schon abgehakt. Abgearbeitet. Keine Liste mehr. Es ist komisch, so ohne Zeitdruck durch den Tag zu treiben. Angenehm. Aber irgendwie lähmend. Langweilig eben. Man braucht Fixpunkte, damit der Blutdruck nicht ins Bodenlose abfällt. Diese Fixpunkte heißen bei mir derzeit Wochenendeinkauf, Essen, Fernsehprogramm. Ich kann mir nicht vorstellen, diesen Zustand bis zum nächsten Frühjahr zu ertragen. Und ich habe erst recht keine Lust, zum Zielgruppenmitglied der Zeitzertrümmerungsindustrie zu werden, um mich dann mit sinnleeren Computerspielen von einem Level zum nächsten durch den Tag zu ballern. Oder aus lauter Verzweiflung über Sudoku-Rätseln zu brüten. Jetzt ist es erst Anfang September. Ich kann doch nicht in meinem auf Leistung getrimmten Körper auf den Winter warten, um dann bei den Jahresrückblicken von Jauch, Christiansen, Raab, Pflaume, Kerner und Co Speck auf mir wachsen zu lassen. Winterpause! Wieso eigentlich? Nur weil der Cristalp vorbei ist? Draußen laufen die Leute noch in T-Shirts rum. Worauf warte ich überhaupt? Das Jahr hat gerade erst angefangen. Ich muss mich dringend mit Andi treffen.

Das »Andergraund« ist das, was Schlipsträger stirnrunzelnd eine Kneipe nennen. Hier kommt man nicht her, um fein zu essen. Hier kommt man her, um gepflegt ein Bier zu trinken. Oder ganz viele, was die weitaus üblichere Variante darstellt. Die kulinarischen Highlights stehen auf einer Kreidetafel und beschränken sich auf »Currypeitsche« und »Chili con Carne«. Dafür ist das Angebot an Kaltgetränken umso üppiger. Ich mag solche Läden. Sie machen sich nicht fein für die Gäste. Also muss man selbst auch nicht Stunden vor dem Spiegel posieren, wenn man sie besuchen will. Der Laden lässt einen in Ruhe, und man selbst verschwendet ebenfalls keine großen Gedanken an ihn. Alles ist auf das Wesentliche reduziert. Man will quatschen, dabei sitzen und nicht verdursten, fertig, aus. Ich trete durch die bleiverglaste Folkloretür und pralle an einer gewaltigen Wolke Nikotinsmog ab. Dieser Teil des Abends ist stets der übelste. Man braucht eine Zeit, ehe man sich wieder auf andere Dinge konzentrieren kann als auf das Inhalationsgift, das die Nikotinsüchtigen wie selbstverständlich in den Raum blasen. Die Augen fangen an zu tränen, und man sieht verheult aus.

Ebenso störend, dafür aber harmlos, ist die enorme Geräuschkulisse. Unzählige Biertischreden vermischen sich zu einem durchdringenden, dröhnenden Klangbrei. Ein Kanon aus 100 hingelachten, hingeplärrten, hingelallten Tonspuren. So muss jeder jeden übertönen, was die Dezibelschraube stetig nach oben dreht. Eigentlich ist die »Andergraund«-Trinkstube ja betont ungemütlich. Die Wände sind pfirsichfarben bepinselt, die Tische nackt, Dekoartikel schlichtweg nicht vorhanden. Trotzdem ist sie rappelvoll, weil sie im kulturorientierten Teil der Lokalzeitung irgendwann einmal in Szenezusammenhängen erwähnt wurde. Wahrscheinlich ist der Kulturredakteur hier mal seine Handynummer an eine Thekenschlampe losgeworden, weswegen der Schuppen gleich in der nächsten Ausgabe zum Ausgehtipp hochgeschrieben wurde. Und nun sitzen sie eben hier statt woanders, immer dieselben Gesichter. Und man fragt sich, ob sie hier wohnen und in ihren schlabberigen Jugendanziehsachen, für die sie eigentlich viel zu alt sind, Zahnbürsten haben und sich, wenn die normalen Gäste weg sind, auf die Eckbänke legen, um dann am nächsten Tag wieder pünktlich beim Bier zu sitzen.

Ich drängle mich durch die Trinkermasse und suche die Tische nach Andi ab. Er sitzt auf einem Hocker an der Bar und löffelt mit einer Weißbrotscheibe Chili con Carne.

»Grüß dich! Na, schon lange hier?«, schreie ich ihm die Begrüßungsfloskel ins Ohr.

»Nee, grad gekommen. Ist erst mein zweites Bier«, ruft Andi, legt die Weißbrotscheibe auf den Tellerrand und schlägt mir zur Begrüßung auf die Schulter: »Coole Sache, dass wir mal wieder auf die Piste gehen. Pflanz dich hin!«

Ich schiebe den einzigen nicht belegten Barhocker heran, lege die Jacke drüber und klettere rauf. Lange ist es her, dass wir zusammen im »Andergraund« waren. Verändert hat sich nichts. Diese beiden Typen mit den Jeansjacken hocken schon wieder (oder immer noch?) am Tresen, genau vor der Zapfanlage, wie bei meinem letzten Besuch. Die Kellnerin läuft routiniert ignorant an meinem Tramperdaumen vorbei, und in der Anlage dudelt – ebenfalls wie immer – ein 1980er-Jahre-Hitmix. Die Stetigkeit vermittelt das angenehme Gefühl, nichts verpasst zu haben, auch wenn man schon seit Monaten nicht mehr aktiv am »Andergraund«-Leben teilgenommen hat. Nichts mehr zu spüren von der hektischen, antreibenden Welt da draußen.

Der Barmann schiebt mir ein Helles hin, krakelt einen Strich auf den Untersetzer und fragt/sagt, dass das doch okay sei, oder. Ist es.

»Habe ich dir schon erzählt, dass ich mich für den absoluten Wahnsinn angemeldet habe?«, geht Andi in Stellung und schaut wie ein Pokerspieler, der gleich sein Full House auf den Tisch knallen wird. Wahrscheinlich hat er sich diesen Satz schon vor Tagen überlegt. Es muss was ganz Tolles sein.

»Nee, wieso, was denn?«, bereite ich ihm die Bühne.

»Trondheim–Oslo!« Andi nimmt einen tiefen, zufriedenen Schluck, stellt das Bierglas zurück auf den Deckel und schaut mich in Erwartung eines Gefühlsausbruchs an. Doch ich kapiere gar nichts.

»Was für ein Ding?«

»Trondheim–Oslo, 540 Kilometer Nonstop mit dem Rennrad. Ein Kultrennen. Jeden Sommer in Norwegen. Ein Typ hat mich gefragt. Kenne ich von früher. Der will zusammen mit ein paar Jungs eine 30er-Gruppe aufmachen und unter 16 Stunden fahren. Vorher wollen sie für einen Tag die Opel-Teststrecke in Rüsselsheim mieten und 250 Kilometer lang das Ablösen in der Gruppe üben.«

»Wie? 540 Kilometer? Ohne anhalten?«

»Ja eben. Da fahren Tausende mit, das ist ein richtig fettes Rennen. Wer da ins Ziel fährt, ist für alle Zeiten unsterblich. Ich habe dermaßen Bock, mal so ein richtiges Heldending zu fahren.«

Damit ist die Märchenstunde wieder eröffnet. Es ist immer so. Irgendeiner gibt ein Stichwort, und dann gebiert eine Schwachsinnsidee die nächste. So, als würde es keinen Alltag, keine gewerkschaftlich vereinbarte Urlaubstageregelung oder finanzielle Limits geben. Eine Stunde später haben wir neben einer gemeinsamen Trondheim–Oslo-Teilnahme folgende Unternehmungen für nächstes Jahr beschlossen:

– 24-Stunden-Rennen in England mitfahren, aber mit Singlespeed-Bikes und starrer Gabel.

– Motörhead-Konzert.

– Zwei Wochen Trainingslager auf Mallorca in der Speedgruppe mit Erik Zabel.

– Top 20 bei der BIKE Transalp Challenge.

– 93er Klein Attitude in Gator-Linear-Fead-Lackierung bei Ebay ersteigern und über den Fernseher hängen.

– Ach ja, das 24-Stunden-Rennen als Einzelstarter, ohne Betreuung.

- Dreiwöchiger Wohnmobilurlaub (mit Bikes) in Durango, dort spontan bei Missy Giove klingeln und mit ihr nackt Skateboard fahren.
- Das Klein Attitude wie selbstverständlich als Stadtrad benutzen.
- Jeden Abend nach Feierabend zwei Stunden G1 fahren.
- Zehn Kilo abnehmen und nie mehr Alkohol trinken.
- Schön reich oder besser noch schön *und* schön reich werden.

Um nur einmal die wichtigsten Dinge zu nennen. Kneipen sind die Kreißsäle der Quatschideen. Natürlich sind die meisten Geburten nur dahingesprochene Luftpolsterfolie, um den eigentlichen Inhalt zu verpacken: unsere glühende Verehrung für den Mountainbikesport. Also nicht zu ernst nehmen, die Kugel durch den Flipperautomat schnalzen lassen, zahlen, an den Nachtschwärmern vorbei nach draußen drängeln, die frische Luft wieder als solche wahrnehmen und rauf auf Himbeerchens Stadtgurke, der Nachtruhe entgegen.

Obwohl laut Straßenverkehrsordnung Paragraf Irgendwas unerwünscht, schalte ich den MP3-Player ein. Johnny Cash – »Ring of Fire«. Der innerstädtische Ruhepuls pumpt nur noch ein paar vereinzelte Taxis durch die Straßen. Die Luft ist frisch und klar. Das Ballungszentrum atmet durch, lässt sich vom Sauerstoff reinigen, dämmert friedlich vor sich hin. Ich bin hellwach. Johnny Cash singt aus den Kopfhörern, die Kette liegt auf dem großen Kettenblatt, die Kurbeln rotieren. Der Lichtkegel meiner Beleuchtung liegt wie ein endloser, einladender VIP-Teppich vor mir. »Geil«, denke ich, »einfach nur geil!« Stundenlang könnte ich noch so durch die Gegend fahren.

Andi hat Recht. Man braucht ein Ziel, ein Projekt, etwas, woran man glaubt, wofür man lebt, was man ausschließlich nur für sich allein tut. Neben der Liebe und dem Alltag. Soll er doch 540 Kilometer weit von Trondheim nach Oslo kurbeln. Ich werde in diesem Jahr noch einen Marathon fahren. Warum auch nicht? Es wird zwar den Lauf der Welt nicht verändern, ob ich nun paranoid in einer Schlammkruste durch den Wald hechle oder nicht. Einerseits. Andererseits wird mir das Sofa schon nicht davonlaufen, genauso wenig wie der Tresen im »Andergraund«. Wie stand es doch gleich auf dem Flyer im Bus zurück nach Gimentz? »Naturaid – the new style of life.« Das klingt doch schon mal gut.

Vorsichtig öffne ich die Wohnungstür, schleiche auf Socken leise in die Wohnung. Himbeerchen schläft schon. Ich habe noch zu tun. Behutsam drücke ich von innen die Küchentür zu, setze mich an den Tisch und klappe das Laptop auf. Mit einem dezenten »Glong« flackert sich der Bildschirm in Betriebsbereitschaft. Internet öffnen, »Google« anwählen, »Naturaid« eingeben, Enter drücken – schon bin ich bei der virtuellen Startnummernausgabe. Der Termin blinkt gelb unterlegt. Noch sechs Wochen. Den Rest kann ich nicht lesen. Alles Italienisch. Der Link mit der deutschen Flagge führt zu einem Südtiroler Reisebüro. Der mit der englischen Flagge zu einer allgemein gehaltenen Infoecke.

Unter der Überschrift »The Rules« ein Überblick: 650 Kilometer durch das Hohe-Atlas-Gebirge in Marokko, 80 Stunden Zeit dafür, kein Gepäcktransport, Strecke bis kurz vor dem Start geheim, im Falle von Naturkapriolen wie zum Beispiel Sandstürmen irgendwo Schutz suchen und auf weitere Instruktionen warten, Preis mit Flug 970 Euro. Sonstige Voraussetzungen, bis auf ein Gesundheitszeugnis: keine.

Also wenn das kein Abenteuer ist, dann weiß ich nicht. Eben mal so über den Hohen Atlas fahren! Eine Strecke wie die »Transalp«, nur ohne dabei Zeit in Hotels zu vertrödeln. Wahnsinn! Wenn ich dort ins Ziel käme, wäre die Schande vom Cristalp ein für alle Male ausgemerzt. Rumsprechen würde sich das und mir einen Ruf als eisenharter Extremsportler einbringen. Wahrscheinlich würde sogar die Lokalpresse anrufen und einen Bericht bringen mit Fotos, Steckbrief und allem Pipapo. Und Leute, die sich schon seit Jahren nicht mehr gemeldet haben, würden Mails schreiben und ihre Bewunderung ausdrücken. Nie mehr bräuchte ich einen Marathon zu fahren, um Stärke und Jugend zu beweisen. Denn ich wäre ja der eisenharte Typ, der es ohne Pause über den Hohen Atlas geschafft hat. Da kann Andi von Trondheim nach Oslo hecheln, bis er schwarz wird.

Mit einem Kling-Glong meldet sich mein virtueller Briefkasten. Eine E-Mail von Andi. Er ist also auch noch wach. Ich öffne die mit der Betreffzeile »2007 Trondheim–Oslo – 16h im deutschen Team« überschriebene Post. Eine weitergeleitete Rundmail vom organisierenden Ausdauer-Junkie, der noch 14 Fahrer für sein 30-köpfiges Team sucht und offenbar Ausbildungsoffizier bei der Marine war. Textauszug: »... noch nie in der über 40-jährigen

Geschichte des längsten Radmarathons Europas hat ein deutsches Team in dieser Stärke mit solch ambitionierten – und doch realistischen – Zielen teilgenommen ... Schnitt ... von uns als Kandidat angeschrieben zu werden, kannst du als großes Kompliment auffassen, denn dieses Angebot gilt nur für ausgewählte Fahrer bzw. Finisher ... Schnitt ... eine Weiterleitung ist ausdrücklich für interessierte und fähige Fahrer erwünscht, für die du dich selbst verbürgen würdest.« Und so weiter und so fort. Dazu, im Anhang, der militärisch zackige Zeitplan als eng beschriebene Excel-Tabelle, in der sogar die »letzten Einstellungsarbeiten« mit Tag, Ort, Uhrzeit und vorgesehenem Zeitfenster berücksichtigt sind.

Ich weiß nicht so recht. Wegen derartigem Instruktorgebrülle habe ich einst schon den Militärdienst verweigert und lieber Omas gewickelt. Ich werde eine Nacht drüber schlafen und kann mich ja morgen noch entscheiden.

Es ist die berühmte Proforma-Nacht. Denn natürlich *habe* ich mich längst entschieden. Gegen Winterpause im Sommer, Sofa-Rumgehänge und Lethargie. Für Marokko. Sollen die Fernsehfritzen ihren Schwachsinn doch für Was-weiß-ich-Wen senden.

# 13.

# Wer pennt, verliert

Sein Englisch ist »hmhm«, wie er bedauernd summt. Also lässt Rennchef Maurizio die Hände plaudern. »Look!« Zeige- und Mittelfinger zeigen gespreizt auf seine Augen. »Road!« Der Zeigefinger weist Richtung Straße. »Pffffft!« Die Hand wischt nach vorne. Aha, im Zweifel wohl immer geradeaus. Doch das Wichtigste hätte Maurizio fast vergessen: »Danger!« Sein Zeigefinger schwebt stramm vor seiner Nase. »Dogs, rarrr, rarrr!« Maurizio fletscht die Zähne, formt die Finger zu Krallen, imitiert einen Werwolf. Aha, die Köter hier sind keine Kostverächter, auch das noch. Schließlich die knappe Zusammenfassung des Gebärden-Small-Talks. »Race: no Problem!«

Pffft und rarrr. So weit, so gut. Dabei wollte ich eigentlich nur das Risiko erfragen, am Ende der Woche tot oder verschollen zu sein. Im Moment sieht es ziemlich danach aus. Es ist stockfinster, kurz nach fünf Uhr morgens. Der Hohe Atlas soll gleich überquert werden. Von einem Bergdorf bei Marrakesch bis ins 650 Kilometer entfernte Agdz am Rand der Sahara. 80 Stunden Zeit gestattet das Reglement für die topografisch wilde Strecke mit 8000 Höhenmetern. Übernachtungen sind nicht vorgesehen. Hinweisschilder auch nicht. Verpflegungsstellen schon gar nicht. Ein Himmelfahrtskommando, das wird mir leider erst jetzt so richtig bewusst. Ich quetsche mich zusammen mit 15 anderen Verrückten an die Startlinie. Zwei haben mit scheinheiligen Ausreden gekniffen.

Die Bikes sind befrachtet mit allem, was man zum Überleben braucht: Power-Riegel und Pülverchen, Schlafsack, Feuerzeug und Klappmesser. Eine Gummischnur zum Abbinden von Gliedmaßen, falls eines im Eifer des Gefechts in Fetzen geht. Ein paar Meter Klopapier aus der Hoteltoilette, Kompass, Medikamentenbox, Aludecke. Dazu ein paar Zigarettenschachteln als eventuelles Lösegeld, man kann ja nie wissen. Und ein Roadbook auf Italienisch, das Organisator Maurizio der Einfachheit halber in seiner Heimatsprache verfasst hat. Noch könnte ich mich zurück ins Hotelzimmer verdrücken. Leider fällt mir keine plausible Ausrede ein. Maurizio tippt auf seine Uhr – »Time!« Malt einen Kreis in die Luft. Filetiert ihn mit einem Finger – wusch – in zwei Hälften – »Start: half hour!«

Naturaid – strampeln durch die Botanik, frei übersetzt. Der Name klingt niedlich. Viel zu niedlich für das, was er meint. Das liegt an der schmerzlosen Art des Rennchefs. Maurizio Doro – gegerbte Haut, Spitzbärtchen, Taucheruhr mit allem Schnickschnack – hat schon die ganze Welt bereist. Oder treffender: sie bezwungen. Beim Iditarod-Rennen quälte er sich mit dem Mountainbike einmal mutterseelenallein durch Alaska. 1800 Kilometer weit, 19 Tage lang bei minus 40 Grad – die Koordinaten betont er oft und gerne. Maurizio liebt diese brutalen Duelle mit der Natur, sie sind seine Religion. Mit dem Naturaid schuf er das seiner Meinung nach perfekte Abenteuer: die gehetzte Durchquerung einer gewaltigen Gebirgskette in kompletter Eigenregie. Die Regeln sind unbarmherzig, dafür aber leicht zu merken: Alle 80 Kilometer befindet sich ein Checkpoint. Dort gibt es je zwei Flaschen Wasser und einen aufmunternden Händedruck des Postens. In 80 Stunden ist man entweder im Ziel oder im günstigsten Fall disqualifiziert. Im ungünstigsten ist das Letzte, was man hört »rarrr, rarrr«. Passieren kann alles. Darum geht es.

Die kalte Morgenluft pustet meinen Kopf langsam klar. Zwar standen die Regeln groß und deutlich auf der Internet-Seite, über die ich mich für dieses Rennen angemeldet habe. Eben genau *wegen* dieser Regeln, mit denen ich mich vor Andi und den anderen als eisenharter, furchtloser Cowboy-Typ habe feiern lassen. Doch jetzt wird mir klar: Die meinen das ernst. Die – Maurizio, sein Assistent Muhamed und dessen drei Helfer. Sie werden uns in den Hohen Atlas schicken und 650 Kilometer weiter schauen, wer ankommt. Den Stapel mit Haftungsausschlüssen dabei, den gestern alle Teilnehmer sicher nicht grundlos unterschreiben mussten. Mein einziges Wissen über das Gebiet stammt aus dem 8oer-Jahre-Reiseführer »Marokko – der Zauber von 1001er Nacht« und einer Ansichtskarte, die mir mein Kumpel Carsten vor einer Ewigkeit aus seinem Cluburlaub geschickt hatte. »Essen geil, Wetter geil, Weiber geil, alles geil!« Er muss woanders gewesen sein.

Zum Frühstück gab es gerade unknuspriges Weißbrot mit gesteinsartigen, blassen Butterbrocken. Das Wetter würde sich prima für einen Salewa-Werbespot eignen. Und ein Pool ist nicht zu sehen. Die haben ja noch nicht mal fließend Wasser hier. Ich fühle eine unangenehme, permanent steigende Unruhe in mir. Als hätte ich einen Bungee-Sprung gebucht und müsste die Seillänge selbst berechnen. Noch nie in meinem Leben war das Netz unter mir derart konsequent weg. Immer gab es einen letzten Puffer: Eltern, Bekannte, Nachbarn, die Versicherung, den Airbag, das Handy, den ADAC, die Gelben Seiten. Hier gibt es nur mich, ein italienisches Roadbook und die unbarmherzige Gewalt der Natur. Eine falsche Entscheidung und ich bin die Aktennummer einer Vermisstenkartei. Dass ich überhaupt hier stehe, ist wahrscheinlich schon die erste.

Die Sonne lugt schüchtern über die Bergkette, an deren Fuß sich das einsame Hotel mit der Startlinie davor befindet. Jeder fotografiert noch schnell jeden. Wer weiß, ob man sich jemals wiedersieht. Hände werden geschüttelt, Schultern geklopft, die allerbesten Wünsche ausgetauscht. Über der Zeremonie hängt ein schaler Schleier. Wie beim »Guten Appetit« vor der Henkersmahlzeit.

Maurizio ist auf das Dach seines Jeeps geklettert und zählt den Countdown runter. Es geht los. Die flickgeschusterte Asphaltpizza vom Hotel auf die Hauptstraße hoch, zwei Kilometer geradeaus und dann links runter zum Stausee – ins Sonstwo. Dorthin, wo auf der Landkarte keine Straßen mehr, sondern nur noch Höhenlinien verzeichnet sind. Ich trete, was geht. Doch die Fuhre kommt kaum in Schwung. Mehr als zehn Kilo Gepäck zerren am Bike. Im Wiegetritt reißt mir die Zuladung fast den Lenker aus der Hand. Auf dem Heckgepäckträger: Werkzeug, Ersatzmaterial, Getränkepulvertüten, medizinische Notfallprodukte, der Schlafsack. Am Rahmen: drei Wasserflaschen, mit Isolierband angeklebte Stapel Energieriegel, witterungsdicht verpacktes Klopapier. Am Lenker: weitere Riegelstapel sowie die Lösegeld-Zigaretten. Im Rucksack auf dem Rücken: kiloweise Pulverkonzentrate. Das Reisegepäck ist bis auf das Nötigste abgespeckt, wirkt aber immer noch wie ein Wurfanker. Dabei drängt die Zeit. Ich habe höllische Angst, mich in finsterer Nacht zu verfranzen. Mein Plan: jeden Tag etwa 200 Kilometer fahren, nachts schlafen. Das ist zwar die uncoole Daunenschlafsack-Variante. Aber erstens muss ich die ja keinem verraten. Und zweitens würde ich auf diese Weise immer noch am vierten Tag im Zeitlimit ankommen.

Bis zum Einbruch der Dunkelheit will ich nun erst mal Check-Punkt vier erreichen. Der befindet sich bei Kilometer 242. So viel fahre ich normalerweise in der Woche, wenn überhaupt. Also Kette rechts, jede Minute zählt.

Der erste Anstieg zerpflückt das Feld in winzige Solidargemeinschaften. Mit gemäßigter Steigung windet sich die Piste durch Kakteensträucher und verdörrte Bäume. Autos sind hier keine mehr unterwegs. Nur vereinzelt ein paar Bauern, die mit ihren mittelalterlichen Eselskarren Brennholz oder Gemüse transportieren.

Wir sind mittendrin im marokkanischen Outback. Ich hefte mich an die Hinterräder der zwei Führenden. Schließlich sind sie Italiener und können das Roadbook lesen. Doch ein Windschattenparasit wie ich ist das Letzte, was sie gebrauchen können – Raffaele, der Immobilienmakler, und Vittorio, sein Kumpel, der Zahnarzt. Die beiden wollen siegen. Über sich, die anderen, die Berge, die Zeit, über alles. Und zwar allein. Raffaele wedelt abwehrend mit der Hand nach mir, als wäre ich eine lästige Fliege.

»Hey«, brüllt er immer wieder: »Hey, no, no!«

Gemeint bin offenbar ich. Und ich, der Angewedelte, soll gefälligst selbst den Weg suchen und »no« Orientierungsschmarotzen. Würde ich ja gern. Doch mein Roadbook ist unter den Konzentratpulvern im Rucksack vergraben. Ich kann es ja eh nicht lesen. Aber wie das dem »Hey«-Rufer begreiflich machen? Der hat nämlich alles, nur kein Verständnis. Schließlich hat er nicht sein halbes Jahreseinkommen in mikroelektronischen Wegweiserkram investiert, damit ihm nun irgendein »Hey« in die Karten schaut. »GPS?«, blafft es von links, während Vittorio es vorn mit einer Sprintattacke probiert. Ich antworte »no« nach links und pariere den Angriff nach vorne. Diesen Zahn werde ich ihnen gleich mal ziehen. Bis zum Checkpoint vier will ich mit, da können sie flunschen, wie sie wollen.

Als ich meinen Zeitplan von vier Tagen mit Händen und Füßen beteure, huscht ein kurzes Lächeln über die mürrischen Gesichter. Vier Tage? Pah und ha! Die beiden wollen in 40 Stunden im Ziel sein, gestikuliert Raffaele. Müssen sie auch, denn die Vorräte sind exakt auf diese Marschtabelle abgestimmt. Gestern Abend haben sie im Speisesaal penibel jede einzelne Kalorie ausgerechnet: stundenlang Brennwerte in den Taschenrechner getippt, Riegelberge aufgetürmt, wieder abgetragen, aufgetürmt, abgetragen. Hohe Mathematik, allerdings auf wackeligen Zahlen. Die Temperatur weicht heute um fast zehn Grad vom meteorologischen Durchschnitt ab. Es nieselt und ist arschkalt. Auf den Gipfeln ringsum liegt Neuschnee.

Nach 78 Kilometern erreichen wir den ersten Check-Punkt. Vier Betonpfeiler, ein Dach. Darunter hockt ein Posten in einer mokkabraunen Leinenkapuzenkutte. Wir stoppen erfolgsgehetzt mit blockierten Hinterrädern, lassen unsere Startnummern auf einer Liste abhaken und uns je zwei Flaschen Wasser zuteilen, 1,5 Liter naturale. Ich reiße eilig die Deckel meiner drei Radflaschen und mit den Zähnen ebenso viele Tüten mit Getränkepulver auf – Elektrolyte, Pink Grape, 1050 Kilojoule – und verschüttel Wasser und Konzentrate zu energieschwangeren Wiederbelebungscocktails. In den unmittelbaren Trinkgenuss komme ich nicht mehr. Raffaele und Vittorio haben schon wieder eingeklickt. Also hinterher, die Schotterpiste Richtung Pass hinauf. Wo keine Bäume mehr wachsen und die Wolken tief hängen.

Es läuft ganz gut bei mir, was mich etwas überrascht. Ohne größere Pulsspitzen kann ich mit Vittorio mithalten, der vorne gleichmäßig Führungsarbeit leistet. Raffaele dagegen sieht schon einigermaßen verschlissen aus. Leidend geht er immer wieder in den Wiegetritt, um die aufgerissenen Löcher zu Vittorio und mir zu schließen. Ich schaue in die Serpentinen nach oben, die in einer dicken Wolkendecke verschwinden. Bedrohlich dunkel ist der Himmel in der Richtung, in die wir müssen. Dunkelblau. Fast schwarz. So eine Farbe, wie sie gepanzerte Limousinen von Bundestagsabgeordneten haben. Nicht stellenweise. Komplett, den gesamten Horizont überspannend. Eisiger Wind pustet durch mein nass geschwitztes Trikot bis auf die Haut. Panik durchfährt mich. Meine komfortverwöhnte Psyche ist schon mit der zu fahrenden Distanz überfordert. Ununterbrochen rattern in meinem Kopf die unfassbar vielen Kilometer, die zwischen mir und dem erlösenden Ziel liegen. Ich bin von Sonne ausgegangen. Für Wetterkapriolen ist mein Durchhaltevermögen nicht ausgelegt. Wie soll ich mehrere Tage in Strumpfhose und faltbarem Windjäckchen Gewitter oder Schneetreiben überstehen, wenn ich schon beim Fernsehgucken in der beheizten Wohnung ohne meine Kuscheldecke friere? Hier im Hohen Atlas gibt es weder Kuscheldecken noch Heizungen, noch irgendeine Möglichkeit, sich unterzustellen. Wer hier zu schwach ist, der ist so gut wie tot. Raffaele und Vittorio haben sicher wochenlang unter realen Bedingungen trainiert, in einer Höhle zu überleben oder sich eine Blockhütte mit dem Leatherman zu bauen. Ich aber werde elendiglich zugrunde gehen, wenn sich die schwarze Front über uns entlädt. Weil ich als degenerierter Großstadtmensch ohne Internet noch nicht mal weiß, was für ein Wetter draußen ist.

Plötzlich Motorlärm. Eine Staubwolke. Aus der Gewitterfront kommt ein Jeep angerast, der wenig später mit Lichthupe und seitlichem Drift vor uns in den Stillstand rutscht. Aus dem Seitenfenster beugt sich der strickbommelbemützte Kopf von Muhamed.

»Turn around! Back to the checkpoint! No possible to pass this road. Snow and mud on the top! Very dangerous!«, ruft er aufgeregt mit den Armen fuchtelnd und zeigt immer wieder auf die mit Glibber-Schlamm verkrusteten Reifen seines Geländewagens.

Raffaele und Vittorio sehen sich fragend an. Allgemeines Schulterzucken. Also zurück.

Unter dem Dach mit den vier Betonpfeilern herrscht gerade eine rege Diskussion. Die bereits eingetroffenen Fahrer reden aufgeregt durcheinander. Wie weiter, wann weiter, ob überhaupt weiter?

Maurizios Finger gleitet suchend über einen vergilbten Faltplan. Vielleicht habe ich ja Glück und der Wahnsinn hier wird abgebrochen. Doch Maurizio drückt bereits die Mine seines Kugelschreibers in Schreibposition. Er hat sich ja nicht 19 Tage bei minus 40 Grad durch Alaska geschlagen, um nun den Bus zu holen. Dass er eine Alternativstrecke sucht und nicht auf das zeit-, kraft- und nervenraubende Bezwingen der Horrorpassage besteht, ist schon das äußerste Entgegenkommen.

»Roadbooks!«, ruft Maurizio zackig und kritzelt jedem die neue Streckenführung in seine Wegbeschreibung. Den Nicht-Italienern hält er vier Finger und den zur Null geformten Daumen und Zeigefinger der anderen Hand entgegen: »Kilometers! More!« Aha, 40 Kilometer Umweg. Reststrecke wird er ja wohl kaum meinen. Meinen Zeitplan kann ich also knicken. Bis zum Check-Punkt vier ist keine einzige Übernachtungsmöglichkeit im Roadbook verzeichnet. Ich werde in der Nacht fahren müssen. Vor Wut und Grusel sackt mir kurz der Puls ab.

Mit den Zeitabständen des Check-Punkt-Einlaufes wird das Rennen wieder neu gestartet. Ich hänge mich wie gehabt an Raffaele und Vittorio, mein bestens funktionierendes Navigationssystem. Dem neuen Kringel im Roadbook kann ich absolut keine Information entnehmen. Meine beiden Begleiter haben GPS-Geräte dabei. Ich darf das Duo also auf keinen Fall aus den Augen verlieren.

Kurz hinter dem Check-Punkt beginnt eine asphaltierte Pass-Straße. Ich muss auf das größte Ritzel schalten, um das mittlere Kettenblatt auf Rotation zu halten. Schweiß tropft aus dem Helm, läuft den Rücken runter und aus den Ärmeln der Jacke. Weil jeder Quadratzentimeter Stauraum ausgenutzt ist, habe ich sämtliche Klamotten übereinandergezogen. Kurze Hose, kurzes Trikot, dazu Armlinge und Beinlinge, darüber langes Trikot sowie Windjacke, die Hände in gefütterten Thermoschwitzkästen. Da das Ziel am Rand der Sahara liegt, gehe ich von einem kontinuierlichen Temperaturanstieg aus. Wie eine Zwiebel will ich im Laufe des Rennens Schicht für Schicht ablegen und in den mit Getränkepulver gefüllten Rucksack stopfen, der ja von Check-Punkt zu Check-Punkt leerer werden wird. Dabei hätte ich lieber noch Regenjacke-, Hose und Überschuhe mitnehmen sollen. Der Himmel ergießt sich gerade aus sämtlichen Schleusen über uns. Ein paar Kehren weiter unten müht sich ein Verfolger um Anschluss. Für Abwechslung ist gesorgt, der Spaßfaktor hält sich jedoch noch sehr in Grenzen.

Im Vorfeld hatte ich lange überlegt, gegen wen oder was ich hier eigentlich kämpfe. Die anderen sind es definitiv nicht. Ich wäre ja schon froh, im Vollbesitz aller Körperfunktionen das Ziel zu erreichen. Rennen wie das Naturaid funktionieren nach anderen Verhaltensmustern als normale Marathons. Man fährt sie nicht, weil man sich stark fühlt. Sondern ganz im Gegenteil: weil man sich für einen verdammten Schlappschwanz hält. Es ist der innere Schweinehund, dem man bei solch einer Prüfung in den Arsch tritt. Weil im Alltag die Instinkte verkümmern. Weil Fernbedienungen, Rolltreppen und beheizte Autositze die Muskeln schrumpfen lassen. Weil Adrenalin die Adern höchstens noch bei der Jagd nach Schnäppchen und Bonuspunkten durchströmt. Genau deshalb gibt es Achterbahnen, Heißluftballonrundflüge, Rummelboxen, Big Brother, den Berlin-Marathon, den Cristalp – und eben das Naturaid. Früher war die Natur der Feind des Menschen. Heute schützen Klimaanlagen und Funktionsstoffe vor ihren Launen. Doch die Überportion Geborgenheit nagt an der Psyche, weil der Körper für diese softe Nummer nicht geschaffen ist. Für dieses ständige Kuchenessen, Kaffeetrinken, Nachschlagholen. Selbstmord mit Messer und Gabel!

Abenteuer wie das Naturaid sind neben dem Weihnachtseinkauf die letzten Grenzerfahrungen in der modernen Zivilisation. Sie fordern nicht nur die Muskeln, sondern das Gesamtkonstrukt Mensch: einmal aus eigener Kraft einen Berg besteigen, ohne ewig drauf herumzuturnen. Nicht überbehütet wie beim normalen Marathon, wo man an der Verpflegungsstelle nur die Hand nach der Banane ausstrecken braucht.

Gestern beim Abendessen im Hotel hatten wir eine lange Diskussion über das Warum. Schließlich verdient kein einziger der Starter sein Geld *mit*, sondern alle *für* das Rennen. Mit Berufen wie Goldschmied, Elektriker, Imker oder im Fall von Raffaele und Vittorio eben Makler und Dentist. Elena, Sekräterin aus Arco und einzige Frau im Rennen, destillierte die Pro-Argumente schließlich zu einer interessanten These: »So eine Erfahrung gibt dir Kraft und Selbstvertrauen für den Alltag, sie härtet ab.« Der beste Moment sei der, wenn Ängste und Zweifel den Körper durch die Schweißporen verlassen. Da war ich ja mal gespannt.

Der Mageninhalt von Raffaele verlässt auch gerade den Körper. Allerdings durch den Hals. Käsig bleich kauert er am Check-Punkt, speit sich vor die Füße, füllt mit einer Tube Power-Gel wieder auf und will auch schon weiter – die restlichen 450 Kilometer abspulen. Männlichkeit in ihrer pursten Form. Es ist bereits dämmerig, als wir uns in einer »Hotel« genannten Lehmhütte für die Nacht präparieren: Licht anbauen, Packpapier als Windschutz unters Trikot stecken, Konzentrate essen. Ein langbärtiger Berber mit Turban und Oakley-Imitat-Brille kocht uns Tee auf einer Art Gasherd. Ich halte sicherheitshalber einige Meter Abstand. Um uns herum aber auch so: eine bizarre Szenerie. Die Bergkulisse ist nur noch als Scherenschnitt zu erkennen. Vom Tal her schallt das sonore Echo des Muezzin, der zum Abendgebet ruft. Die Einheimischen in ihren Kapuzenkutten reiben ihre Hände fröstelnd über der Gasflamme. Gleich werden sie mit ihren Eseln nach Hause reiten und sich in ihren Lehmhütten zur Nachtruhe begeben. Und wir nippen, in futuristische Wind-und-Wetter-Membranen gehüllt, am Kräutertee und wollen gleich nonstop zur Sahara radeln. Einfach so. Weil uns Fußbodenheizungen, Rolltreppen und volle Kühlschränke auf die Nerven gehen.

Maurizio, der sich zum Schutz vor der Kälte eine merkwürdige Ohrenklappenmütze aufgezogen hat und sich sichtbar freut, dass es zumindest schon mal drei Fahrer bis hierher geschafft haben, klopft mir anerkennend auf die Schulter: »Very good! Very good!« Dann streckt er seinen Zeigefinger stolz dem aufgehenden Vollmond entgegen. Aus seinem Englisch gemeinten Gestammel entnehme ich, dass er das Rennen extra auf die Vollmondphase gelegt habe, was ja wohl ein toller Luxus sei.

Meine Güte, gibt es hier eigentlich einen normalen Menschen?

Raffaele, Vittorio und ich brechen auf Richtung Check-Punkt vier, bei dem ich endlich meinen Schlafsack ausrollen will. 70 Kilometer sind es noch bis dahin. Die anfängliche Rivalität ist einer Zweckfreundschaft gewichen. Mein Vier-Tages-Plan hat die Situation entspannt. Ich bin kein Konkurrent mehr, sondern Fluchthelfer. Leid verbrüdert, auch wenn die Bande im Grunde genommen scheinheilig ist. Denn mehr als eine Pipipause Wartezeit toleriert Ehrgeiz nicht. Es geht um Nehmen, nicht um Geben. Sonst hätte man ja auch pauschal beim Reiseveranstalter buchen können.

Wir haben gerade mal 192 Kilometer geschafft. Wegen des Umwegs stimmen Zeitplan und Roadbook vorne und hinten nicht mehr. Nun bäumt sich schon wieder die Straße vor uns auf. Glaube ich zumindest, denn der Tretwiderstand nimmt merklich zu. Sehen kann ich fast gar nichts mehr. Nur noch schwarze Umrisse und den Schotter im Lichtkegel der Lampen. Dabei haben wir, nüchtern betrachtet, gerade mal ein Drittel der Strecke geschafft. Die Verzweiflung drückt mir Tränen in die Augenwinkel, während Raffaele schon wieder abreißen lässt. Nur Vittorio, der Zahnarzt, bleibt völlig gelassen. Er tritt stoisch, schnieft ab und zu den Rotz aus der Nase und knabbert Studentenfutter. Der Typ ist eine Mensch-Maschine: optimiertes Bike, optimierter Körper; dicke Gänge, dünne Haut. Mensch gewordenes Trockenobst. So hat es »Dr. Vittorio« neben dem Sanieren von Zahnruinen zum amtierenden Masters-Europameister im Mountainbike-Marathon geschafft.

Ich bin mir nicht ganz sicher, ob ich mich je freiwillig auf seinen Behandlungsstuhl setzen würde. Irgendwie spreche ich ihm die nötige Feinfühligkeit ab. Sein Helm und sein Bike sind mit Tarnfarben verunziert, und auch bei seinen Freizeit-Outfits bevorzugt Vittorio militante Camouflage-Optik. Die komplette Ausrüstung – vom Rahmen mit anlaminiertem Trockenfutterfach bis zum Furcht einflößenden Taucherklappmesser – hat er selbst aus Carbon gebastelt, weshalb ihn Raffaele »Dottore Carbonio« nennt.

Irgendwann erreichen wir eine Siedlung. Die Lehmhütten sind unbeleuchtet und wirken im fahlen Mondlicht gespenstisch. Ein paar Berber stehen in Kutten gehüllt vor ihren Häusern. Misstrauisch beäugen sie uns. Bunte Außerirdische auf hell strahlenden Fahrrädern mit Kunststoffschalen auf den Köpfen. Ähnlich fremdartig wirken die Berber auf uns. Ich nicke betont freundlich – »Hallo!« Die Kapuzenmänner nicken freundlich zurück. Kurz darauf taucht ein Gebäude auf, vor dem der Jeep von Muhamed parkt. Das muss der Checkpoint sein, meine Insel in der Nacht.

»Mangiare, pronto!«, ruft der Doktor und springt hektisch vom Rad. Ich glaube, mich zu verhören. Raffaele und der Zahnarzt wollen tatsächlich Pause machen. Essen, schlafen, Klamotten trocknen, dann weiter. »Twenty Minutes! Pronto! Pronto!«, setzt Vittorio im straffen Militärton für diesen Tagesordnungspunkt an. Dann reißt er sich im Gastraum der Herberge das nass transpirierte Trikot vom Waschbrettkörper, löffelt hastig eine dünne

Gemüsesuppe, beißt ein Fladenbrot in Fetzen und liegt auch schon auf der Bank, die Beine hoch an die Wand gelehnt. Raffaele braucht kaum länger. Der Streckenposten soll sie spätestens in einer Viertelstunde wecken. Allerspätestens!

Bei der Jagd nach Ruhm und Ehre tickt die Uhr eben anders. Ich lasse die Wahnsinnigen ziehen. Die würden niemals auf mich warten, wenn ich in der Dunkelheit eine Panne hätte. Zudem ist es arschkalt – acht Grad minus. Die Beine brummen, der Nacken ist verspannt, die Knie schmerzen. Knapp 268 Kilometer und 4500 Höhenmeter sind genug für heute. In einem zugigen Hinterzimmer der Herberge rolle ich kurz vor Mitternacht meinen Schlafsack aus. Waschen spare ich mir. Mundhygiene auch, schließlich hat sich noch nicht mal der Zahnarzt die Beißerchen geschrubbt. Lieber noch rasch einen gefrorenen Power-Riegel gekaut, damit ich nachts hoffentlich schön regeneriere. Und Äuglein zu.

Halb fünf Uhr morgens schäle ich mich aus dem Schlafsack. Wegen der Kälte habe ich nicht geschlafen. Auch die Klamotten sind kaum getrocknet und kleben klamm auf der Haut. Ich bemitleide mich ein paar Minuten lang, nenne mich ein bescheuertes Arschloch, esse fröstelnd ein Fladenbrot mit Marmelade, bezahle umgerechnet drei Euro für Übernachtung und Frühstück, sichere die Schlafsackwurst mit einem Spanngurt auf dem Gepäckträger und trete hinaus in die Restnacht.

Muhamed, der vor der Herberge im Jeep sitzt und die Check-Punkt-Liste führt, gibt mir kurz den Lagebericht durch: Raffaele und Vittorio zusammen mit einem Verfolger um Mitternacht gestartet, zwei Stunden später eine Zweiergruppe. Und jetzt eben ich. Weiter sei noch keiner durch. Platz sechs also im Moment.

»Good ride«, wünscht er und fügt an: »Inschallah!« – wenn Allah will.

Ich schalte das Licht ein und rolle weiter. Die Stille schreit mich an. Unerträglich laut ist die Ruhe, wenn man mit dem Mountainbike einsam durch eine karge, unerschlossene nordafrikanische Gebirgslandschaft fährt, die sich in der aufgehenden Morgensonne unendlich weit aufknöpft. Ich komme mir winzig vor, unbedeutend. Anders als in den Alpen gibt es in weiten Teilen des Hohen Atlas kein Dorf, kein Haus, keine Straße, keinen Menschen. Ein einsamer Pfad schlängelt sich durch die rotbraunen Canyons, deren kahle Schädel schuppenflechtenartig mit Schnee bepudert sind. Die raue Grenzenlosigkeit wirkt in ihrer Perfektion wie Studiokulisse.

Natürlich gibt es auch keine Hinweisschilder, weshalb ich an jeder vermeintlichen Gabelung anhalten und nach dem »Pffft«-Prinzip die Richtung wählen muss. Russisch Roulette. Wo kein Pfad zu erkennen ist, könnte jede Eselsspur der Weg sein. Minutenlang suche ich in jeder Kurve den staubigen Boden nach Abdrücken ab, die Hinweise auf eine Verkehrsführung geben könnten. Hin und wieder sind im Schnee Reifenspuren zu erkennen, was mich jedes Mal sehr beruhigt. Die Berber werden ja wohl kaum mit Mountainbikes ihr Brennholz einsammeln. Oder vielleicht doch? Mit denen von Raffaele und Vittorio? Vielleicht sollte ich mal die Zigaretten griffbereit halten. Erschrocken zucke ich zusammen. Mein Handy piept die Stille in Fetzen. Handyempfang!

»Ja, hallo?«

»Na, Meester! Alles klar? Hast' Bock heute Abend im Andergraund ein Bierchen zu zischen? Gernot kommt auch lang.« Es ist Andi.

Bierchen? Andergraund? Gernot? Ich kämpfe hier gerade um mein Leben, und der kommt mir mit solchen Lappalien.

»Ich fahre gerade das Marokko-Rennen«, sage ich empört. Doch da wird die Kommunikation schon wieder abgeschnitten. Die Wolkendecke hat den dünnen Satellitenstrahl gestoppt. Ich stopfe das Handy zurück in die Trikottasche und rolle weiter. Gerade mal einen Tag bin ich unterwegs. Trotzdem kommen mir die heimischen Wohlstandsrituale schon jetzt eigenartig vor. Kneipen besuchen. In Biberbettwäsche schlafen. Latte macchiato trinken. Parkplatz suchen. Im Shoppingcenter was Nettes finden. Wer zum Teufel hat sich diesen ganzen Mist ausgedacht?


Der zweite Tag neigt sich dem Ende zu, als ich bei Check-Punkt sechs zum Ungarn László und seinem Begleiter, dem Italiener Sebastiano, aufschließe. Die beiden sind die letzte Nacht durchgefahren, liegen vier Stunden hinter den Führenden und nun völlig platt auf dem Gehweg. László gestikuliert dem Wirt des benachbarten Lokals, dass er gerne dessen Gebetsteppich für »some yoga-exercises« haben möchte. Der Marokkaner versteht nicht ganz und klammert sich ängstlich an das Heiligste, was er besitzt. »Crazy

Guy«, findet László, der seinen Körper nun zähneknirschend auf den staubigen Gehwegplatten verbiegt. Schweiß tropft auf seine Pulsuhr, die immer noch hochtourige 128 Schläge die Minute anzeigt. Doch Kreuzblick ist für den Imker die schönste Erholung. Seine komplette Freizeit fährt-läuft-schwimmt sich László bei Extremrennen in den Keller. Dafür lebt und spart er, dafür hat er sogar einen Nebenjob als Möbelrestaurator angefangen, wie er nebenbei erzählt.

Auf das Naturaid sei er durch Maurizio gekommen, den er beim Iditarod in Alaska kennenlernte – 19 Tage, 40 Grad minus, diese Geschichte. Ich würde gerne weiter, um jede Minute des Tageslichts zu nutzen. Doch László zeigt sich von der drastisch abnehmenden Leuchtkraft der Sonne wenig beeindruckt und verbiegt sich seelenruhig weiter. Ich gehe ins Lokal, um die seltene Gelegenheit eines kultivierten Toilettenganges zu nutzen. Wegen der Trägerhose muss ich mich komplett ausziehen, was schwierig ist, denn es gibt keine Garderobenhaken. Ich muss die Trikots über die Trennwand hängen. Als ich schließlich damit fertig bin, breche ich mein Vorhaben aber schnell wieder ab. Konstruktionsbedingt. Wo daheim das Klo steht, befindet sich nur eine übel stinkende Grube. Wo normalerweise Bodenfliesen sind, liegen breit getreten die Fehltreffer. Das Klopapier ist ein Wassereimer, also meine Hand. Außerdem bekomme ich sofort einen Krampf, wenn ich versuche, in die Knie zu gehen.

Wir kurbeln zu dritt weiter. Alles tut mir weh. Die Knie, der Hintern, der Rücken. Nur die Finger nicht, die sind völlig taub. Ich will bei Dunkelheit zwischen Check-Punkt sieben und acht sein, also ungefähr bei Kilometer 450. Dort soll sich angeblich eine Herberge befinden. Leider geht bei László und Sebastiano gar nichts mehr. Das sehen die beiden selbst allerdings völlig anders. »We catch the old boys«, fantasiert László immer wieder und meint das Grüppchen um »Dr. Vittorio«, das laut Zwischenstandsmeldung vom letzten Check-Punkt bereits gegen Mitternacht im Ziel erwartet wird. »Wenn wir so weiterfahren, werden wir die ›old boys‹ nicht mal bis zum Rückflug wiedersehen«, denke ich, sage das aber natürlich nicht laut, um die Moral der Truppe nicht zu torpedieren.

Um den körperlichen Abbau zu vertuschen, hält László inzwischen ständig wegen anderer Mätzchen an. Jacke an, Jacke aus, Foto hier, Foto dort, Schaltung einstellen, Sonnenbrille aus dem Rucksack, in den Rucksack, dehnen, stretchen, die tolle Landschaft loben. Zum Glück hat László das sperrige Zweimannzelt nicht dabei, das er für das Rennen von einem Outdoor-Discounter geschnorrt hat und von dem er als Gegenleistung katalogtaugliche Heldenlichtbilder in marokkanischer Landschaft erstellen soll. László will die Fotos im Ziel nachstellen, erklärt er fuchsig. Merke doch eh keiner.

Wir kommen kaum voran. Die Zeit verrinnt, die Sonne verglüht. Noch sind es 30 steinige Kilometer bis zum nächsten Check-Punkt. Zudem befinden wir uns genau auf dem Teilstück, das im Roadbook nach dem Bermuda-Dreieck des Rennens aussieht. Überall winzige Seitenwege, Abzweige und Kreuzungen. Auf gar keinen Fall will ich da allein durch. Doch das Gejuckle halte ich nicht aus. Noch wird der Weg von etwas Restlicht erhellt, noch erkennt man Schlaglöcher und eventuelle Richtungshinweise. Ich schalte ein paar Gänge runter und fahre schon mal voraus. Ein paar Kilometer nur. Dann weckt die schlagartig einsetzende Finsternis bisher ungekannte Beklemmungen. Ich stehe mitten im Hochgebirge. In einem Funkloch irgendwo in Afrika. Völlig allein. Nur ein nutzloses Roadbook in der Tasche. Ein falscher Abzweig, und ich ende verschollen in irgendeiner Schlucht. Ohne Leuchtmunition. Ohne aufblasbare Überlebenskapsel. Ohne Wasser. Im Delirium würde ich mir wahrscheinlich noch eine schlimme Verletzung zuziehen. Einen offenen Beinbruch vielleicht, mit einer üblen Infektion. Was dann zu tun wäre, könnte ich nur aus frühen Stallone-Filmen ableiten: mit der Windjacke Arterien und Venen abbinden, das Klappmesser an den Felsen schärfen, bei vollem Bewusstsein das Bein amputieren, dann die klaffende Wunde mit einer Speiche und einem Schaltungsbowdenzug zunähen. Anschließend Helm, Satteltasche, Schlafsack und Ersatzschläuche auftürmen, mit dem Feuerzeug anzünden und mit der Startnummer wedelnd Rauchzeichen geben.

Apropos. Bin ich überhaupt noch richtig? Oder anders gefragt: Bin ich eigentlich bescheuert? Irgendwie habe ich mir die Grenzerfahrung romantischer vorgestellt. Heldenhafter. Jetzt kläffen in der Ferne auch noch ein paar Köter – »rarrr, rarrr!«. Der Nervenkitzel ist zu viel für mich. Bin ich eben ein Weichei, na und? Jetzt ist es raus: Alleine »Tatort« gucken ist das Äußerste, was meine Nerven aushalten. Ich bin kein Abenteurer, ich bin eine Wohlstandsmutation.

Ich bleibe stehen, starre flach atmend ins Schwarz der Nacht und warte endlose Minuten. Als in der Ferne endlich die Lampen von László und Sebastiano durch die Dunkelheit funzeln, durchfährt mich ein unbeschreibliches Gefühl der Erleichterung. Ab jetzt warte ich gerne, wenn László die Batterien seiner Lampe wechselt, den Streckenplan noch mal ausführlich studiert oder den Rucksack umpackt.

Zwei Stunden später liege ich im kahlen, komplett leeren Lehmraum einer Herberge im Schlafsack. Wahnsinn, hämmert es mir durch den Kopf. Wahnsinn, wie toll es ist, an einem sicheren Ort in einem Schlafsack zu liegen. Wie wird das wohl erst, wenn ich wieder frisch gebadet auf meinem polarweißen Lederdreisitzer mit dauerelastischer Gurtunterfederung im fernbeheizten Wohnzimmer sitze, mit der Fernbedienung die gewünschte Fernsehunterhaltung wähle und Süßkram aus keimfreien Verpackungen knabbere? Wenn ich wieder Stereomusik aus Drei-Wege-Bassreflexboxen mit magnetisch abgeschirmten Acht-Zoll-Tieftönern höre und keimfreies Wasser aus der Leitung trinke? Wenn der Luxus wieder in mein Leben einzieht, wie eine verloren geglaubte Liebe? Ich spüre einen tiefen, warmen Frieden in mir. Ich bin zurück im Fruchtwasser, geerdet und wieder bereit für das zivile Leben. Ich werde den alltäglichen Wohlstand neu kennen-, lieben, leben lernen. Die Radhose kneift im Schritt, egal. Nur noch 190 Kilometer. Alles wird gut.

Dritter und letzter Tag. Zumindest für mich, so viel steht fest. Ich habe keinen Schimmer, wo sich die anderen Fahrer befinden. Ich weiß nicht, was mich jetzt noch erwartet. Ich weiß nur eines: Heute werde ich nicht mehr in angeschmuddelten Radklamotten in den Schlafsack krabbeln. Die versiffte Hose juckt auf der Haut. Der Hintern ist wund gerieben. Alles an mir riecht nach Umkleidekabine. Letzte Nacht bin ich von dem ekelhaften Gestank sogar wach geworden. Ich werde zum Zielort durchfahren, egal wie spät es wird.

Als ich gegen halb sechs Uhr morgens starte, bin ich wieder allein. László und Sebastiano sind um Mitternacht aufgebrochen, um die »old boys« zu jagen. Die Schmerzen in meinen Knien sind inzwischen kaum noch erträglich. Durch das hohe Gewicht der Zuladung und das damit verbundene kraftvollere Treten bergauf haben sich offenbar die Sehnen entzündet. Bei jedem Tritt zuckt nun ein dumpfer, fieser Scherz durch die Knie. Aufgeben kommt nicht infrage. Selbst bei einem Beinbruch würde ich lieber einbeinig tretend weiterfahren, als jetzt noch auszusteigen.

Der Piste führt stupide geradeaus durch ein Wüstenstück. Nichts außer Sand und flimmernd heißer Luft, die wehtut beim Atmen und die Lippen aufplatzen lässt. Die Reifen verlieren im Sand immer wieder die Lust am Vortrieb, das Wasser in meinen Flaschen hat Teetemperatur. Ich sehe kein Ende in der Öde, nur manchmal ein paar Steine, die die Fahrbahn begrenzen. Die Weite aktiviert noch einmal alle Ängste: die zu verdursten, die verloren zu gehen, die zu entkräften, die entführt zu werden. An solch einem Ort scannt der Blick die Umgebung besorgter, werden die Bewegungen vorsichtiger, die Schlücke aus der Vorratsflasche sparsamer. Nur nichts falsch machen auf diesen Kilometern, die das Ende bedeuten können. Zu nah ist das Ziel, die Erlösung, der Triumph.

Irgendwann taucht ein Dorf vor mir auf und in seinen Gassen schließlich László und Sebastiano. Die nennen mich jetzt respektvoll »The Machine« und verzichten auf jegliche Gegenwehr. 50 Kilometer sind es noch bis nach Agdz. Die Besiedlungsdichte nimmt immer mehr zu. Was allerdings ein zusätzliches Problem darstellt. Die Kinder haben allergrößte Freude daran, an Anstiegen neben einem herzurennen und Souvenirs wie Radcomputer, Flaschen oder Satteltaschen vom Bike zu pflücken. Haben sie dabei keinen Erfolg, werfen sie einem als Ausdruck ihrer Wertschätzung faustgroße Steine hinterher. Die von Maurizio mit Zielpfeilen markierten Steine schleppen sie zu Nebenstraßen und legen sie dort in Richtung einsamer Täler aus. Absurd. Da trotzt man tagelang den Naturgewalten und verendet wegen ein paar gehässigen Rotzgören womöglich in einer Felsspalte. Die ständige Flucht vor den Blagen zieht mir die letzte Kraft aus den Beinen.

Mit der Dämmerung erreiche ich schließlich das Touristen-Kaff Agdz. Es ist ein richtiger Ort. Einer mit Geschäften, Autos und gemauerten Häusern. Der Zieleinlauf ist so unspektakulär wie der Start. Vittorio und Raffaele stehen in Bequemkleidung vor dem Zielbanner. Sie winken, nehmen mich mit den Suchern ihrer Digital-Kameras ins Visier und umarmen mich, als hätte ich gerade einen Elfmeter verwandelt. Tee hätten sie kurz vor dem Ziel ge-kocht und abgestimmt, dass Vittorio Sieger sein soll, wenn ich die halb auf Englisch, halb auf Italienisch, halb mit den Händen vorgetragenen Schilde-rungen von Raffaele richtig deute. Ich selbst bin Vierter, wie ich annehme, denn Maurizio hält aufgeregt hüpfend vier Finger der rechten Hand in die Luft und zeigt mit dem Zeigefinger der linken darauf. Aber solche Details sind mir grad egal. Ich klicke aus, lehne das verdreckte Rad an die rosa ge-tünchte Hotelwand und pelle mich aus der Umklammerung des Rucksacks.

»Beer?«, frage ich und setze zur Verdeutlichung eine virtuelle Flasche an. Maurizio versteht und zeigt rüber zur Hotelbar – »pffft«, immer geradeaus.

&

978-3-7688-5207-4

978-3-7688-5214-2

978-3-7688-5271-5

Sportsfreund Brägel – Protagonist der Kolumne des TOUR Magazins – bündelt alle jeweils aktuellen Moden, Macken und Marotten in einer Person.
Er ist einerseits Geißel seiner Radsportgruppe, weil er zuverlässig jedem neuen Wahn verfällt, und andererseits ihr Motor – denn auch ein Brägel kann mal Recht haben, und da gilt es, den Anschluss nicht zu verlieren...

**Erhältlich im Buch- und Fachhandel
oder unter www.delius-klasing.de**

DELIUS KLASING